# 宋庆龄颂

怀念你啊，已经三易星霜，
你以美、勇敢、坚贞，
为我们的时代增光。
艰难险阻中的一盏明灯，
胜利中的一部欢快乐章。

上海姑娘，
热情、沉静、闪闪发光，
你的成长多么不寻常。
受的是外国教育，却终身为的是祖国家乡，
选择的是斗争道路，
尽管在安乐中生长。
跟前线的战士们打成了一片，
共患难的则是地下的共产党，
你的一切都为了人民、革命、儿童、未来的希望，
当空是启明星的曙光。
……

——伊斯雷尔·爱泼斯坦

# 挚友情深

## 宋庆龄与爱泼斯坦、邱茉莉往来书信

## 1941-1981

中国宋庆龄基金会研究中心 译编

中央文献出版社

图书在版编目（CIP）数据

挚友情深：宋庆龄与爱泼斯坦、邱茉莉往来书信 /
何大章，陈红军主编；中国宋庆龄基金会研究中心编
. -- 北京：中央文献出版社，2012.5
ISBN 978-7-5073-3563-7

Ⅰ.①挚... Ⅱ.①何... ②陈... ③中... Ⅲ.①宋庆龄
（1893～1981）- 书信集 - 1943～1981②爱泼斯坦，I.
（1915～2005）- 书信集 - 1943～1981③邱茉莉（1905～
1984）- 书信集 - 1943～1981 Ⅳ.① K827=7 ② K825.42

中国版本图书馆 CIP 数据核字 (2012) 第 101350 号

**挚友情深**——宋庆龄与爱泼斯坦、邱茉莉往来书信

编　　者 / 中国宋庆龄基金会研究中心
主　　编 / 何大章　陈红军
责任编辑 / 李庆田
装帧设计 / 尧天品牌机构

出版发行 / 中央文献出版社
地　　址 / 北京西四北大街前毛家湾 1 号
销售热线 / 63097018　66183303　66513569
邮　　编 / 100017
网　　址 / www.zywxpress.com
印　　刷 / 北京卡梅尔彩印厂

| 170*240mm | 16 开 | 印　张 /25.625 |
| 320 千字 | 2012 年 5 月第 1 版 | 2012 年 5 月第 1 次印刷 |

ISBN /978-7-5073-3563-7　　　　　定价：76.00 元

# 编辑委员会

宋庆龄、邱茉莉、爱泼斯坦（从左至右）

# 目 录

# 1973-1981

1935 年
任《京津泰晤士报》青年记者的爱泼斯坦

# 友谊，地久天长

## AULD LANG SYNE

■ 黄浣碧

　　宋庆龄与爱泼斯坦及其已故夫人邱茉莉是朋友、是同事、是战友。他们的友谊绵延了半个多世纪。

　　伊斯雷尔·爱泼斯坦（昵称艾培）于 1915 年出生在波兰的维尔纽斯。艾培出生前，它曾是沙皇俄国的领地，现在它是立陶宛的首都。因为维尔纽斯复杂的历史，艾培的前半生成为了曾在多个国家居住过的无国籍犹太人。1957 年经周恩来总理批准，他加入了中国籍，成为中国公民。

　　1917 年，2 岁的艾培随父母由日本神户迁到中国东北的哈尔滨。1920 年又迁至天津，并一直在天津生活、成长。日本侵华战争全面爆发后，他的父母为躲避战乱于 1938 年移居美国。年轻气盛的艾培却选择独自留在中国，他说，他要亲眼看看日本鬼子是怎样从中国滚出去的。

　　当时艾培已是《京津泰晤士报》的年轻记者。1933 年，艾培结识了埃德加·斯诺。在和斯诺的交往中，他听到了宋庆龄的名字。1938 年 9 月在广州市民的抗日游行队伍中他第一次见到了宋庆龄。艾培说："苗条端庄、容光焕发的宋庆龄神态自若地走在游行队伍的最前列。虽然她的名声早就铭刻在我的脑海里，但我亲眼目睹她的风采，这还是第一次。"他们一见如故，宋庆龄请他参加"保卫中国同盟"广州分部的工作，但工作尚未开展，广州就沦陷了。艾培前往香港，在那里他投入了宋庆龄领导的保卫中国同盟中央委员会的工作，负责编辑《保卫中国同盟新闻通讯》，揭露日本帝国主义的野蛮侵略、宣传中国人民的顽强抵抗、号召世界各国友好人士支援中国抗战。他还同时担任香港《每日新闻》、《南华早报》、《孖剌报》等报刊的编辑，用薪金所得来维持生计。

　　1941 年 12 月，日军占领香港，艾培被关进日军在赤柱的拘留营。1942 年 3 月，艾培、邱茉莉等 5 个外国人冒死逃出拘留营。他经澳门、新会、桂林辗转抵达重庆，和宋庆龄一起继续投入到重建后的"保卫中国同盟"的工作。1944 年艾培有机会访问了延安，在那里他看到很多新鲜的东西，并在此基础上产生了对未来中国的构想。他急于把自己看到的新事物和想法写成书，于是与妻子邱茉莉一起到美国（他父母的移居地）生活了五年，并出版了《中国未完成的革命》一书。书名取自于孙中山先生"革命尚未成功，同志仍需努力"的遗训。

为了向世界人民介绍重建中的新中国，宋庆龄准备创办一本对外宣传中国的刊物。应她邀请，1951 年艾培同邱茉莉回到中国，参与英文版《中国建设》（现改名《今日中国》）杂志的创办工作。当他们到达北京时，迎接他们的人递上一张用英文写着"欢迎回家"的卡片，艾培一看就认出这是宋庆龄那苍劲有力的字。艾培就此做出了"一个最后的，也是最完善的选择：居留在中国"。

在这以后，他就在宋庆龄的直接领导下工作。对于《中国建设》，宋庆龄倾注了她后半生中相当大的一部分精力。她亲自为杂志写过 30 多篇文章，关心这本刊物的每一个细枝末节。艾培也为这本杂志倾注了全部的精力，所以这也是他们往来书信中重要的内容。

我和宋庆龄及艾培之间的交往，也是和《中国建设》紧密联系在一起的。1960 年初我到杂志社，在工作中曾经接待过周恩来总理和我们的创刊人宋庆龄。两位领导人的风采，让我终生难忘。1985 年，我和艾培走到一起，和他一同生活了 20 年。从艾培身上我深深体会到了他与宋庆龄之间的友谊，这种友谊是罕见的、深刻的、毫无保留的，一直持续到宋庆龄离开这个世界。此后，艾培按宋庆龄的委托竭尽全力历经十年为她写出了一部传记——《宋庆龄——二十世纪的伟大女性》。在宋庆龄和艾培、邱茉莉长达数十年的交往中，他们并不总是在一起的，所以他们的思想交流常常通过来往书信表达。这些书信也就成为了珍贵的历史见证。

2002 年，艾培就有过想法：将他保存的 1943 至 1981 年间与宋庆龄的来往书信整理出来捐赠宋庆龄故居。但由于他当时正在紧张地撰写自己的回忆录《见证中国》，同时还担任着全国政协常委和许多其他社会职务，每年必须多次参加政协会议和其他社会活动，并且在回忆录完成后他又几次生病住院，所以始终没有时间去整理这些书信。最后，当病势沉重时，他不得不留下遗嘱："我的书信中，有一部分是与宋庆龄的来往书信，其中有关保盟和中国福利会内容的赠与中国福利会，其余部分赠送给宋庆龄基金会（宋庆龄故居）。"

2006 年，我请宋庆龄故居的老主任张爱荣和研究室的老副主任傅伍仪来我家里，帮助我整理了这些信件。遵照艾培的遗嘱，2006 年 10 月我将信件分别赠予了宋庆龄故居及在上海的中国福利会。

在这些书信中，充溢着艾培浓浓的中国情。他曾说："我爱中国，爱中国人民，中国就是我的家，是这种爱把我的工作和生活同中国的命运联系在一起"。艾培自小在中国长大，他见证了中国，一生中的甘苦都是和中国连在一起的。为了中国人民，他付出了不懈的努力，经受了种种考验（包括日本拘留营，文革期间 5 年的秦城监狱生活），也品尝到了胜利的喜悦。他和宋庆龄一样，有着自己坚定的信仰。他不是站在外面的"观察家"，而是从中国内部来观察国际上的风云。

现在，宋庆龄和爱泼斯坦、邱茉莉的往来书信就要结集出版了。它是珍贵的历史遗存，记录了老一代革命者所付出的艰辛。它也是留给青年人的不可多得的历史教材。正像宋庆龄所说："中国革命的前途是光明的，但是，道路仍然是漫长的。老一代的革命者肩负着沉重的纤绳，牵引着革命的航船，已经走过了最艰苦的一段；今后，应该是年轻的一代驾着现代化的征轮，继续冲破惊涛骇浪，奔向我们的伟大目标。"

爱泼斯坦与黄浣碧在长城

1941-1948

近来艾培和我常常想念你，也想念我们所有的朋友和保卫中国同盟的同事们。现在战争结束了，不知道你们的计划是什么。

——邱茉莉

普赖斯带给我的最好的礼物还是你们确定在今年秋天回来的消息。这里有很多工作在等着你们，而且你们无法想象我们是多么地想念你们。

——宋庆龄

# 宋庆龄为爱泼斯坦签署的介绍信 *

（一九四一年）

迳启者：

爱泼司丹[1]先生（Mr.I.Epstein）为中国工业合作协会香港促进会[2]执行委员。兹因公须赴重庆，路经粤桂湘黔川各省，拟沿途调查各地合作运动，特介绍前来晋谒，请赐见，并予方便为感。此致

四川省军政长官！

宋庆龄

* 此信据中文原件，其余信件均据英文原件。

注释：

1. 爱泼司丹，爱泼斯坦旧译。伊斯雷尔·爱泼斯坦（Israel Epstein, 1915—2005），生于波兰，父母为犹太人。1917 年移居中国。1931 年进《京津泰晤士报》开始从事新闻工作。1937 年任美国合众社记者。1938 年 9 月，在广州结识宋庆龄，被邀负责宋庆龄创建的保卫中国同盟广州分部的工作，1938 年底赴香港加入保盟中央委员会，负责《保盟通讯》的工作。从而开始了他同保盟（后为中国福利基金会、中国福利会）延续了半个多世纪的关系。1944 年作为美国战地记者参加中外记者参观团到延安，访问毛泽东、周恩来、朱德等中共领导人。1944 年底离开中国，1945 年春到达美国，在美居住 6 年，积极参与美国进步人士为反对美国干涉中国的活动。1951 年应宋庆龄之邀回到中国，参与《中国建设》杂志的创刊工作并任执行编辑。1957 年加入中国国籍。1979 年任《中国建设》杂志总编辑。60 多年里，为中国做了大量成绩卓著的宣传报道工作。晚年，受宋庆龄之托为其写传。主要著作有：《中国劳工札记》、《人民之战》、《未完成的中国革命》、《从鸦片战争到解放》、《西藏的转变》、《宋庆龄：二十世纪的伟大女性》、《冲破封锁访延安》、《见证中国》等。历任全国政协第五至十届常委，《今日中国》（原名《中国建设》）总编辑、名誉总编辑，中国宋庆龄基金会副主席，中国福利会副主席，中国工合国际委员会副主席，中国国际友人研究会副会长、名誉会长。

2. 中国工业合作协会香港促进会，在香港组织推动工业合作运动的机构。全面抗战爆发后，很多沿海工业毁于战火，为了在后方重建工业，供应战时需要，并解决难民就业等问题。1937 年 11 月，国际友人路易·艾黎、埃德加·斯诺与爱国进步人士胡愈之、沙千里、徐新六、卢广绵等共同发起了"中国工业合作运动"。1939 年 1 月，宋庆龄在香港成立中国工合国际委员会，从海外募集款物支援工合运动。工业合作运动在全国各地（包括中国共产党领导下的抗日根据地）得到蓬勃发展，在抗战中起到了重要作用。

1938 年，宋庆龄在广州孙中山纪念碑前留影。
照片由爱泼斯坦拍摄。

# 宋庆龄致爱泼斯坦 *

（一九四三年五月十日）

亲爱的艾培[1]大叔：

我正在受训。我觉得纪律——说得轻一点——真是有点儿讨厌。但是，我要尽量表现出不介意的样子，因为那个女孩看来真的非常喜欢我。

她问我："你几岁啦？""你打过犬瘟热和狂犬病的预防针了吗？"我想她很快就要带我去军事观察团打针了。

希望很快见到你。

> 你亲爱的狗侄子 少校
> 一九四三年五月十日

* 此信是宋庆龄诙谐地用代笔的方式写成的。信的"主人公"是一只小狗，因为是一位美国少校军官送给宋庆龄的，所以宋取其名为"少校"。

注释：

1. 艾培，爱泼斯坦的昵称。

# 宋庆龄致爱泼斯坦、邱茉莉

（一九四五年五月七日）

亲爱的朋友们：

　　很早以前我就给你们写好了一封信，后来听谢伟思[1]说你们还在新德里"乐不思蜀"，所以信就没有寄出。顺便告诉你们，谢伟思已经回到华盛顿，正等待重新分配工作（他不是对艾培很着迷吗！）后来我就收到了你们托魏璐诗[2]转给我的信。我们现在还没有想好做什么新项目。联合援华会[3]刚给了我们七百万法币[4]的一大笔捐款，所以我们决定不麻烦你们再去提更多的要求了。但是很希望你们能去看望一下克里普斯夫人[5]和伍德曼[6]。请告诉我，你们在那里的情况怎么样。你们见到维克多·古兰克了吗？要是我们离得近些，我还有许许多多问题要问你们，当然不只是这些家长里短。

　　"欧洲胜利日"[7]已经过去了，可是我怎么也激动和高兴不起来，而是怀着沉重的心情收听了广播，因为想到世界各地还有那么多亟待解决的混乱和动荡。邱吉尔最近的讲话，试图引导人们用长远观点去看问题，但并没有使人们看到一个更加乐观的前景。

　　当两个举足轻重的成员离去以后，我们尽可能使保盟[8]的工作顺利推进。我对你们的思念之情，无法用言语来表达。有时候我们只有四个人开会。就他们个人来说，每个人都是优秀的工作者，但聚在一起的时候，就会将很多时间浪费在闲聊上。特别是现在国民党正在召开中央全会，有那么多有趣的小道消息！这个地方满城都是代表，王安娜[9]告诉我们说，为了当选中央执行委员，有人不惜花两百万元去买一张选票。（可是我过去当中央执行委员是不用花一分法币的。现在他们不再保留我这个职位了，因为他们很清楚我是不会去参加的。）立法委员王昆仑[10]在大会上提了几个令人尴尬的问题，"陛下"[11]马上就叫他闭嘴。他就像一个疯子，骂王为赤色走狗。

　　昆明的学生看来比这里的学生更活跃。4号那天，他们发动了一次大规模的示威游行。当局很聪明，散发了很多免费的电影票，但是学生比他们更聪明。为了切断学生之间的联系，邮局居然三天不投递信件。

　　这里的城市外表有了相当大的变化，比过去洋气多了。从来没有这么多的吉普车，以至于到处都是"吉普女郎"。有一次，我看到一辆吉普车里挤了8个人，4个大兵和4个"吉普女郎"一起在尖叫胡闹。好像他们喝了太多的"胜利"酒似的。对于这种道德败坏的现象，报纸上经常有不少评论，或许这就是从 15 号开始实行宵禁的原因之一吧。谢天谢地，宵禁不包括一般老百姓。因为如果在外用餐的话，要赶在晚上 11 点之前回家，那就太不方便了。

18 号和 19 号我们将举行两场舞会，希望能筹集到两百万元，用于培黎学校 12 和由贺耀祖夫人 13 主管的难童收容所。路易 14 来过这里两次，尽管瘦了，但看起来身体不错，并且比我在过去三年中见到他时显得更加乐观。卢广绵 15 夫妇最终还是同议员伍兹和其他随从人员一起去了英国。孟将代替卢的位置。看来，路易比我们想像的更像一个外交家……

我有好多你会感兴趣的资料，但不知道用什么办法送给你。因为最近又有些新规定，不允许人们携带邮寄品。我费了好大的劲，才把我的资料送出去。

据说关于限制美国妇女来华的禁令取消了。我听说帕特 16 甚至还带了一个女秘书和几位官员的夫人在来访的途中。所以，我希望你们俩不久就能回来。

最热烈地问候你们。

忠实的 SCL[17]

一九四五年五月七日

注释：

1. 谢伟思（John Stewart Service，1909—1999），出生在中国的一个美国传教士家庭，在中国接受了初等教育，后返美深造。1941 年至 1945 年，先后在美国驻重庆大使馆和中、印、缅战区盟军司令部及美国史迪威将军总部供职。期间，曾作为美军观察组的成员，两次前往延安，同毛泽东、周恩来、朱德等进行过多次交谈。在重庆还访问过宋庆龄、冯玉祥，以及国民党上层的某些人物。通过和各方面接触，对中国的局势和前景得出了较为客观的结论。

2. 魏璐诗，鲁思·韦斯（Ruth Weiss,1908—2006）的中文名字，奥地利人。1933 年来华，参加史沫特莱、路易·艾黎等在上海秘密组织的政治学习小组，因而结识宋庆龄。抗战期间参加保卫中国同盟工作。抗战胜利后继续为中国福利基金会工作，成为宋庆龄的挚友。新中国成立后，先后在国际新闻局、外文出版社工作。1965 年起，为《人民画报》社德文专家。

3. 联合援华会，即"英国联合援华会"（British United Aid to China Fund）。1941 年，英国进步人士为支援中国抗战成立的组织。以义卖、义演等形式筹款购买医疗器材、药品等通过宋庆龄在香港的保卫中国同盟对华进行教育、医务、儿童福利等方面的援助，并向工合及山丹培黎学校提供资助。在抗战中起到重要作用的国际和平医院，是援华会首先创议的。

4. 法币，民国时期发行的货币。1935 年 11 月 4 日，国民政府决定以中央银行、中国银行、交通银行（后增加中国农民银行）发行的钞票为国家信用法定货币，取代银本位的银圆。1948

年 8 月 19 日被金圆券替代。

5. 克里普斯夫人（Isabel Cripps，1891—1979），二战期间任英国联合援华会主席。1940 年在香港访晤过宋庆龄。1946 年应邀来华进行为期 3 个月的访问，在上海与宋庆龄会面。丈夫斯塔福德·克里普斯爵士（Stafford Cripps）是英国工党名人，曾在丘吉尔战时内阁中任部长。

6. 伍德曼（Dorothy Woodman），伦敦中国运动委员会负责人。

7. "欧洲胜利日"，1945 年 5 月 8 日，法西斯德国无条件投降的正式签字仪式在柏林举行。投降书从 5 月 9 日零时开始生效。地处柏林以东的苏联当时已是 5 月 9 日凌晨，因此，苏联将 5 月 9 日定为战胜德国法西斯纪念日。由于时差原因，柏林以西的美、英、法等国还是 5 月 8 日的下午或晚上，因此，美、英、法等国把 5 月 8 日定为"欧洲胜利日"。

8. 保盟，"保卫中国同盟"（China Defense League）的简称。1938 年 6 月 14 日在香港成立。以吸引和团结国际友人、海外侨胞，从道义上和物资上支持中国的抗战为宗旨。1945 年 11 月保卫中国同盟改名为"中国福利基金会"；1950 年再次改名为"中国福利会"。为社会进步、妇女儿童的幸福以及世界和平做出了重要贡献。宋庆龄亲自领导这个机构长达 43 年。

9. 王安娜，即安娜·利泽（Annaliese Wang，1907—1990），德国人。曾在柏林攻读历史和语言，获博士学位。1935 年和在德国从事革命活动的中国共产党人王炳南结婚。1936 年来中国。后在上海与宋庆龄相识。1938 年，在香港参加保盟工作。香港沦陷后，保盟在重庆重建，任中央委员。抗战胜利后，保盟改名为中国福利基金会，任司库。1955 年返回德国居住，1964 年出版回忆录《中国——我的第二故乡》。

10. 王昆仑（1902—1985），江苏无锡人。北京大学哲学系毕业。1923 年到上海拜见孙中山，见到宋庆龄。1926 年起任黄埔军校潮州分校政治教官、国民革命军总司令部总政治部秘书长。1931 年后，任国民党政府立法委员、国民党候补中央执行委员。1933 年秘密加入中国共产党。抗战时期，参加筹组中国民主革命同盟和三民主义同志联合会。1948 年赴美考察。次年出席全国政协第一届全体会议。后任政务院政务委员、北京市副市长、民革中央主席、全国政协副主席。

11. "陛下"，指蒋介石。

12. 培黎学校，1942 年由路易·艾黎与乔治·何克在陕西双石铺建立，宗旨是使中国的孤儿和贫困儿童能够学到一技之长，通过劳动来养活自己并造福社会。1944 年迁至山丹改为培黎工艺学校，何克任校长。何克逝世后艾黎接任校长。1953 年扩建为兰州石油技工学校，艾黎任校长。

13. 贺耀祖夫人，即倪斐君（1912—1966），浙江镇海人。甘肃早期妇女运动的领导者、社会活动家，为中国共产党统一战线与外交工作做出过杰出贡献。抗战期间，曾任甘肃省妇女抗敌后援会主席、重庆难民妇女服务团团长，并协助宋庆龄从事社会福利救济事业。后任重庆中苏文化协会妇女委员会委员、重庆国际难童学校校长、《儿童世界》月刊社社长。1945 年后，任中国妇女联谊会常务理事兼副秘书长。1948 年毕业于上海东南医学院。后任上海市人民医院内科医师。建国后，历任上海女医师联谊会主席，中国人民救济总会、中国红十字总会副秘书长，全国妇联第二、三届执委,第一至第三届全国人大代表。贺耀祖(1889—1961),湖南省宁乡县人,原国民党高级将领,参加过讨袁、护法战争和北伐战争;1942 年 12 月至 1945 年 11 月,任重庆市长,1949 年任行政院政务委员,同年 8 月 13 日与李济深等 44 人在香港通电起义。建国后,任中南军政委员会委员兼交通部部长,中南行政委员会兼参事室主任,全国政协委员,全国政协地方政协工作委员会副主任,民革中央常委。

14. 路易,指路易•艾黎(Rewi Alley,1897—1987),新西兰人。宋庆龄的挚友。1916 年加入远征军赴欧洲参加第一次世界大战。1927 年来华,在上海工部局任职员。1933 年结识宋庆龄。1938 年与斯诺等发起工合运动,任中国工业合作协会代总干事。1942 年与乔治•何克在陕西双石铺建立培黎学校,1944 年该校迁移到山丹改建为培黎工艺学校,任校长。1953 年任兰州石油技工学校校长(前身为山丹培黎学校)。他还是一位多产的作家和诗人,有六十多部著作和译著流传于世。

15. 卢广绵,时任行政院善后救济总署救济局局长。并任职于国际筹赈委员会(该组织设在意大利热那亚市)。"工合"运动的创始人之一。

16. 帕特(Pat Adler,1926— ),1962 年经我国驻英国代办处聘请来华从事英语教学研究工作。1973—1993 年,在北京外国语大学任教。爱德乐的夫人(爱德乐详见 1976 年 5 月 7 日信注释)。

17.SCL,宋庆龄英文名字 Soong Ching Ling 的缩写。

# 宋庆龄致爱泼斯坦、邱茉莉

（一九四五年八月七日）

亲爱的艾培和埃尔西[1]：

　　萧先生马上就要动身回国了，所以我来不及给你们写长信。只想告诉你们，我见到了他并听到了关于你们的消息，我是多么高兴。弗雷德·道格拉斯将在下星期离开北京赴美，你们将会从他那里听到很多新闻。因为他的消息往往是相当灵通的。

　　林赛写给我的信和其他一些东西其实早已托人捎来了，只是这一两天才到我的手里。这是由于我们的那位金发碧眼的女友忘了转交，而让这些信一直放在她的抽屉里！她计划明年春天离开北京回家。**魏璐诗**也打算同希尔达·江一起回美国去参加那个"团伙"，因为她们渴望获得更多的知识和学位。所以，在以后的日子里，我的麻烦就会少些了。可是这里的生活肯定是很紧张的——什么时候又曾不紧张过呢？

　　乔治·何克[2]上个月去世了。这样，可怜的路易就急需有人帮他。把埃尔西送回来吧！可是，我要求优先得到她！

　　热情地问候你们。

SCL

一九四五年八月七日

注释：

　　1. 埃尔西（Elsie Fairfax-Cholmeley，1905—1984），中文名邱茉莉。生于英国约克郡。宋庆龄的挚友。1935 年受雇于太平洋关系学会在美国的国际中心，任学报《太平洋事务季刊》的秘书。1937 年在美国发起支援中国抗战的募捐委员会，为孤儿捐款。1939 年和陈翰笙夫妇一起去香港，为太平洋关系学会做出版工作，同时参加保卫中国同盟的工作，帮助建立"工合"国际委员会，并将接受的物资转运到延安等地的"工合"组织。在共同参与的工作中结识爱泼斯坦。1942 年，与爱泼斯坦等人先后被关在位于香港的赤柱拘留营，后一同逃脱。1943 年与爱泼斯坦结婚。1945 年到美国，积极参加争取远东民主政策委员会的活动，任该委员会刊物《远东聚焦》月刊主编，揭露美国援助蒋介石打内战的阴谋，报道中国解放战争实况。1949 年新中国成立后，敦促美国政府承认新中国。1951 年应宋庆龄邀请，来华参加《中国建设》英文版的创刊工作。

　　2. 乔治·何克（George Hogg，1915—1945），英国人，毕业于牛津大学。1937 年来中国。以一家美国新闻通讯社临时记者的身份到了延安和华北解放区，被那里的革命精神所感染。1938 年与路易·艾黎相识。1942 年与路易·艾黎在陕西双石铺建立培黎学校。1945 年 7 月，和学生打篮球时碰破了脚趾，被破伤风杆菌侵入，在甘肃山丹去世。

# 爱泼斯坦致宋庆龄

（一九四五年九月二十五日）

亲爱的孙夫人：

米尔德里德[1]可能已经给你写信详细叙述了美国援华联合会[2]最新出现的情况，埃尔西向你报告了关于在这里建立的争取民主政策委员会[3]的情况，等等。现在，我想就总的形势作些补充。

战后的问题现在统统爆发出来了。有一种声音是呼唤应征入伍的孩子们回家来，这是人性自然的要求。但极端反动分子却大加利用，借此鼓吹给德国和日本以宽大的和平（即不要制裁他们，让他们恢复起来）。进步人士则指出，如果对德国和日本采取必要的制裁措施，那么就不需要长期驻有庞大的占领军；如果不采取措施，不仅眼下需要占领军，以后还需要战斗部队，去打第三次世界大战了。

顺便说说，你会感到惊奇，这里有些人是多么希望真的爆发这样一场战争。赫斯特—麦考米克报系[4]、《时代》杂志等都尽可能公开地表达了这种看法（克莱尔·布思[5]私下也持此观点）。他们说，我们既然有了原子弹，让我们和俄国对决吧。当然也有公众对此表示强烈的反对。尽管如此，近几个月来，大多数政策的出台和军事上的调动都说明，他们的确是在为将来的这种冲突抢占阵地。

在美国国内，由于军事订货已经停止，工厂在转型期闲置着，制造商失去了军火的利润，都在试图降低工资，因此引发了巨大的罢工浪潮。与之相伴而来的，是右翼势力竭力煽动的"赤色恐怖"。

在国际和国内问题上，人们都立场分明。反动分子公开站了出来，进步分子也必须表明立场。和太平洋地区形势有关的一件事情是，右翼将麦克阿瑟神化，并力图把罗斯福说成是"真正的战争罪犯，应该对挑起日本参战以及珍珠港事件负责"。这听起来荒谬绝伦。但是，赫斯特报系、《每日新闻》，甚至比较谨慎的州长杜威[6]，以及相当一部分共和党人都几乎异口同声地这样说。不过，在参议院里这些邪说遭到迎头痛击。他们企图让参议院批准迪安·艾奇逊[7]担任副国务卿，结果以69票对1票落败。对艾奇逊的不满主要是基于他对麦克阿瑟[8]的态度"模棱两可"，为他辩解说：制定对日政策无关麦克阿瑟的事，而是国务院的事。现在在这里对中国进行反动宣传的最卖力的人是约翰·本杰明·鲍威尔[9]（他变成了彻头彻尾的法西斯分子，从渲染赤色恐怖到反犹太主义等等全包括在内）。还有一位名叫科尔伯格的先生（美国援华医药分会的成员、来自汕头的亚麻织物进口商），他指控太平洋关系学会[10]，并且几乎把他们说成是《工人日报》[11]的附庸。科尔伯格现在可能正在重庆为此收集更多的弹药。奇怪的是，在那个营垒里也有争吵，在过去几年中出现了奇怪而有趣的变化。科尔伯格痛恨美国援华联合会和亨利·鲁斯[12]，而喜欢林可胜。

对华援助的情况很混乱。全国战争基金会不会长久存在，因为美国援华联合会要把现有的各种援华机构合并。就像在中国一样，虽然谈判仍在进行着，但当权者一面高调宣称他们热爱民主，一面却在加强控制，力图用专制来取代联合政府[13]。工合、美国援华会[14]、美国援华医药分会等援华机构的困难是，多年以来一直在筹款的美国援华联合会和全国战争基金会的合作一旦破裂，那么这些机构就不得不建立自己的全国性的筹款机构，才能筹到美国援华联合会给他们的那么多钱。（这是一件需要耗费大量资金且令人生畏的工作。）可见美国援华联合会仍在难为他们。

我预测从现在起救济款会减少。战争时期的工资水平正在逐渐降低。劳工运动（曾经是援助基金的巨大来源）正在节省自己的财源，以便能够为罢工和其他转型中的抗争准备资金。和平时期的商品重新开始生产，对于有积蓄的人来说，会有更多的东西可买。他们因此不会再那么情愿地给各种公益事业捐款。而在过去有钱也买不到东西，人们只能选择交纳高额所得税，或者通过捐款得到慈善家的名声。

在转型期间，这里也许有短期的萧条，然后会是一两年的繁荣。因为战争时期用旧了的汽车和其它耐用品、衣服等等都需要更换。等到战争时期的积蓄消耗完了，就会出现另一个严重得多的经济萧条。

回过头来再说援助的问题。我们在战时提出的申请项目现在已经不起作用了。必需为老兵和孤儿、为民众的医疗服务以及为恢复经济提出新的申请项目。与美国援华联合会的合作可能破裂。如果是这样，提出新的申请和保持信息畅通就显得尤为重要。援助中国委员会和工合必需直接出面去做说服工作，使公众为他们的项目捐款。（过去，根据申请的预算他们就能很简单地分得全国战争基金会的那份捐款。）

保卫中国同盟在选择地点、开展工作方面有什么计划？解放区救济委员会[15]现在情况如何？我们这里的工作比较艰难，可是随着公众对我们的了解渐渐增加——而且这是可能的——一旦他们知道人们在什么地方、为了什么目的对他们有所期待，他们是会伸出援手的。

　　我正在着手了解再一次到国外去工作——至少出去一段时间——的可能性。但这事并不简单：要有报社派我出去、有对我的任命书、办护照、以及接替霍林顿[16]的人会不会接受我等等。这方面如果有进展，我会告诉你的。到目前为止，这还仅仅是一个愿望。

　　吉姆情况如何？你有他的消息吗？他身体怎样，有什么计划？

　　埃尔西已经把我们的生活情况告诉了你。不幸的是，忙乱多于成就。但事情总会有变化的。

诚挚的　艾培

一九四五年九月二十五日

注释：

　　1. 米尔德里德，即米尔德里德·普赖斯（Mildred Price），美国援华会的执行秘书、中国战灾孤儿和儿童福利美国委员会的执行主任。

　　2. 美国援华联合会（United China Relief），为了统一美国各地援华募捐活动和统一提供援华经费，《时代》杂志创办人亨利·鲁斯整合美国民间各援华组织于 1941 年 2 月成立。次年即募得援华款项美金七百万元。1942 年在重庆设立驻华办事处，接受中国各方面有关救济事宜的申请和初审。抗战胜利后，驻华办事处由重庆迁至上海。1943 年 6 月，加入美国全国战时救济基金会。

　　3. 争取民主政策委员会，即"美国争取远东民主政策委员会"。二战结束后 1945 年在美国成立的民间进步团体，其成员多是反对美国支持蒋介石、干涉中国内政的美国进步人士和自由主义者。该委员会的主席是美国海军陆战队准将埃文斯·卡尔逊。爱泼斯坦任委员会顾问，邱茉莉为编辑。在美期间因参与这个组织的活动而遭到美国联邦调查局的监视。

　　4. 赫斯特—麦考米克报系，美国报业垄断集团之一。1887 年成立。创办人威廉·伦道夫·赫斯特（1863—1951），该报系极盛时期有 26 家报纸，发行量达 550 万份。目前，该报系有 15 家日报，39 家杂志（20 家在美国，19 家在英国），29 家电视台，2 家广播电台以及商业媒体、网络媒体等新媒体。

　　5. 克莱尔·布思（Clare Boothe Luce，1902—1987），亨利·鲁斯的妻子。曾做过《名利场》杂志主编，国会众议员，还被任命为美国驻意大利、驻巴西的大使。

　　6. 杜威，即托马斯·杜威（Thomas Edmund Dewey，1902 – 1971），美国政治家，1943 年到 1955 年期间担任纽约州州长，1944 年和 1948 年两度作为共和党候选人参选美国总统，但都败选。

　　7. 迪安·艾奇逊（Dean Acheson，1893—1971），毕业于耶鲁大学和哈佛大学法学院。1933 年在罗斯福政府任财政部副部长。1941 年任助理国务卿，1945 年任副国务卿。1949—1953 任国务卿。1945 年以后，持坚定的反共立场。

8. 麦克阿瑟，即道格拉斯·麦克阿瑟（Douglas MacArthur，1880—1964），美国阿肯色州人。1903 年毕业于美国西点陆军军官学校。第一次世界大战时任美军第四十二师师长。1930 — 1935 年任美国陆军参谋长。1941 年任美国驻远东军司令。次年 3 月任西南太平洋盟军总司令。1944 年晋升·五星上将。次年 9 月 2 日在东京湾主持日本投降仪式。后任盟国驻日占领军总司令，执行美国单独占领日本的任务。1950 年任"联合国军总司令"，指挥侵朝战争。1951 年因侵朝战争失败被免职。

9. 约翰·本杰明·鲍威尔（John Benjamin Powell，1888—1947），1917 年在上海创办《密勒氏评论报》。早期倾向孙中山，后倒向蒋介石。但仍发表宋庆龄等左派观点的文章。第二次世界大战时，他公开反对日本侵华，被日军逮捕入狱多年，因坏疽失去双脚。

10. 太平洋关系学会（Institute of Pacific Relations），又名太平洋学会，成立于 1925 年。系非官方国际组织。其宗旨是研究太平洋地区政治、经济、文化、民族等问题，致力于国民外交，增进该地区各国间的友谊和了解。会员多为学术界人士。在中国有分支机构。

11《工人日报》，英国共产党机关报。

12. 亨利·鲁斯（Henry Luce，1898—1967），美国《时代》杂志、《生活》画报创办人。

13. 联合政府，中国共产党所主张的政权形式。由各党派和无党派代表人物协商成立临时的联合政府；再经过自由的无拘束的选举，召开国民大会，正式成立联合政府。以此来反对蒋介石集团的独裁统治。毛泽东曾写过一篇文章《论联合政府》。

14. 美国援华会（China Aid Council），成立于中国抗战初期。由反战组织"和平与民主同盟"等在纽约发起成立，在美国不少地方设立了分会。主要工作是对中国各地孤儿院、教养院、托儿所和医院提供帮助。该组织得到当时美国总统罗斯福的母亲和夫人的支持。

15. 解放区救济委员会，即中国解放区临时救济委员会（简称"解救"），1945 年 7 月在延安成立，由周恩来、董必武负责。1946 年改称中国解放区救济总会（简称"救总"）。主要任务是调查和统计抗战时解放区所受的损失，申请、接收和分配联合国的救济物资，并与宋庆龄领导的中国福利基金会相配合，为解放区的灾民和战争难民提供救济款项和物资。1950 年更名为中国人民救济总会，宋庆龄任执行主席。

16. 霍林顿，疑为霍林顿·董，即董显光（1887-1971），浙江鄞县人，时任国民党中央宣传部副部长。1937 年 9 月，为加强战时国际宣传的需要，在国民政府军事委员会中增设第五部，由董显光负责。同年 11 月，改组为国际宣传处。

# 邱茉莉致宋庆龄

（一九四五年九月二十五日）

亲爱的孙夫人：

　　近来艾培和我常常想念你，也想念我们所有的朋友和保卫中国同盟的同事们。现在战争结束了，不知道你们的计划是什么。我们疏于写信，深感抱歉。到纽约后，我们一直没有安顿下来，为找住所不得不到处奔波。

　　纽约现在极其拥挤，简直不可能找到住的地方。我们很幸运，能在福克斯先生的儿子梅尔文的公寓里借住了一个夏天。从那里搬出来以后，几乎每三天就要搬一次家，迄今尚未找到一套公寓。

　　艾培仍然没有找到出版商出他的书。首先是纸张短缺，其次是产能不足。书被选中以后至少要经过六个月才能出版。目前出版的大多数书籍都是短而易读的，因为人们不愿对事情钻得太深。多数出版商说，对于美国公众来说，艾培的书写得太详细了。有一个出版商告诉他，也许重印托尔斯泰的《战争与和平》会赚得更多些，因为不用再付版税，而且保证可以卖出几千册！看来，艾培想在这儿找到一家出版商出他的书，我认为在目前希望不大。

　　上星期我给你寄去了几份我们新的委员会的资料。现在再给你寄去一些，因为我想这些可能会比上一批更快到你手里。我现在担任这个委员会的临时秘书，基督教女青年会的耿丽淑[1]担任临时主席。我们付出了极大的辛劳才使委员会的工作开展起来。我像当年在重庆组织第一次义演时那样忙得团团转。现在我们有了个办公室，即信尾的那个地址。刚刚来了一位执行秘书——弗莱彻上尉。他是加州大学经济系的毕业生，在《旧金山调查者报》干过三年。在过去三年中，他在海军陆战队任情报官。在那里，他的一部分工作是向人们介绍对中国、日本和远东的政策。他还是一个非常聪明的人，我认为他会工作得很出色。他的妻子在青年运动中做过许多组织工作，将以志愿者的身份协助他。主席一职仍然空缺，我们想邀请亨利·摩根索[2]来担任。当然，我们需要面对许多困难，最大的困难是在美国的国民党机构正在煽动人们对我们进行攻击。这使很多真心想参与我们工作的人，不便让我们使用他们的名字。而如果得不到强有力的人士的支持，我们就会处于很不安全的境地。

　　我们已经寄出了两批材料：第一批是5000份，第二批是2500份。这些材料在全国各地获得了极好的反应。在华盛顿正准备成立一个分会。芝加哥、费城、旧金山和帕萨迪纳[3]也在酝酿成立分会。许多人来信说，建立这样一个委员会他们是多么的高兴，表示要全力支持。美国各地对于近来发生的事情确实感到极大的愤慨。

我们经常见到米尔德里德和在她的中国委员会里工作的艾达以及其他人员。我们也常到卡特夫人家里过双日周末，而且有过多次很好的谈话。目前，美国援华联合会上下都处于紧张状态，不过米尔德里德·普赖斯和艾达·普鲁伊特[4]正在尽力合作，以取得一个好的解决方案。这是一个很大的进步，因为过去存在着许多摩擦。

工合约有 15 吨机器已经装箱，可以发往迈克的仓库。他们试图将机器运往上海，存放在那里，直到他们能够安排运往最终的目的地。

乔治·何克的去世使我们感到十分难过。一旦有可能，我当然要尽快回来帮助克服困难。

昨晚，在麦迪逊花园有一场支持西班牙的盛大集会，会场被两万人挤得水泄不通。其间，大会主席讲到中国的形势，并说延安的代表就在现场。董先生[5]从座位上站起身来，聚光灯的光束集中到他身上，他受到了热烈的欢迎。我们十分希望我们的委员会不久也能够为中国组织一场这样的集会。

我们俩向你致爱。

一九四五年九月二十五日
于纽约公园大道 58 号

注释：

1. 耿丽淑（Talitha Gerlach，1896—1995），美国宾州人。1926 年由美国基督教女青年会派遣来华。抗战爆发后，参与发起组织"工合"运动；参加宋庆龄在香港创建的保卫中国同盟，并在上海组成保盟分会。1940 年返美继续学业并为保盟工作，促成美国援华会的建立，给予中国抗战以物质及道义上的支持。1946 年重返上海，被选为中国福利基金会执委，努力筹集医药物资等支援解放区。1947 年奉调回国。1949 年，同爱泼斯坦等在美国组织中国福利呼吁会，任主席。1952 年 1 月，纽约女青年会将其辞退。宋庆龄致电，欢迎她回中国工作。同年 9 月秘密返回上海。1952 年起，任中国福利会顾问，从事儿童健康、教育工作。

2. 亨利·摩根索（Henry Morgenthau Jnr，1891—1967），美国 F.D. 罗斯福时期的财政部长（1934—1945）。曾于 1928 年、1932 年帮助罗斯福参加州长、总统竞选。二战期间，主张积极援助英、法对抗法西斯德国，同情中国抗战，极力要求对日本实行经济制裁。1945 年罗斯福逝世后不久，摩根索辞职，返乡从事农业和慈善事业。

3. 帕萨迪纳 (Pasadena)，大洛杉矶地区的一个卫星城市。

4. 艾达·普鲁伊特（Ida Pruitt），中文名普艾达，也译为蒲爱德，美国人，生于中国。1912

年在美国大学毕业后回到烟台。抗战爆发后到上海投身于工合运动。1938 年去香港参与筹备工合国际委员会，任委员。受宋庆龄派遣，回美国筹组工合美国推进委员会，任秘书，邀请罗斯福总统夫人任名誉主席，为中国抗战募集大量捐款。新中国成立后，曾两次访华，受到宋庆龄、邓颖超的热情接待。晚年执教于美国宾夕法尼亚大学。

5. 董先生，指董必武 (1886—1975)，湖北黄安人。18 岁中秀才。武昌起义后在湖北军政府任职，并加入同盟会，"二次革命"失败后赴日本留学。1914 年加入中华革命党。次年 6 月奉孙中山命回国策划反对袁世凯称帝，两次被捕入狱。1920 年与陈潭秋等建立武汉共产主义小组。次年 7 月出席中国共产党"一大"。1927 年 4 月与宋庆龄等联名发表讨蒋通电。1934 年参加长征。抗战爆发后任中共驻武汉、重庆、南京代表团团长，从事抗日民族统一战线的工作。1945 年 4 月作为中国代表团成员出席在旧金山召开的联合国制宪会议。建国后，历任政务院副总理，中央财政经济委员会主任，最高人民法院院长，全国政协副主席，中华人民共和国副主席和代主席，全国人大常委会副委员长等职，是中共六届中央委员、中共七至十届中央政治局委员、中共十届中央政治局常委。

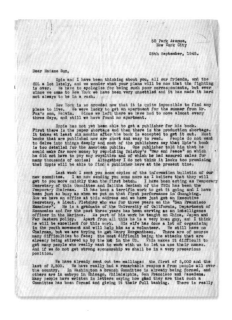

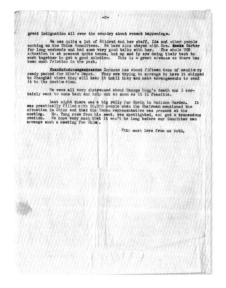

1945 年 9 月 25 日邱茉莉致宋庆龄（黄浣碧 捐）

# 宋庆龄致爱泼斯坦、邱茉莉

（一九四五年十月十三日）

亲爱的埃尔西和艾培：

刚听说比尔·霍兰几个小时后即将启程，所以匆匆写几行给你们。你们给廖梦醒[1]的电报已转交。她目前住在山上，已有几个星期了，我想这对她的身体有益。她的朋友都很帮忙，特别是周恩来。我前天去小龙坎参加了李少石[2]的葬礼，他葬在许多朋友的墓旁，其中包括周恩来的父亲和邓颖超的母亲。

有一段时间，这一事件差点儿被说成是蓄意谋害，后来认定枪击是偶发事件。这样，所有的人和报界都感到满意了。随信附寄一份新华社声明的英译本给你。美国记者都很合作，甚至包括美军的广播电台。有一帮很好的小伙子在电台的新闻部工作。可惜他们来中国工作太晚了，不然的话，他们能给我们很大的帮助。

我们向"行政院善后救济总署"[3]提出的申请，又遇到了很多令人头疼的事情。从"美国援华委员会"的一些来信看，我们战后的工作也是不容乐观的。我们的机构迁到上海后，就将改名为"中国福利基金会委员会"。对我们来说，选择上海这个地方是合乎逻辑的，因为提供给我们的物资都是海运过来的。大多数的救济组织，包括"联合国善后救济总署"，都将落户在上海。

这儿的人们兴高采烈，漂亮的衣服和张张笑脸，使重庆变得很像个海滨城市。每个人都在拼命设法尽快离开这里，不管是乘船、乘卡车或乘其他任何交通工具。尽管有段时间我也很想尽快离开，但是现在我对这事比较淡漠了。从上海来的朋友告诉我，我在上海的住宅[4]曾一度被盗，香港沦陷后又一次被洗劫。我收藏的书籍、画作等都被运往东京了。我想日本政府送给美国将军及官员们的许多佩剑，就是我的收藏品。那是全世界各地的朋友及仰慕者送给孙博士的礼物。现在，我的旧宅如此破败，没有一个建筑师愿意负责修理。如果彻底修复，需要一笔巨额的费用。但据说还是得修复，要作为一处国家级的纪念馆。稍后，我会告诉你们我在上海的地址。在此之前，你们如果有什么东西要给我，只要写明"由联合国善后救济总署总部转交"就可以送达。

安娜正在想尽一切办法去上海，甚至要赶在我们之前。她原是德国籍，后来改为波兰籍，现在好像她跟在联合国救济总署工作的贝克尔[5]那样，是无国籍人士了。顺便提一下，我听说琼快要生孩子了，打算去伦敦。

沙尔文—克拉克[6]女士上个月同她的丈夫和女儿乘飞机去了伦敦。据唐明照[7]信中说，她显然吃了很多苦，头发全白了。她来信说，她想为我们工作或同我们在一起。但我不认为她能回来。因为她的丈夫司徒永觉[8]博士在经历了多年的牢狱之灾之后，现在几乎不能走路了。我听说吉姆1943年就被俘去了日本，我在设法查找他的下落，也许他已经丧命了……

很快就会再给你们写信。

翰笙[9]仍在北达科他州。

深爱你们，请多来信。

你们永远的 SCL

一九四五年十月十三日

柳无垢[10]明天动身去上海。她在为美国战时新闻局[11]工作，至少还要在那里工作六个月。金仲华[12]很快将在上海创办一份报纸。

注释：

1. 廖梦醒 (1904—1988)，广东惠阳县人，廖仲恺、何香凝的女儿。青年时期即投身孙中山领导的革命事业，1924年加入中国国民党。1931年加入中国共产党。抗战爆发后，在上海参与由宋庆龄、何香凝等领导的中国妇女抗敌后援会工作，并参与筹建保卫中国同盟，任宋庆龄秘书。香港沦陷后受周恩来指派至重庆，负责周恩来与宋庆龄间的联络工作，公开身份为宋庆龄的秘书和保卫中国同盟秘书。解放战争期间在上海从事地下工作。1949年8月下旬，与邓颖超一起陪同宋庆龄离沪赴北平参加中国人民政治协商会议。后又陪同宋庆龄视察东北。新中国成立后，先后担任中国人民保卫世界和平委员会理事、中日友好协会理事、全国妇联执行委员会委员、全国人大代表、全国政协委员和宋庆龄基金会理事等职。

2. 李少石（1906—1945），广东新会人，廖梦醒的丈夫。1926年参加中国共产党，大革命失败后奉调到香港工作。1929年到上海做秘密交通工作。1930年到香港建立联系上海中央和苏区中央的秘密交通站。1934年2月，因叛徒出卖被捕入狱。"七七"事变后，被释放，南下香港，继续为党工作。1943年春，到重庆，在八路军驻渝办事处外事组任周恩来的英文秘书，公开身份是《新华日报》记者兼编辑。1945年10月8日，正值毛泽东赴重庆谈判期间，柳亚子到曾家岩50号国公馆访周恩来，适值周赴宴会，由李少石代陪并送柳回沙坪坝住处。返回途中因汽车遭国民党士兵枪击，经抢救无效牺牲，时年39岁。9日宋庆龄赴重庆市市民医院吊唁李少石。

10 日李少石灵柩移往八路军办事处公墓安葬。出殡前宋庆龄到市民医院向李少石灵柩行礼并献鲜花，慰问李少石夫人廖梦醒及女儿李湄。出殡时宋庆龄和周恩来等一起执绋。

3. "行政院善后救济总署"，简称"行总"。国民政府执行联合国善后救济总署任务的临时机构。1945 年 1 月成立，隶属行政院。原设于重庆，后迁南京。在浙江、福建、上海等省市设 15 个分署。1947 年 10 月裁撤，各分署也先后撤销，业务分别移交社会部和善后事业保管委员会。

4. 上海的住宅，上海莫利哀路 29 号，今香山路 7 号上海孙中山故居。

5. 贝克尔（Rolf Becker，1906—1999），德国人，中文名白乐夫，当时为行政院善后救济总署烟台特别办事处首席医务官。毕业于柏林大学医学院，1929 年加入德国共产党，1936 年参加西班牙反法西斯国际纵队，任战地医生。1939 年，响应英国"援华医疗委员会"的号召，来华支援抗战。抗战结束后，在宋庆龄的帮助下到山东解放区从事医疗工作。1948 年回德国。新中国成立后，曾三次来华访问。

6. 沙尔文—克拉克（Hilda Selwyn-Clarke），英国人，时任香港医务总监司徒永觉的夫人。1938 年 6 月宋庆龄在香港创立保卫中国同盟时，任中央委员会委员和名誉秘书，为保盟做了很多有益的工作。香港沦陷时被日本人拘留，抗战胜利后获释，回到英国，参与英国中国运动委员会工作。

7. 唐明照（1910—1998），广东恩平人。早年加入中国共产党。1932 年任中共北平市委组织部部长。次年赴美学习，入加州大学历史系，任美国共产党加州大学支部书记。1937 年毕业后任纽约《华侨日报》社社长、总编辑等职。1950 年回国任外交部专员、中国人民保卫世界和平大会联络部副部长、南开大学兼职教授、中国国际交流协会副会长、全国政协委员、《中国建设》副总编辑。

8. 司徒永觉，即泼西•沙尔文-克拉克爵士（Percy Selwyn-Clarke，1893—1976），英国人，1937—1943 年在香港任医务总监。香港沦陷后被日军单独监禁和折磨数月。随后到塞舌尔任总督。1951 年返回伦敦。

9. 翰笙，指陈翰笙（1897—2004），原名陈枢，江苏无锡人。1915 年赴美国留学。先后获得美国芝加哥大学硕士学位和德国柏林大学博士学位。精通英、德、俄等多种外国语言。回国后任北京大学教授。1925 年经李大钊介绍加入中国国民党。1927 年赴苏联莫斯科，结识宋庆龄。1929 年回国。1935 年再赴苏联，同年加入中国共产党。1939 年到香港参加宋庆龄领导的中国工合国际委员会，任秘书。后因受国民党政府迫害，出走印度、美国等国。1951 年回国后，任外交部顾问、全国政协委员等职。与宋庆龄等人筹建《中国建设》杂志，1952 年兼任该刊编辑委员会副主任。是"文化大革命"中少数与宋庆龄保持通信的人之一。

10. 柳无垢（1914—1963），江苏吴江人，柳亚子之女。1939—1941 年在香港任保盟秘书。1934 年转移至重庆，曾参与翻译毛泽东的《论持久战》一书。1949 年 8 月陪同宋庆龄北上出席第一届政协会议，1952 年起在外交部工作。1954 年后，参加了宋庆龄文集《为新中国奋斗》的翻译工作。

11. 美国战时新闻局，美国战时官方新闻宣传机构，罗斯福总统于 1942 年 6 月下令成立。负责国防信息采集和发布，将有关战争的新闻稿件（包括消息、图片等）和背景材料发送到国内各地的新闻媒体和海外新闻处，然后再通过海外新闻处向世界各地发送新闻。

12. 金仲华（1907—1968），浙江桐乡人。早年致力于新文化运动。20 世纪 30 年代为多种刊物的主编和撰稿人。抗战时期加入上海文化界救国会和宋庆龄主持的保卫中国同盟，并与邹韬奋编辑《抗日》三日刊和《全民抗战》。在香港参与国际新闻社工作，主编《星岛日报》。新中国成立后，曾任《新闻日报》、《文汇报》、《中国新闻》和《中国建设》等社社长、华东军政委员会文化部副部长、上海市副市长、中华全国新闻工作者协会副主席、上海社会科学院国际问题研究所所长。第一届全国政协委员，第一届至第三届全国人大代表。

# 宋庆龄致爱泼斯坦、邱茉莉

（一九四五年十月二十五日）.

亲爱的朋友们：

　　你们九月二十五日给我的信今天早上由安娜送来了。这封信好像是几经周折才转到我这里。多谢你们为我们清晰地描述了美国的总体情况，特别是关于救济工作方面的介绍。我已将你们的来信摘要送给了我们的执委会。对你们提出的各种问题将由魏璐诗来作答复。

　　在随信附上的情况报告（金仲华综合的）中，你们会看到我们于今年年底南迁上海后，用"中国福利基金委员会"的新名称开展工作。上海似乎是接收来自"行政院善后救济总署"日益增多的物资的最合适的地方。我们通过迈克尔·萨克斯[1]博士，同"联合国善后救济总署"建立了直接联系。这位先生似乎是最理解和同情我们的。虽然，萨克斯博士（更确切地说是"联合国善后救济总署"）不能批准我们的任何请求，但他能帮助我们疏通，可以向行政院善后救济总署查询：为什么某地某处还没有得到他们请求的物资？因为联合国善后救济总署曾一再申明他们的政策和宗旨是不偏不倚的，联合国善后救济总署中国分部的负责人凯泽和蒋廷黻[2]也都曾来此向我保证，他们会给予"通力合作"。 他们是否说话算数，只有等时间来证明了。

　　魏璐诗即将动身去上海和美国。安娜当然也想"回国"去，正设法尽早回上海。这样，金走了，留在这里的委员只有廖梦醒、顾淑型[3]和我自己了。现在也不是扩展我们组织的有利时机。想必你们还记得，我们以前总想扩展我们的组织，但除了通过宣传出版委员会的努力产生过一些社会影响外，并未取得任何成效。当然，迁到上海以后，要看一看我们新的名称将会引起什么反响。

　　自从廖梦醒听到丈夫遭枪击的噩耗以后，她就一直在山上休养。有一段时间，人人都怀疑这是一桩有预谋的暗杀。但现在却被证实是意外事故。再过一个星期，她就能每周来委员会上两天班了。同仁们一直对她和囡囡[4]非常关心和爱护。等她下山恢复工作后，不仅身体会更健康，她的精神状态也一定会更好。大家都一直在帮助她，同情她。

　　上个月，美国战时新闻局的弗雷德·贝克尔访问了兰州和山丹[5]。彼得·汤姆森与他同行。弗雷德画了二百多幅关于"中国工合"的速写，将新老生产方式进行对比。有些情景悲惨到令人难以置信的地步。垃圾、污水遍地，引发各种疾病，而且缺医少药。路易·艾黎真是一个英雄式的人物！他和牲口住在一起，从事着令人心酸而艰难的原始性的工作。他本可以做更多有益的工作，而不是教那些顽皮的小孩子们擦干净鼻涕。

贝克尔将在下周返回美国。他会把他画的素描卖给《生活》杂志。我敦促他去看望你们，以便为那些素描撰写一篇类似背景材料的文章。弗雷德·贝克尔是个好小伙子，但基本上还是一个美术工作者，对其他的事情懵懵懂懂。

你们很快将在纽约见到大元帅[6]这帮子人了。赫尔利[7]正在那边为他们做铺垫工作。

最热情地问候你们俩。有空请来信！

SCL

一九四五年十月二十五日

注释：

1. 迈克尔·萨克斯（Michael Sacks），联合国善后救济总署工作人员。

2. 蒋廷黻（1895—1965），字清如，湖南邵东人，中国历史学家，民国时期外交家，早年就读于长沙明德学堂。1912 年赴美，获哥伦比亚大学哲学博士学位。1923 年回国，任南开大学历史系教授，1929 年任清华大学历史学教授。1935 年后，历任国民政府行政院政务处长、驻苏大使、行政院善后救济总署署长等职。

3. 顾淑型 (1897—1968)，江苏无锡人，我国早期的女摄影家之一，陈翰笙夫人。宋庆龄事业的坚定支持者。早年曾留学于美国、德国、苏联等。1932 年一二八事变后，与陈翰笙一起协助宋庆龄募集资金，开办伤兵医院。1935 年加入中国共产党。抗战全面爆发后，在美国参加宋庆龄领导的保盟的工作，组织难民救济机构。1939 年 5 月，离美赴香港协助宋庆龄的工合运动。1942 年与陈翰笙辗转桂林，组织工业合作社，支援抗战。1944 年 3 月，因国民党当局的迫害，与陈翰笙被迫流亡印度、美国。1951 年回国，参加了八一电影制片厂的筹建工作，并从事摄影创作和理论研究，先后担任中央人民政府政务院新闻摄影局研究员、中国摄影家学会常务理事、中苏友好协会总会副秘书长、《中国建设》杂志社顾问等职。上世纪 50 年代，曾陪同宋庆龄出访印度、缅甸和巴基斯坦。

4. 囡囡，廖梦醒的女儿李湄的昵称。

5. 山丹，指山丹县，位于甘肃省河西走廊中部。1944 年，路易·艾黎在此创办培黎工艺学校。

6. 大元帅，指蒋介石。

7. 赫尔利（Patrick Jay Hurley，1883—1963），1944 年曾以美国罗斯福总统的私人代表身份来华，后接任美国驻华大使一职，不久即因协调国共两党关系失败而被迫辞职。

宋庆龄（二排右三）与中国福利基金会工作人员合影

# 宋庆龄致爱泼斯坦、邱茉莉

（一九四六年六月二十九日）

亲爱的埃尔西和艾培：

你们让米尔德里德·普赖斯带来这么漂亮的衣料，实在使我太高兴了。我会很快把它做成一件心爱的衣服。不过，普赖斯带给我的最好的礼物还是你们确定在今年秋天回来的消息。只祈求你们在取得签证方面不会再出意外。这里有很多工作在等着你们，而且你们无法想象我们是多么地想念你们。

现在告诉你们一些新情况。首先，我们已经决定把我们的组织名称中的"委员会"这几个字去掉。普赖斯强烈反对这个名称，她建议叫中国福利基金理事会。但是我们没有设理事会。因此，为了方便起见，我们还是决定缩短我们的名称。

普赖斯建议，把琼·格林从美国请来担任我们的秘书。我们决定等我们的办公室扩大到能够容纳更多工作人员时再作定夺。在征得美国援华联合会的同意后，我们邀请了曾在美国陆军新闻和文教处任职、后来在联合国善后救济总署工作的谭宁邦[1]来负责基金会的全部行政工作和总体规划，包括现有项目的继续运转和新项目的启动。他将负责我们与联合国善后救济总署、行政院善后救济总署以及红十字会各分会等机构的联络工作，当然也负责宣传工作。据普赖斯说，谭宁邦一直以来都在帮助我们开展各种募捐活动。他对我们似乎是"有求必应"。

听到我们最近的计划，你们一定会很高兴。在各类项目中，我们首先要在上海建立一个儿童图书馆。我们有从美国送来的一箱箱宝贵的赠书，虽然这些英文书在内地没有什么用处。我想应当把其中一些真正的好书翻译成中文，再加上由各个书店捐赠的中文书籍。以此为开端，我们就可以做许多事情，去激发孩子们为争取全世界儿童生存状况的改善而奋斗的兴趣。重庆市前市长贺耀祖的夫人倪斐君将是负责这个项目的主任。我们正在帮助建立一个为工人看病的诊所。这两个项目也许可以结合起来运作。这样，那些工人的孩子也可以得到一些免费的教育。

我从英国战时组织那里得到了几千箱原为战俘准备的食品。这些东西已经分发给许多处于贫困中的机构和工人了。哦！看到这些奢侈的食品——肉卷、奶油、鱼，甚至还有糖果和香烟，我们那些营养不良的朋友们就像狼一样垂涎欲滴。我们还希望红十字会能给孩子们提供一些衣服，这样他们就有穿的了。

这个月我们组织了 6 次夜场的京剧义演，净收入一亿法币。另外，我们还举办了一次《军队就是这样》的夜场演出，这种演出是无聊的，但收入倒是有两千多万。后面这场演出是马坤[2]促成的。他通常是我们的"圣诞老人"。顺便说一下，他在战争期间和一位加拿大女孩结了婚。上个月他来到这里，打算同孙科[3]的两个儿子做些买卖。上个星期他已回加拿大了，但不久还要回来。

他以自己独有的风格撰写了自传。我对他说，只要他让我的一位朋友为他编辑这本书，我将为他写前言。因为书稿中还有许多可以润色的地方。希望我的建议能引起这位"仁兄"的兴趣。马坤说，不管是谁，只要能使这本书成为畅销书，他就同他五五分成。

你一定已经见到魏璐诗，而且听到了一些最新的消息。但是有件事你可能还不知道，那就是王安娜和王炳南[4]不久将要离婚。普赖斯说，一个经常给王安娜写信的男朋友总是喝得醉醺醺地跑到美国援华会来，询问王安娜的来信。她显得老多了。普赖斯建议我们"给她配一副新的假牙和做一些像样的衣服，以便改善她同这里各种救济机构的联系"。普赖斯认为，这些正是她在同这些机构打交道时总是不成功的唯一原因。

关于米尔德里德·普赖斯，你们事先没有给我们一点儿暗示。她在这里与陌生人交往中的一些低级行为使我们非常失望。她将同罗辛格和一个叫李敦白的男孩子（会说和阅读中文）一起去华北和西北。李敦白[5]将向美国援华联合会报告我们在解放区开展的活动。如果廖梦醒还没有告诉你这些情况，见到埃尔西时，我会告诉你们的。

我必须结束这封信了。衷心感谢你们送给我的礼物和有关美国争取和平委员会的宝贵材料。我们的朋友们正在饶有兴趣地研究这些资料。

你们亲爱的 SCL
一九四六年六月二十九日


艾达·普鲁伊特刚刚同埃瑟夫人一起动身去山丹和宝鸡。佩列斯正在这里度斋月。艾培，福尔克纳[6]是个好人，她的妻子也富有同情心。真要感谢你们让我结识了他们。

SOONG CHING LING'S CORRESPONDENCE WITH ISRAEL EPSTEIN AND ELSIE CHOLMELEY

注释：

1. 谭宁邦（Gerald Tannebaum，1916—2001），美国人。二战期间在美国服兵役，后在军队无线电台设在好莱坞的总部担任节目制作人。上尉军衔。曾在联合国善后救济总署任职，并一直在为中国福利基金会做宣传和募捐活动。1946 年从美军复员。同年 7 月 1 日加入中国福利基金会，任总干事，后任中国福利会顾问。1972 年回美国定居。宋庆龄通常称他为"杰里"。

2. 马坤，即莫里斯·科恩（Morris Cohen，1889—1970），马坤为其中文名字。原籍波兰的犹太裔英国人，后移民到加拿大。1919 年应邀来华任孙中山的侍从副官。抗战胜利后回加拿大。

3. 孙科（1891—1973），广东香山县人，孙中山之子。1916 年毕业于美国加利福尼亚大学，获学士学位；后在美国哥伦比亚大学获硕士学位。回国后任孙中山大元帅府秘书。1922 年任广州特别市首任市长。此后多次任国民党中央执行委员，在国民政府内数度任立法院院长、行政院院长、考试院副院长等职。抗战期间，在重庆任国民政府委员和立法院长，支持宋庆龄的抗战救灾工作。1952 年移居美国。1964 年返台湾定居。

4. 王炳南（1908—1988），陕西乾县人。1929 年赴日本留学，继而留学德国。1936 年回国，曾任中共中央外事组副主任。建国后，协助周恩来筹组外交部。历任办公厅主任、部长助理、副部长、中国驻波兰大使。1945 年日内瓦会议期间，任中国代表团秘书长。在驻波大使任内兼任中美大使级会谈中方首席代表，与美方会谈长达九年。1975 年任中国人民对外友好协会会会长、党组书记。曾任全国政协常委，全国人大常委。著有《中美会谈九年回顾》。

5. 李敦白（Sidney Rittenberg，1921—  ），美国人。1944 年起长期居住在中国。曾在延安工作。解放后，曾在中央人民广播电台工作。1980 年返回美国定居。

6. 福尔克纳（Falconer），美国友人。他和他的妻子是宋庆龄主持的救济工作的支持者。

1946 年，爱泼斯坦与邱茉莉在美国。

## 宋庆龄致邱茉莉

（一九四六年七月十八日）*

最亲爱的埃尔西：

　　匆匆写几个字，托谢弗女士（美国新闻处的）带去，说明我是多么抱歉。我之所以不能接受今年前往美国的邀请，是因为我还看不到此访的前景。那边的人们存在着幻想，认为我在美国还有一些影响。但美国未来10年对华的外交政策早已确定下来，没有任何因素能够动摇，除非刮起一场台风，但我不是台风。

　　因此，请努力使我们的朋友们理解，为什么我今年不能去。

　　我是真的忙得不可开交，从来还没有这么忙过。我感到自己现在所做的工作，比宣传工作更加急需。

　　向你和艾培致以最良好的祝愿。

　　写得匆忙，请原谅。

SCL<br>七月十八日

---

　　* 凡在写信日期右上角标有 * 记号的，表示原信日期不确定，按信文内容推测编入。下同。

会员委金基利福国中
CHINA WELFARE FUND COMMITTEE
SHANGHAI

Mme Sun Yat-sen
Chairman

172 SOOCHOW ROAD
ROOM 201. TEL. 12066

Dearest Elsie,

Just a line by Miss Shaeffer (4515) to say how sorry I am that I can't see my way to accept the invitation to come this year. Anyway, the people there are under the delusion that I might

1946 年 7 月 18 日宋庆龄致邱茉莉（黄浣碧 捐）

会员委金基利福国中
CHINA WELFARE FUND COMMITTEE
SHANGHAI

Mme Sun Yat-sen
Chairman

172 SOOCHOW ROAD
ROOM 201. TEL. 12066

wield some influence in U.S. Their foreign policy has been decided upon for the next 10 years in China - and nothing will budge them short of a typhoon which I am not - So please try to make our friends understand why

中國福利基金委員會
**CHINA WELFARE FUND COMMITTEE**
SHANGHAI

Mme Sun Yat-sen
Chairman

175 MOOCHOW ROAD
ROOM 301. TEL. 12098

I cannot come this year.
I am really immersed in
work, more than I ever ex-
perienced before and I feel
what I am doing now is
more needed than propaganda
work.

Best to Jim & Eppie.

Pardon haste. S.C.L

July 18th

# 爱泼斯坦、邱茉莉致宋庆龄

（一九四六年九月十日）

亲爱的孙夫人：

随信附上《中国月刊》刊登的一篇文章的副本。关于这本杂志，陆懋德[1]给你发了电报。现在我把剪下来的杂志封二给你寄去，这样你就可以知道编委会里都有谁。这家杂志主要是受天主教会支持的，似乎资金很充足。杂志上还有相当数量的广告，包括中国银行的整版广告。我正在询问其发行量，估计是很大的，因为纽约许多大的报刊亭都有出售。可怕的是，这是美国唯一"流行"的关于中国的杂志，在中学和大学里很可能有相当大的发行量。

对于这种庸俗下流的攻击，我们都感到非常愤慨。但是我们更希望通过这件事，使这本杂志永远在公众中失去信誉。我确信这个事件应能迫使编委会的某些人辞职。

我们正在考虑，要应对这一事件，采取什么行动是最有效的。我想战时新闻局和军方的许多人士都会给刊物的编辑们写信，也许有些人还会给其它的报纸写信。当然，我们要避免做任何可能扩大这份杂志的影响而又不能有效地使其失去信誉的事情。我想，如果约翰·赫西能写一篇关于你的"简介"登在《纽约人》上是会起到正面作用的。我们在试探有没有这种可能性。这样做能够有效地揭露《中国月刊》的真面目，而又不给他们机会，去反过来有利于他们的歪曲。我也请美国援华会的卡特夫人[2]采取行动，以美国援华联合会的名义，出面谴责这种无端的攻击。

我们真正需要的是使其在中国受到谴责。如果可能，我希望你能把你讲的全部内容寄给我们。因为从另一角度来看，这篇文章的出现，表明了一些人对你出色的七月声明[3]在美国公众中赢得的巨大影响的恼火。他们气疯了。菲奇·厄特利·科尔伯格在广播节目里歇斯底里大发作，这反而有损于他们自己在听众中的形象！

艾培已经替你给米·普赖斯回过信了。我们离开这里的时间推迟了，但是我希望不会太久。

我们俩向你致以爱。

一九四六年九月十日
于纽约市西区 42 街 111 号

注释：

1. 陆懋德，即莫德·拉塞尔（Maud Russell，1893—1989），美国人。曾在中国积极支持宋庆龄推动的"工合"运动。1945年后，在"美国争取远东民主政策委员会"任执行委员兼该委员会刊物《远东聚焦》主编。反对美国干涉中国内政。新中国成立后，敦促美国承认中国。《远东聚焦》停刊后，自创报纸《远东报道》。后被指控为"反美宣传分子"。每年作讲演旅行，参加公开集会，或走访居民，介绍有关中国真实情况。曾来华参加建国十周年庆祝活动。1972年来北京参观访问，与普艾达一起受到宋庆龄的接见。

2. 卡特夫人（Mrs.Edward Carter），时为美国援华会领导人之一，又是中国战灾孤儿和儿童福利美国委员会主席。

3. 七月声明，指1946年7月22日宋庆龄发表的《关于促成组织联合政府并呼吁美国人民制止他们的政府在军事上援助国民党的声明》。

# 宋庆龄致邱茉莉

（一九四六年九月二十九日）

亲爱的埃尔西：

　　谢谢你的来信和《中国月刊》的剪报。这是最近一个时期以来在这里和在一些小报上有计划地对我进行的恶毒诽谤。他们知道我对这种事情十分敏感，所以故意挑选这类事情来攻击我。

　　最近孙科带他母亲到这里来，为她的八十岁生日办了两天寿庆活动。这件事被用来激怒我。我收到的匿名信，建议我卷起铺盖到共产党地区去过日子，说别在这里戴个假面具来破坏国民党、背叛我的丈夫！这是什么话！我对所有这些匿名信根本置之不理。

　　孙科应该有点儿头脑，不应该被人当枪使，可是他已出卖了自己的灵魂。他所宠爱的小妾，那个著名的美女蓝小姐[1]（实际上是一个云南籍官员的弃妇），竟成了日本特务，在上海日占期间做房地产生意，赚了数十亿财富。她被抓起来之后，孙科出面营救，把她保释出来，并作为她"以后规规矩矩做人的保证人"。可是这个"不许乱说乱动"的保证所付出的代价是，从此以后他的手脚都被束缚住了，他的嘴也被封住了，尽管他实际上并不赞成国民党反动派发动的内战。

　　在这样的情况下，我还能指望孙科来维护我或他的父亲吗？

　　孙科的长子孙治平即将再度去美国经商。我同他和他的家属关系并不亲密，但我相信年轻一代会更开明和大胆一些。如果我向他重复那些攻击我的传言并要求他同我合作来澄清事实真相，那对我来说是一种羞辱，但我将让他去看望你或陆懋德小姐，你们可以让他看一看《中国月刊》，问问他是否了解家庭中离婚和结婚的事情真相。还应该提出一些当时的见证人，因为根据他处理自己的一些私事来看，这个人是很容易被胁从而缺乏主见的……

　　我听说何应钦[2]在自鸣得意地指责我是一个暗藏的共党分子，说我"结交"孙博士之前就已经是一个"赤党"分子了……

　　关于这个问题，我已把我想要说的话都写信告诉了沃尔特。你可以向他要那些信来看，包括我写给科林·麦克唐纳的那封。克里普斯夫人即将来访以及我们想要开展的一些活动，使我目前忙得不可开交。

　　请向艾培、陆懋德和其他友人转达我的问候，感谢他们的帮助。稍后我再给他们去信。

　　向你们俩致最热烈的问候，盼望你们早日归来。

你永远的 SCL

一九四六年九月二十九日

往来书信　宋庆龄与爱泼斯坦、邱茉莉　SOONG CHING LING'S CORRESPONDENCE WITH ISRAEL EPSTEIN AND ELSIE CHOLMELEY

附件：宋庆龄致麦克唐纳

（一九四六年八月十五日）

亲爱的麦克唐纳先生：

我想请你给我个人帮个很重要的忙。这是和罗伯特·佩恩有关的，两周前你曾约我与他见了面。

在拜访我的时候，佩恩先生给了我一本他与别人合著的我丈夫的传记。我刚看完。不过，要是在他来见我之前，能让我有机会看上一遍，那倒是我所希望的。如果这样，我就可以当面向佩恩先生说明他写进传记里的许多误解和错误的事实真相。既已如此，我只好请你为改正这些错误帮个忙。如果允许这些错误存在而不提出异议，那么有朝一日这些错误就会被当作事实而载入史册。相信你能理解我想使这些错误得到纠正的急切心情。

作者说，我和孙逸仙博士是在 1914 年结婚的。实际上这个日期是 1915 年 10 月 25 日。由于许多显而易见的原因，我们的婚姻确实引起了巨大的轰动。但我们绝对不是秘密结婚，也没有把它当成秘密而三缄其口。如果调查得仔细一点，佩恩先生和陈先生就不会得出这样的结论。他们可以去找许多了解事实真相的国民党员。在上海就有参加了那个茶会的国民党员。就是在这个茶会上，我的丈夫宣布了我们的婚姻。他们应该能够提供所有的真实细节。

更有甚者，佩恩先生和陈先生竟然说我的丈夫和我"知道历史将会原谅"我们，而一头扎进了这场婚姻。请问我们有什么需要原谅的？在这里，作者们把孙博士说成是一个犯重婚罪的人。而事实是，在我们结婚之前他就已经离婚了。

至于书中关于我和孙博士的前妻之间发生激烈争吵，而且这种争吵一直持续到孙去世的说法，我只想说明，我从来没有遇到过或看见过他的前妻。佩恩还声称，孙博士力图为我争取"平等地位"，而这只是在佩恩先生浪漫的想象中存在。这也许是那些党的寄生虫和奉承者害怕我们的婚姻会损害他们的特权和亲属关系而臆造的突发奇想。如果佩恩先生在政治上有所警觉的话，他会发现，即使在孙博士去世后，我的政敌们仍然继续着这场旨在诋毁我的声誉的运动，因为他们不希望有人提醒他们去完成孙博士的未竟事业。

总之，我想要说的是，如果佩恩先生和陈先生事先让我阅读他们的手稿，而不是把成书送到我的手中，那对于他们的读者来说会公平得多。在为这本书收集资料的过程中，假使作者们不仅仅局限于谣言和来自诸如孙科博士以及臭名昭著的反革命分子潘公展³这样的人，而是能问问当时确实和我及孙博士同在东京的人，那他们的资料无疑会更真实些。因为那些人不是孙博士真正的追随者，而是因为我和孙博士的婚姻，成了我政治上的劲敌。

我严肃而认真地希望你能将以上的更正以及我的感受转达给佩恩先生，并引起他的注意。

万分感谢。

宋庆龄

一九四六年八月十五日

于上海恩理和路 45 号 [4]

注释：

1. 蓝小姐，即蓝妮（1912—1996），原名蓝业珍，祖籍云南建水，苗族，生于澳门。与孙科育有一女孙穗芬。

2. 何应钦（1890—1987），字敬之，贵州兴义人。早年就读于日本士官学校步兵科。曾追随孙中山参加护法战争；1924 年 6 月任黄埔军校总教官。抗战期间，任参谋本部总参谋长，兼任第四战区司令长官。1944 年兼任陆军总司令。抗战胜利，任接受日军投降代表。后曾任蒋介石政府行政院长、国防部长等职。1949 年随蒋介石政府去台湾。

3. 潘公展 (1894—1975)，浙江吴兴人。抗战前在上海任国民党市党部常务委员等职。抗战期间，任国民党中央宣传部部长等职。顽固坚持反共立场。1945 年 5 月，被选为国民党中常委，并任中央宣传委员会委员。此后赴加拿大，1951 年在美国创办《华美日报》。

4. 恩理和路 45 号，现为桃江路 45 号，1945 年 11 月至 1949 年 5 月宋庆龄在此居住。

# 宋庆龄致爱泼斯坦

（一九四七年六月二十七日）

亲爱的艾培：

如果现在能面对面地跟你谈话，付出什么代价我都愿意！我无数次动手给你写信，但每次都被打断。等我再回到打字机前，已感到疲惫不堪，不想动手了。就这样，时间飞逝，我一直没给你片纸只字。

两周前，我通过有吉幸治[1]转告了我对你那本书的意见。艾培，你的书写得很详尽。但我觉得应该增加一些文献资料。因为有些事情只用语言就可以反驳，有的则可以引用赫尔利、魏德迈[2]之流侈谈民主等等的公开声明。你把他们的所作所为写在书里，这固然很好。但在战争临近结束的那个时期，这里的情况如此之复杂，很多事情被假象所掩盖，所以仅仅引用那些声明是不够的。这是我对这本书唯一的批评。对美国民众来说，这本书也绝不是一个基础读本。只有对中国有所了解的人才能读懂你书中的所有含意。但这本书的确是一本很好的了解中国的入门之书。

你的确很好地指出了美国在华的真正利益所在，而且也揭露了很多年以来直至现在美国政策的伪善本质。你的书之所以有说服力，在于你把自己摆了进去，从而增强了这本书的真实性。大多数作家在突出个人方面做得太过火，但你没有。我尤其喜欢第一部分。最后一部分读起来则觉得比较困难，有点儿冗长。我很高兴，因为在再版中你另写了一章。我希望能尽快得到一本新版书。

我本来想给你一点儿惊喜，但福尔克纳夫妇破坏了我的计划，所以只能另找机会了。为不使你着急，还是让我说了吧。在埃尔西委托廖梦醒代为保管的一堆东西中，我发现有许多资料是你的。廖梦醒怕把这些东西弄丢了，要我来保管，为此，我打了一个包裹，请福尔克纳夫妇带给你。直到最后一刻，福尔克纳夫人才打电话给我，详细说明他们最终不能带这些东西的原因，说是所有文件都会被检查等等。她说话的腔调就好像那些文件中藏着炸药似的，（也许会有？）夹在字里行间呢！她在电话中说话的那种态度，使我十分恼火，我的一根血管都要爆裂了。当我试图让这个女人说话小心点儿时，我想窃听我电话的特务一定在笑我当时的狼狈样。天呀！艾培，她真是个太可怕的女人！……让她的"好意"见鬼去吧！她还一直很不尊重地对你骂骂咧咧，我只好很不客气地对她喊道："再见吧！美国见！"这样才制止了她为不带那些资料而喋喋不休的托辞。

现在再说说你回来的事。我们当然很需要你和埃尔西，而且十分想念你们。但由于客观原因，你们必须推迟回来。针对我们朋友们的包围圈正在日益收紧，每天到处都在抓人。就目前来说，你们能发挥作用的地方是在国外，还应该保留一点儿力量，准备以后回来继续斗争。我们总不能老是生活在这种无政府状态中，一段平静的时期终将到来。到那时，你们就赶紧回来。你的国籍问题怎么样啦？解决了吗？

我们的执行委员已经去香港筹设分会了。他工作勤奋，但遇到了不少困难，即使在委员会内部也是如此，因为一些成员并不了解他。但我对他的人品有充分的信心——耿丽淑和克拉拉兄弟也这样看。

我们的工作有了很大拓展。曾任工会领导人秘书的俞志英[3] 负责我们的少儿福利部，她很能干，目前在国外。我们正在建设一个儿童剧院，还在建四个铁皮活动房，供贫苦儿童看书、学习和保健之用。看到我们的这些进展，你和埃尔西一定会感到十分高兴。在小小的办公室里，四架打字机不停地工作着，从来没有这么多的人忙碌地进进出出。我觉得这里看上去更像是一个证券交易所……我们还在设法扩展空间。到下个月，靠着不可或缺的金条，我们也许能成功地找到一处更加宽敞的办公场所。

明天杨孟东[4] 要和一位刚刚进入社交界的女士结婚了。你知道他是史迪威的副官，曾在联合国善后救济总署工作过，对我帮助很大。因为他能及时告诉我物资供应的最新消息，我们就总能抢在别人前面去申请配给。

安娜·路易斯·斯特朗[5] 将在几天内随美国记者团离开，从她那儿你可以了解到这里和北方的最新消息。谭宁邦正在帮她写作，当然这一点她是不会告诉你的。风湿病使她痛苦不堪，但奇怪的是，尽管她生活中遇到这么多的困难，据马海德[6] 那个老家伙说，她还能通宵达旦地跳舞，第二天就卧床不起——当然在她看来这是值得的……

向你和埃尔西致亲切的问候，告诉她，希望有一天她会出现在这里而给我一个惊喜，尽管……

永远的 SCL

一九四七年六月二十七日

于上海恩理和路 45 号

注释：

1. 有吉幸治（Koji Ariyoshi，1917—1976），日裔美国人。二战期间在史迪威麾下服役时结识宋庆龄。上世纪 40 年代作为美国军事观察组成员派驻延安，因发回的报告被认为过分讲了延安的好话而被调回美国。1951 年因遭"麦卡锡主义"陷害入狱。宋庆龄曾设法营救。1972 年，与宋庆龄恢复通信。此后两次来华拜访宋庆龄。

2. 魏德迈（Albert Coady Wedemeyer，1897—1989），美国人。二战时于东亚服役，1944 年底接任史迪威为盟军中国战区参谋长、驻中国美军指挥官，1946 年 3 月卸任。1947 年来华出任军事调停处特使，不久美国宣布退出军调处执行部和"三人会议"后回国。

3. 俞志英（1911—1998），1939 年加入中国共产党，从事地下工作。1947 年经周恩来、邓颖超推荐给宋庆龄，参加中国福利基金会工作，任儿童组组长，并负责向解放区输送医药、物资。协助宋庆龄在上海的公园内搭建了一百多平方米的铁皮房子，开办了三个儿童福利站，开展识字、保健、救济贫困儿童的工作。同年 12 月，根据党的指示，赴英国留学。1948—1949 年任中央人民广播电台英语编辑兼播音员。1957 年调至中共中央对外联络部工作，历任副局长、局长等职。

4. 杨孟东，即理查德（迪克）·杨（Richard (Dick) Young,1916—2009），夏威夷出生的美籍华人。史迪威将军的少校侍从副官。其伯父杨仙逸 1923 年曾任孙中山大元帅府航空局局长，兼飞机制造厂厂长。宋庆龄曾主持包括该厂自产的第一架飞机"洛士文号"在内的飞机开驶礼。宋庆龄视他为侄儿，在他调往缅甸战场后经常给他写"家信"。

5. 安娜·路易斯·斯特朗（Anna Louise Strong，1885—1970），美国进步作家和记者。1925 年起多次访华。1946 年 8 月在延安采访稿过毛泽东，见《毛泽东选集》中《和美国记者安娜·路易斯·斯特朗的谈话》。1958 年来中国定居。1962 年后，定期编写《中国通讯》，向国外读者宣传新中国建设的成就。著有《千千万万中国人民》、《人类的五分之一》和《中国人征服中国》等书。

6. 马海德，即乔治·海德姆 (George Hatem，1908—1988)，宋庆龄的挚友。祖籍黎巴嫩，生于美国纽约州布法罗城。1932 年在日内瓦医科大学获博士学位。1933 年到上海开诊所行医。1934 年参加史沫特莱、路易·艾黎等组织的政治学习小组，结识宋庆龄。1936 年，在宋庆龄介绍和帮助下，与斯诺前往陕北苏区，被任命为革命军事委员会的卫生顾问，改名为马海德，同年加入中国共产党。1938 年为保盟驻延安的代表，经常向宋庆龄书面汇报延安医疗工作的情况，以便争取海外援助。1948 年任中国解放区救济总会医疗顾问。新中国成立后加入中国国籍，任卫生部顾问，为新中国麻风病防治工作做出极大贡献。

中国福利基金会在上海举办了三个儿童福利站，下设一些保健、救济机构，并为无钱上学的儿童开办了几百个识字班。图为宋庆龄看望识字班的孩子并亲自指导他们读书。

10月12日，中国福利基金会上海儿童图书阅览室开幕。图为阅览室前的小读者。

宋庆龄与史迪威将军的副官、美籍华人杨孟东商谈运送救济物资事宜。

# 邱茉莉致宋庆龄

（一九四七年十二月十日）*

亲爱的朋友：

昨天艾培给你写了信，并随信附寄了两份剪报。律师已经研究了第一篇文章，认为这是诽谤。不过他又认为，诽谤性案件的审理过程通常会旷日持久，这就需要你长时间待在这个国家里。他说，不管怎样，你都可以先要求其撤回这篇文章。如果当事人不照办，你就警告说要对他提起诉讼。然后你可以在这个国家委托一位律师作为你的代理人。

正像我昨天告诉你的，这里的朋友都在设法找出这件事是如何策划的。现在已经发现了一些疑点——尽管还只是疑点——可能与百老汇高层有联系的某人参与其中。

皮尔逊告诉我们朋友的母亲和他的兄弟，说他将于 12 月 6 日发表这篇文章。12 月 7 日朋友的兄弟到华盛顿去与皮尔逊交涉。皮尔逊没有同他见面，只派了他的助理去见他。助理声称皮尔逊手中有证据，但拒绝出示。这次谈话的一些内容以完全扭曲的形式，作为国际新闻社的后续报道出现在 12 月 9 日的《每日镜报》上。但国际新闻社发出的这个稿件，我们到现在还没有在其他报纸上看到。

十二月十日

# 宋庆龄致爱泼斯坦

（一九四七年十二月十九日）

亲爱的艾培：

十分感谢你的关心，及时告诉了我皮尔逊对我的造谣中伤。我向一位律师进行了咨询。他认为，就此事起诉皮尔逊这条该死的毒蛇不会取得满意的结果。因为他总会想方设法进行抵赖。而且把这种事情公开地搞得满城风雨，到头来只会对我自己造成伤害。

我听说比尔·鲍威尔正在给他（德鲁·皮尔逊）写信，大意是：他这样做正是落入了我的政敌们所设的圈套。

兰德尔·古尔德的报纸是唯一提到这一诽谤的本地报纸。因此，第二天他就不得不写一篇恭维性的文章，作为对我的"补偿"。

这些日子以来，我患上了高血压病。毫无疑问，这是生气造成的。医生坚持要我卧床休息，直到圣诞节。所以，等我能够起床活动时再说这件事吧。

请代我谢谢那些忠心耿耿的朋友。我绝不会向敌人屈服，而使他们失望的。

冯将军[1]呼吁美国人将筹集的资金直接寄给我的组织。请你向他转达，我对他的支持深表感激。

热情的问候你和埃尔西。请代我问候狄克·L，约翰·H以及弗兰克·T等友人。

感激你的 SCL

一九四七年十二月十九日

附件：一次恶意的中伤

孙逸仙夫人受到了来自华盛顿专栏作家德鲁·皮尔逊含沙射影的诽谤。对此，夫人作出了一个严正的回应，要求他撤销诽谤。

但是不幸的是，经验表明，无事生非的专栏作家几乎从来不会自行撤销，除非受害人诉诸刑事法庭或采取其他措施。然而，当受伤害的是一位居住在中国的夫人时，情况就不一样了。仗义执言是最基本的人性，它本应使任何一个作家对任何一篇事关这样一位夫人的丑恶而无聊的讹传文章进行自我审查。但是面对无聊的专栏作家，我们还能奢谈什么仗义执言？

很少有人能在专栏作家的中伤下毫发无损，而孙夫人恰恰就是这样的一个人。这其中有两个为人熟知的原因：第一，是她个人的品德无可挑剔。第二，是她是非分明的凛然正气，多年来赢得了她的敌人的敬畏，只要不危及他们的切身利益，他们就会在实施罪恶阴谋之时住手。

正因为过去许多针对孙夫人的诽谤都没有造成什么影响，以至于没有人意识到这种诽谤本是老生常谈。这个作家就是重新拣起二十年前颇类似的、完全不真实的，也早已被人遗忘了的攻击性言论。需知干燥的污泥不可能玷污他人，只能掉落在扔土人的身上。我们预计，这场诽谤也难逃这种搬起石头砸自己脚的命运。

注释：

1. 冯将军，指冯玉祥（1882—1948），原名冯基善，字焕章，安徽巢县人。民国时期著名军事家、爱国将领。曾任北洋陆军检阅使。1924年发动北京政变，将所部改组为国民军，电邀孙中山北上，并将清废帝溥仪逐出紫禁城。1926年9月，在五原誓师，宣布脱离北洋军阀，响应北伐。"九一八"事变后，反对蒋介石的不抵抗政策。1933年5月，与共产党合作，在张家口组织察哈尔民众抗日同盟军。1937年2月，同宋庆龄、何香凝等向国民党五届三中全会提出《恢复孙中山先生手订联俄联共扶助农工三大政策案》。抗战爆发后，任第三、第六战区司令长官，后被蒋介石撤职。1946年出国考察水利。1948年参加中国国民党革命委员会，被选为中央政治委员会主席。同年7月底启程回国，参加新政治协商会议筹备工作，9月1日因轮船在黑海失火遇难。

*Soong Ching Ling*

# 宋庆龄致爱泼斯坦

（一九四八年八月十三日）

亲爱的艾培：

今天早晨我收到了航空寄来的中国福利基金会的报告。尽管我知道我们在美国的朋友在这个报告上付出了艰苦的努力，但我必须坦诚相告，我对这份报告很失望，尤其是前面的几页。

如果重读这几页，你们就会发现，在这短短的篇幅里，尽是对我个人歌功颂德的溢美之辞。在这方面费了太多笔墨。我既不愿意看到这样的报告，我也不需要这样的报告。我担心这样的一篇报告会使人感到难堪，因为人们得花相当长的时间，才能真正看到报告的主题。前面的五页，读起来就像是关于孙夫人的《孙夫人的报告》[1]……

请原谅我对这篇报告多少有点烦忧。我记得我们以往的报告品味都是很高的。同那些报告比起来，我们这次的努力还远远不够。我不知道这份报告在美国会有何种反映。当然我希望它是好的。但我坦白地告诉你，我不愿意在中国境内散发，我怕别人指责我"做廉价的广告"、"沽名钓誉"。

当然，现在要对这个报告做任何补救都已经太迟了。但这对我们来说是一次很好的教训。如果你能将我的意见转达给参与撰写这份报告的其他成员，我将十分感谢。

中国福利基金会已经迁到霞飞路[2]，或叫林森路988A 的宽敞的新址。这是一座经过重新装修的棚屋。但它有雅致的京式门窗、还有一个小小的荷塘和一些古树，看起来很引人入胜。到过这里的人无不流连忘返。主要是工作人员都觉得很快乐，每个人都在不遗余力地工作，尽管天气十分炎热。我会很快寄给你一张我们乔迁至新址的照片。

向所有朋友致最良好的祝愿。

你真诚的 SCL
一九四八年八月十三日
于上海恩理和路 45 号

我最近一直被耳痛所困扰，所以没有能够与爱德华•卡特夫人见面。又及

---

注释：

1.《孙夫人的报告》，1948 年中国福利基金会在美国纽约出版的一个介绍基金会工作情况的内部散发的通报。

2. 霞飞路，上海法租界的一条街道，曾改名为林森路，现名为淮海中路。

1951-1967

　　这是一封欢迎你们成为中国福利会国际宣传部正式成员的信件。你们能成为我们的同事，我们再高兴不过了。期望我们能共同组成一个朝气蓬勃的部门，编写出生动、准确和意义深远的宣传材料，详细地介绍新中国的巨大进步。

——宋庆龄

　　来到北京以后，我们花费了许多时间讨论这本即将诞生的杂志并熟悉手头已有的材料。受到你的委托，分担杂志出版的部分工作，我们感到很高兴。

——爱泼斯坦

# 爱泼斯坦致宋庆龄

（一九五一年三月三十一日）

亲爱的朋友：

我现在在华沙（已经来了两个星期了）。十天前我从北京大饭店给翰笙拍了一个电报，但是至今没有回音。因此今天我又给你拍了下面的电报：

夜间电报

致中国上海 中国福利会 孙逸仙夫人：

住华沙布里斯托尔饭店 等待埃尔西已八天 你建议走什么路线 走陆路目前资金不足

问候

爱泼斯坦

埃尔西写信给我，说她收到了你的电报。由于手续上出了点儿麻烦，需要我到华沙后去疏通，因此耽误了她来此与我会合的时间。现在问题已经解决了，我只用了一天时间。但是船少，所以得等。

当然，如果可能的话，我们希望能够有比走海路更快的途径去中国。我们已经看够了大海，再看六个星期真有点儿难熬，时间上似乎也是个浪费。是否可以安排别的方式（陆路或空中）。如果不走海路，我们的大件行李（许多箱书）还是要海运。

不幸的是，我们手头钱有点紧。如果坐船，也许还能凑合买两张船票。（尽管我也不敢肯定说够了。）否则我们需要些帮助，看是什么方式，也许借我们些钱。这儿生活很好，对老百姓来说物价便宜，但是对旅游的人和住旅馆的人来说，消费却是非常非常的高。幸运的是，我的书出了波兰文版，我正在努力去收取一些版税。基于这种可能性，我向中国大使馆借了些钱。我还可能在这里拿到一些匈牙利文版和在民主德国[1]出版的德文版的版税。如果没有这些零星的收入，我们早就处于困境中了。看来，我们事先没有很好地计算所需的费用，更没有想到旅途中长时间的耽搁。

我们本想不要为这类问题去麻烦任何人，就能够结束这次旅行，但结果并非如此。好在我们会通过努力工作来报答。

我同时也给翰笙写了一封信，希望他已经回到北京。

收到此信后请以电报告知。

我们衷心渴望见到你。

你诚挚的 爱泼斯坦

一九五一年三月三十一日

于波兰华沙布里斯托尔饭店 533 室

注释：

1. 民主德国，德意志民主共和国，简称民主德国或东德。第二次世界大战德国战败，被分为东西两部，东部为苏联占领区，西部为美英法占领区。1949 年 10 月德国东部建立了社会主义国家德意志民主共和国，即东德；西部建立了德意志联邦共和国，即西德。1990 年 10 月，东西德合并为现在的德国。

1951 年 3 月 31 日爱泼斯坦致宋庆龄（黄浣碧 捐）

# 宋庆龄致邱茉莉

（一九五一年六月二十六日）

亲爱的埃尔西：

我担心在刘尊祺[1]还没有看到我的信之前你就要求调离《人民中国》杂志社，这样他可能会想出理由来把你留下。所以，请你考虑何时向他提出为好，并将你的决定告我。我给刘的信先不发。

SCL

六月二十六日

注释：

1. 刘尊祺（1911—1993），原籍湖北鄂州，生于浙江宁波。早年就读于燕京大学。1931 年加入中国共产党。新中国成立后任新闻总署国际新闻局副局长、外文出版社副社长兼总编辑、中国大百科全书出版社社长、《中国日报》社总编辑、全国政协常委。

1951

Dear Elsie,

I am afraid that
if you should ask Lin for
your release from PC, before
my letter gets there, it might
give him the chance to prepare
his defenses to keep you there!
So please consider it and
let me know your decision as
am withholding my letter
pending your reply --

Best to you,

SCL

26 VI -

1951 年 6 月 26 日宋庆龄致邱茉莉（黄浣碧 捐）

# 宋庆龄致爱泼斯坦、邱茉莉 *

（一九五一年八月八日）

亲爱的朋友们：

　　这是一封欢迎你们成为中国福利会国际宣传部正式成员的信件。你们能成为我们的同事，我们再高兴不过了。期望我们能共同组成一个朝气蓬勃的部门，编写出生动、准确和意义深远的宣传材料，详细地介绍新中国的巨大进步。

　　我还要借此正式通知：你们已被分别任命为《中国建设》[1]杂志的执行编辑和助理编辑。希望你们每周至少有三天，在我们大草场 16 号的办公室为这本杂志工作。

　　致以最良好的祝愿。

你们十分诚挚的　宋庆龄

一九五一年八月八日

* 此信寄往北京大草场 16 号。

注释：

　　1.《中国建设》，中国最重要的对外宣传刊物。新中国建立初期，为增进世界人民对新中国的了解，在周恩来的关怀下，宋庆龄创办了这本杂志。1952 年 1 月创刊。最初是英文版，后增加法、德、俄、西班牙、葡萄牙、阿拉伯、中文版等。宋庆龄生前对该刊倾注了大量心血。《中国建设》杂志社最早的办公处在北京市东城区的大草场胡同 16 号，即当时中国人民救济总会的大院内。1990 年，遵宋庆龄之嘱《中国建设》更名为《今日中国》。

50 年代

在《中国建设》杂志社院内

## 爱泼斯坦致宋庆龄 *

（一九五一年八月十八日）

亲爱的朋友：

非常感谢你在亲切的来信中对我们表示的欢迎和任命。

来到北京以后，我们花费了许多时间讨论这本即将诞生的杂志并熟悉手头已有的材料。受到你的委托，分担杂志出版的部分工作，我们感到很高兴。毫无疑问，我们期待着与中国福利会国际宣传部合作。

按照金仲华的要求，我们可能于 8 月 25 日从这里动身去上海。我们希望届时能够讨论有关杂志和我们开展工作所必需的所有细节。

到现在为止，我们花了一半的时间在大草场的办公室编辑创刊号。希望去上海时我们能带上大部分已经编辑完成的稿件。

致以亲切的问候。

你真诚的朋友
一九五一年八月十八日
于中国北京大草场１６号

* 此信寄往中国上海常熟路 157 号（时为中国福利会办公地点）。

# 爱泼斯坦致宋庆龄 *

（一九五一年八月十八日）

亲爱的朋友：

8月16日埃尔西和我收到了中国新闻总署副署长刘尊棋的来信，信中提到了我们在华的工作任务。现将信中的两段内容抄录如下：

"我高兴地告诉你，我收到了乔冠华[1]同志有关你们今后在中国工作的信。他在信中说，你们二位的工作主要是把《人民中国》编辑得更好。他还说，这一安排不久前已征得了孙夫人的同意。乔还说，相比之下埃尔西可以在《中国建设》上多花一些时间。关于你们的工作安排，我们曾讨论过多次。我希望，这封信将大大有助于明确你们的工作职位。"

"关于你们的身份，也请允许我告诉你们：我国政府已经决定聘请你们担任中国新闻总署的顾问。新闻总署的任务之一就是编辑《人民中国》半月刊。"

正如信中所说，的确就这个问题进行过许多次讨论和劝说，但始终没有作出必要的结论，因为有权决定的人都没有参加，而讨论又主要集中在我们的主要工作重心在哪里的问题（不仅仅是时间的分配问题）。刘曾一再对我们和陈翰笙表达过他对这个问题的看法，并且告诉我们，他已经把详细情况写信给了金仲华。他还特别要求我们把他信中的要点转告给你。我们在上面引述的就是这封信的主要部分。

乔同志目前不在城里，因此无法与他直接协商。他当然希望很快澄清这些问题，以有利于两处的出版工作。

你真诚的
一九五一年八月十八日
于北京大草场 16 号

* 此信寄往上海中国福利会。

注释：

1. 乔冠华（1913—1983），笔名乔木，江苏盐城人。1933 年毕业于清华大学。后留学于日本、德国，1937 年获德国杜宾根大学哲学博士学位。1939 年加入中国共产党。1942 年后，在八路军驻重庆办事处从事外事和宣传工作，并任《群众》周刊主编、《新华日报》编辑。1946 年起任新华社香港分社社长。发表过《从慕尼黑到敦刻尔克》等许多政论文章。建国后，任外交部政策委员会副主任、新闻总署国际新闻局局长、外交部部长助理、副部长、部长、中国人民对外友好协会顾问等职。1971 年任出席联合国第二十六届大会中国代表团团长。是中共第十届中央委员。

# 宋庆龄致邱茉莉

（一九五一年九月二十八日）


亲爱的埃尔西：

　　草草写几句，为了让你们知道，在 18 日的仪式[1] 上看到你和艾培都在场，我是多么高兴。我当时很激动，几乎不敢抬头看。在最难熬的一刻过去后，有人开始讲话时，我在人群中寻找我的挚友。在左边的那一排里我看到了你美丽的面庞和艾培光彩照人的微笑，这才使我镇静下来。

　　我还有些公事要处理，等哪天我有空，我希望把你们拉过来，一起好好聊一聊。

　　万分、万分感谢你们的短笺。

热爱你们的 SCL

一九五一年九月二十八日

注释：

　　1.18 日的仪式，指 1951 年 9 月 18 日在北京举行的"巩固国际和平"斯大林奖金授奖典礼。

宋庆龄从苏联作家爱伦堡手中接过"巩固国际和平"斯大林奖章和获奖证书。

# 宋庆龄致爱泼斯坦

（一九五一年十月二十七日）

亲爱的艾培：

　　请告诉金仲华，我 31 号下午 4 点在家。你和埃尔西、李伯悌[1]，还有其他你认为应该出席的人，请届时到我家来，好吗？我在会上碰到了金，我可以告诉你，他对待杂志的那种漫不经心的态度和拖拉作风，实在使我感到吃惊。杂志必须在既定的时间出版，我想，对这一点的重要性我已经强调得足够了。他真是个不推不动的人。

　　谢谢你给我写的简历。随信附寄一张我在接受奖金时拍的照片，我觉得比我给陈翰笙的那一张还要好些。请代我把这张照片保存好，因为我还准备另作他用。如果你让萨空了[2]看到这张照片的话，他肯定会翻拍一张登在杂志上的。

　　请原谅我这封信写得很匆忙，因为今天下午还有 50 多位妇女临时安排来见我。她们都是劳动英雄之类的人物。届时还要拍电影，所以你可以想象我这些天过的是什么日子，真是分身乏术！昨天晚上我还在家里招待了来参加会议的 45 位地方人大的主任和副主任，还有我去年去东北视察时见到的市长们，他们帮我安排我想看的所有地方，等等，等等。

　　盼望着同你和埃尔西好好聊一聊，所以请你们 31 号下午提早一点，3 点半就到。这样，在其他朋友到来之前，我们就可以有机会清静地交谈一会儿了。

　　致以最良好的祝愿。

SCL

一九五一年十月二十七日

注释：

　　1. 李伯悌（1918—1996），安徽安庆人。1938 年加入中国共产党。1945 年先后担任美国《时代》杂志驻重庆、上海分社记者。新中国成立后在新华社天津分社工作。1951 年参加《中国建设》筹备工作，曾任副总编。后任《中国日报》副总编。

　　2. 萨空了（1907—1988），笔名了了、艾秋飙。蒙古族，生于四川成都。上世纪 20 年代起从事新闻工作，1949 年任《光明日报》秘书长，后历任中央人民政府新闻总署副署长、国家民委副主任、全国政协副秘书长、《人民政协报》总编辑、民盟中央副主席等职。第一、二届全国人大代表，第二届全国政协委员，第三至六届全国政协常委。著有《科学的新闻学概论》、《从香港到新疆》、《香港沦陷日记》、《两年的政治犯生活》等。

# 宋庆龄致爱泼斯坦、邱茉莉

（一九五一年十二月四日）

亲爱的朋友们：

非常感谢你的来信和寄来的我们杂志的清样。杂志看上去很漂亮，使人感到在诱人的封面背后还有更加有趣的内容。我终于可以确信，《中国建设》真的要在本月面世了。中国人民保卫儿童全国委员会[1]的代表下月将赴维也纳，届时可以带一些杂志在海外分发。因此，上星期我请一位权威人士给金仲华发了一份电报，要求他以最快速度出版杂志。你看，我是多么欣然地接受了你的好主意。如果金不同意使用中国福利会的信笺的话，我也很乐意在赠刊的附信上签上我的名字。

请保密，我计划大约在 10 号左右离京去上海，如果你们愿意同我一起走的话，请事先告诉我，以便在我的车厢内留一个包厢。

耿丽淑已经在香港了，她可能到这里来。你也许还记得，我们打算让她加入我们做"推销员"。她在日内瓦时谭宁邦曾给她去信，要她为我们找些关系。所以，她这次来可能会为我们带来一些新的发行渠道。

柳无垢来找过我，提出想回上海休息一段时间。我知道她对目前从事的工作不太满意。你觉得她来我们北京办事处当翻译或者做行政工作是否合适？我知道她是一个非常出色的英译中的翻译，除此之外的其他情况我就不了解了。现在，金担心李伯悌最终要离开我们，因为她已怀孕了，而且原先也只是借调给我们办事处的。金还曾向我建议说，如果无垢参加了《中国建设》的工作，他认为应当安排她在北京，而不是去上海。我们中国福利会需要一位工作能力强的人来负责研究部门。因此如果北京办事处不需要她的话，我们可以请她去上海办事处工作。请把你对这件事的意见毫无顾虑地告诉我。

非常感谢你把新近发现的我的文章送来。是否要将其收入那本书里，我要听听总理的意见。他曾建议删掉几篇我在战争期间写的文章。

向你们二位表示我最良好的敬意。

SCL

一九五一年十二月四日

听说魏璐诗不久将到这里来。又及

注释：

1. 中国人民保卫儿童全国委员会，1951 年 11 月 26 日在北京成立，宗旨为促进中国儿童福利事业。宋庆龄当选为主席，邓颖超等 6 人为副主席，康克清为秘书长。1953 年宋将《为新中国奋斗》一书的部分稿酬捐给中国人民保卫儿童全国委员会。

# 宋庆龄致爱泼斯坦

（一九五一年十二月十五日）

亲爱的朋友：

在离开北京来上海之前没有找到机会和你长谈一次，我无法告诉你我对此有多失望，因为有几个问题我很想听听你的意见。其中之一是关于王安娜的问题。她提出要么回德国，要么在北京同你一起为新的杂志工作。她还说是你告诉她要就这个问题同我商量一下。据我所知，北京办事处不需要她，因为她既不能干行政工作，也干不了把中文翻译成其他语言的工作。还有一种可能，就是请她写一本书，在德国出版发行。但是目前中国福利会还没有一笔从事这样工作的资金。至于回德国，这件事我也无法帮她解决。

我还没有见到金，但是已经看到了新出的杂志。作为创刊号，图片不够清晰和生动。其他一些小的意见，等我见到金时再告诉他。

附上有吉的一封来信和其他一些资料。如果合适的话，请刊用在《人民中国》杂志上。另外我还附上了我的签名的字样，以便埃尔西把它制成签字章，在我们的杂志赠送给在维也纳开会的代表们时也许可以派上用场。我已得知保卫儿童大会将推迟到 4 月份。

希望耿丽淑已经到达北京，并将南下分担一些重要的工作。

致以亲切的敬意。

SCL

一九五一年十二月十五日

于上海淮海中路 1843 号 [1]

---

注释：

　　1. 淮海中路 1843 号，宋庆龄在上海的寓所，1949 年春迁居于此，直到 1981 年。现为上海宋庆龄故居。

淮海中路 1843 号

# 爱泼斯坦致宋庆龄

（一九五二年一月十九日）

亲爱的朋友：

　　我已经看过这篇精彩的文章，埃尔西也重新将它打字誉清了。除了改动了几处不影响原意的文体和用词外，建议对一处的着重点做些调整，另一处则需要增加点儿内容。

　　需要调整着重点的是在原稿第六页，关于从战争中获利的人的那一段。（"他们有强大的工业产能……拥有所有的传播媒体。"）这样说给人的第一个印象似乎这些人比他们的实际能量更强大。现在送给你的这一稿中，指出了他们并不完全具有这样的力量，因为在他们自己的工厂中就存在着罢工和组织起来进行政治斗争等活动的工人阶级。在有关传播工具的那句话里，删去了"所有的"这几个字。因为在每一个资本主义国家里，都不同程度地存在着属于工人和民主力量的报刊，有的国家里还有广播，其影响力总的来说也在不断扩大。

　　建议增加的部分放在了原件第5页第2段的后面，另起一段，从另一个角度对上面的观点加以引申。

　　金仲华写信告诉我们，他把你的文章寄来北京的同时，也直接寄给了出版社。如果你同意文稿中全部或其中任何部分的修改意见的话，请把这份新的交给他。关于修改的事情我们没有再给他写过信。

　　昨天我们为第三期召开了编辑部会议，会议纪要将在今晚或明天寄给你。请把你的意见告诉我们。

　　看来翰笙可以随请随到。这样，我们就可召开计划已久的和《人民中国》的联席会议了，使各方面的事情都更好办一些，包括与上海的定期联系。

　　金仲华有没有告诉你我们在那篇倒霉的傅作义[1]的文章上犯的错误？我们正在做必要的更正。这一过错我应负全责。原稿上本来没有那些错误（我们还没有全部校对完，但是很明显大多数错误都是原稿里没有的）。我们将改善我们的审校制度，这样，个人的草率处理才不会再渗透到出版物中去。发生了这样的事我特别感到抱歉。虽然我们这条船没有倾覆，但仍处于多礁的航道中。我们必须使它乘风破浪地前进。

　　魏璐诗在我这里，她正在慢慢地平静下来。耿丽淑有什么消息？"三反"[2]是件了不起的事情，是个伟大的教育运动，我们全力投入其中。大家都认识到，

旧社会虽然缴了械，但它的影响仍然存在。我认为，这次的全面出击和军事上的胜利同样重要。

　　我们大家都向你致热烈的问候。

一月十九日

注释：

　　1. 傅作义 (1895—1974)，字宜生，山西荣河人。1918 年毕业于保定军官学校。1928 年任国民革命军第三集团军第五军团总指挥兼天津警备司令。1931 年任第三十五军军长、绥远省政府主席。曾率部参加抗战。日本投降后，曾代表国民党政府在绥远、察哈尔、热河受降。1947 年 12 月任华北"剿匪"总司令。1949 年 1 月接受中国共产党提出的和平解放北平条件，率部起义。9 月出席中国人民政治协商会议第一届全体会议。新中国成立后任中央人民政府委员、国防委员会副主席、水利部部长、水利电力部部长、全国政协副主席等职。

　　2. "三反"，建国初期，在中国共产党和国家机关内部开展的大规模的反贪污、反浪费、反官僚主义的运动。自 1951 年 12 月开始，至 1952 年 10 月结束。

50 年代

爱泼斯坦与陈翰笙及其夫人顾淑型同游北京颐和园。

# 宋庆龄致爱泼斯坦、邱茉莉

（一九五二年一月二十四日）

亲爱的朋友们：

　　谢谢你们两位给了我那么多的帮助。现在这篇文章读起来流畅多了，由于你们的润色和增加了几点好的意见，文章更有气势了。在注明了那些改动之后，我立刻把文稿送给了金仲华。我确信，对这样的修改他会感到高兴的。维也纳会议将在四月上旬召开。十有八九我不能出席，所以我倾向用这篇文章作为我对大会的祝贺信，尽管那时它已发表一个月了。

　　我正在考虑请这里的委员会让中国福利会的江兆菊[1]大夫作为十五位会议代表之一。因为这次旅行使她有可能访问苏联，并学习他们国家最新的和常规的工作方法。这对我们机构的卫生和福利工作大有好处。何况，她有很强的语言能力，除英语外还会讲德语、俄语和一些法语，这对代表团有很大帮助。她在政治上不如我们所期望的那么机敏，但起码是个很有思想的人，也是一个非常拥护我们的技术人员。

　　至于耿丽淑，艾培，我很遗憾地告诉你，她在香港期间的那些谣言传到了美国联邦调查局的耳朵里，因此她可能无法很快到达目的地。我听说，她在欧洲时，她的住所就曾遭联邦调查局搜查，并波及她的亲戚。她几次试图离开她的住所，但都没有成功。王安娜和魏璐诗都是嘴巴不紧的人，对她们说话要小心点儿。当问及王安娜她是怎么知道耿丽淑的行踪时，她说，告诉她消息的人并没有提醒她这是机密……

　　中福会正在对历史上的包袱和问题从根本上进行"清理"。这的确是一次伟大的教育运动。每个人都不同程度地卷入而又从中学到许多东西。我们的政治觉悟正在不断提高。有关第三期的会议纪要还没有收到。或许你们直接送给了金。

　　我考虑第三期里应该有一些关于中印友谊的报道。二十六日金来时我要同他研究。如果他同意，你能为我提供一点儿写作这篇文章的资料吗？要是我们的朋友陈翰笙能来参加讨论的话，我敢肯定，他会告诉我们很多情况。

　　致以最热烈的问候，盼望很快见到你们——至少你们中的一位。

SCL

一九五二年一月二十四日

注释：

　　1. 江兆菊（1907—1960），江西弋阳人。抗战期间，曾参加中国红十字会医疗救护总队，任第二十九中队队长，后赴陕北开展医疗救护工作，得到宋庆龄领导的保盟的大力协助。1949年8月，应宋庆龄邀请参加中国福利基金会工作，任妇幼保健工作处副处长。1952年国际和平妇幼保健院建立时，被任命为院长。1958年兼任国际和平妇幼保健院助产学校校长。

# 宋庆龄致邱茉莉

（一九五二年三月五日）

亲爱的埃尔西：

请收下这件小礼物，作为我个人送给你的一个纪念品。我再也不会戴珠宝饰物了，你戴了会很好看的。你能把它利用起来，我就开心了。

谢谢你的出色工作和巨大帮助。请告诉艾培，最近这几天我将抽空用彩色腊做一个香烟盒送给他。

希望我下次去北京开会时见到你们。

你永远的 SCL

一九五二年三月五日

# 宋庆龄致爱泼斯坦

（一九五二年三月二十五日）

亲爱的艾培：

多谢你 19 日的来信和附件。你提出希望我就"三反"运动写些文章。我确信金仲华或者吴耀宗[1]更适合谈这个问题。至于撰写谴责细菌战[2]的文章，我已经就这个问题发表过一篇声明。但我认为这篇声明对我们的杂志来说是不合适的。因此我建议你同在海外广为人知的茅盾或者郭沫若接触一下，请他们就这个问题写些文章。在这个时候，应当更好地发挥这两个人的作用。

我现在正忙于阅读即将召开的亚洲及太平洋区域和平会议[3]所必需的相关资料。我得为这个会议作些准备。如果准备得比较成功，或许可以用作 7—8 月那一期的社论。这件事占用了我很多的时间，其他事情都为它让路了，所以我现在无力承担更多的工作。而且我的眼睛仍然在给我添麻烦。

关于第二期杂志，我认为没有第一期编得好，虽然以后编的几期比起头两期来要好些，至少比我看到的第二期要好。金仲华知道我对第二期"十分恼火"。图片仍然是个问题。我们使用的许多图片都是多次出现过的。在关于内蒙那篇文章上用的插图，《人民中国》和《人民画报》都发表过；那两个女孩子在签到处签名的照片，也已经在海外使用过。我们应当更努力地去找些别人没有用过的照片。另外，有些图片没有达到应有的水准，安排上也不够突出。版面的设计与上一期一样，没有什么改进，仍然过分死板，没有达到足以吸引人的水平。为使杂志显得更有生气，也许我们应该用较大版面刊登图片。如果我们找到了一张真正出色的图片，甚至可以占用一整页。当然，我们肯定还可以想出其他一些改进的办法。以上这些，大体上就是我目前所能想到的问题。艾培，我同意你的看法：总的说来，我们的杂志办得比第一期要有进步。

非常盼望见到你。向你和埃尔西致最热烈的敬意。

SCL

一九五二年三月二十五日

于淮海中路 1843 号

注释：

1. 吴耀宗（1893—1979），广东顺德人，中国基督教著名人士。抗战时期参加保盟上海分会工作,为主要成员之一,后任中国福利基金会和中国福利会执行委员会委员。中国基督教"自治、自养、自传"三自爱国运动委员会主席,历任中国人民救济总会执行委员会副主席、全国人大常务委员、全国政协常务委员。

2. 细菌战,1952 年 1 月美国违背国际公法,在朝鲜战争中发动了惨无人道的细菌战。在我军前线到后方遍及朝鲜北部 7 个道、44 个郡以及中国东北一些地区,以飞机投放和火炮播撒带有鼠疫杆菌、霍乱弧菌、伤寒杆菌等十几种疫菌的生物(苍蝇、鼠、兔之类)和杂物,不仅严重毒害人类,而且危及畜类和植物。从而激起了国际社会的愤怒。

3. 亚洲及太平洋区域和平会议,1952 年 10 月 2—13 日在北京举行。该会议由宋庆龄、郭沫若等联合发出邀请,亚洲大洋洲及美洲的 37 个国家的 378 位代表参加。会议谴责了美国的侵略行径,通过了 11 项相关文件。会后成立了"亚洲及太平洋区域和平联络委员会",总部设在北京。

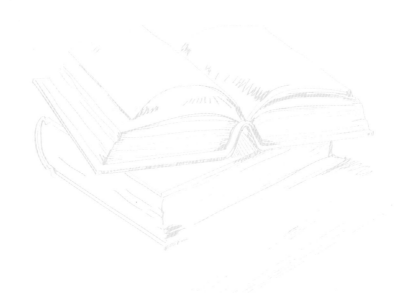

# 宋庆龄致邱茉莉

（一九五二年五月二日）*

亲爱的埃尔西：

在这里祝你和艾培五一节愉快！这些粽子是一位朋友专门为这个节日做的，因此你们一定要和我分享。吃之前必须要煮 15 至 20 分钟。对了，而且要边喝咖啡边吃，这会使两者的味道都更好。

我们仍在开会和讨论，我从中学到了很多东西。听到每一个人的发言，你马上就能知道她的身份。我所在的这个小组有四十几个妇女，来自社会各个阶层。

协和医院和同仁医院的专家在治疗我的眼睛，但效果还不是很好。等总理回来以后我将请假去南方，让上海的眼科专家会诊一下。因为我希望能够健康地参加秋天的大会，有许多会，包括国际民主妇女联合会的大会。（听说届时那位帕松娜丽亚也会参加。）

最后，但并不是最不重要的一点是，我想告诉你，我是多么感激你和艾培顺手给我拿到的那本小册子。这是在"香港事件"[1] 以后我看到的第一份资料。

请原谅字打得这么糟，因为我的眼睛还是看不清楚。

向你们致以深情的问候。

SCL

草于　星期五晨

---

注释：

1. "香港事件"，似指"两航起义"。1949 年 11 月 9 日，原国民党政府的中国航空公司和国民党中央航空公司的 23 架飞机由香港启德机场飞返北京和天津。此后"两航"国内外办事处都纷纷响应起义。至 1950 年底，"两航"人员 1725 人抵达广州、天津、上海。至 1952 年底共运回各种器材 15000 箱、汽油 3600 桶等物资。由此开启了新中国的航空事业。

# 宋庆龄致爱泼斯坦、邱茉莉

（一九五二年五月二十九日）

亲爱的艾培和埃尔西：

　　范莱特丘的信看后请退还给谭宁邦。你们看到了国际民主妇女联合会的宣传折页中使用了我们的一张封面画了吧？

　　会议仍在继续。因此，请原谅我字写得潦草（也是因为眼睛不好）。

　　谨此致意。

SCL

一九五二年五月二十九日

# 宋庆龄致邱茉莉

（一九五二年六月十九日）

亲爱的埃尔西：

　　本周又安排了几次会见，因此我们只能定在星期二下午4时开会了。现在，把我的想法先告诉你，并请转告给其他人。

　　一、我一直认为，陈翰笙博士无论过去和现在都是主持《中国建设》北京办事处工作的。金仲华是编委会主任，其职责是全面负责杂志的工作。陈翰笙作为副主任，领导北京办事处的编辑工作。我们刚刚派去的干部则将负责行政工作。这同你和翰笙上次在这里确定的北京和上海之间的明确分工一点儿也不抵触。可能使人产生误解的是6月6日的那封信（包括之前导致写这封信的一些讨论）。这封信中只提到上海的情况，因为我们必须对这里的工作做些调整。正因如此，信中没有提到北京。但是北京的职责原本就是十分明确的。

　　二、我当然十分赞同你作为全职工作者调到《中国建设》。老实说，从杂志创刊的那天起，我就很担心不能按时出版，也担心我们似乎难以克服浪费时间的困扰。我认为不能按时出版肯定有很多原因，但其中一个重要的原因是你和艾培无法全身心地投入我们的工作。既然我们早就想到《中国建设》可能遇到的种种困难——实际上的困难比我们预想的还要多，那么我就认为，你们必须将全部精力投入到这项工作上来。此外，我们要着手加强人事管理，以便进一步改进编辑工作。同时我们还要为把《中国建设》办成月刊做准备。如果要在1953年实现这个目标，我们必须从现在起就开始作准备，不让任何事情转移我们的注意力。从头3期的经验中可以看出，要使我们的杂志发行到海外去，毕竟需要花费大量的时间。如果我们要改为月刊——这个宣告应该说是有重大意义的——那么我们就必须在1953年的第一期发行之前向海外公众宣布。这也就是说，在今年最后两期杂志中就应该宣布这件事。

　　如果你把我的想法转告给其他相关人员的话，我将很感激。

你的 SCL

一九五二年六月十九日

　　请看一下我给刘尊祺的信稿。因为你很了解他（我同他见过一面，只留下一点儿模糊的印象）。请对我的信稿提出意见，不然就代我写一封交给他。（如果让我们人事处的秘书过目的话，她就会说：其实只要我给刘下个命令，他就一定会放你走……）可是我担心事情没有这么简单。如果你和陈翰笙都认为我们有可能把你和艾培从《人民中国》杂志社挖出来，那就告诉我，我将通过北京方面来解决，让最高当局支持我的请求……

　　还有一件需要保密的事：中国福利会里的党员对于耿丽淑直接来见我、见潘迪特夫人 [1]，以及会见参加和平会议的代表，很是恼火。她一天上午就与代表有 4 次接触，外交部的人对此很不安。虽然她的动机是好的，但是她的方法是不妥的。中国福利会人事处的秘书要我同她谈谈，但到现在我还是觉得很难开口。我给她写了一封信。同时，我想请秘书长召集全体干部开个会，重申我们关于接触外国人的规定，并要大家遵守。……这也是给耿丽淑和王安娜提个醒。要想办法教育耿丽淑遵守新的规定，使她懂得什么是民主集中制。我担心，她现在仍然受着资产阶级思想的误导，尤其在关于民主的看法上。我们必须帮助她了解新状况，这样她才能更加有效地工作。又及

注释：

　　1. 潘迪特夫人，印度政治领袖尼赫鲁之妹，时任印度驻联合国代表。

# 宋庆龄致爱泼斯坦

（一九五二年六月二十日）

亲爱的艾培：

　　谢谢你13日的短笺和附件。金仲华的文章从总体来看是令人失望的。但我觉得我们还不应该就此放弃它。我的看法是，在相当长的一段时间里（至少在今年内）我们还会提到"三反"运动，对此次运动多作一些解释则更好。所以，我想金的文章应该退还给他，并给他提出一些具体的修改建议，以便日后刊用。我认为，关于"三反"这个重要主题，正像你所说的，我们刊物上已有的或列入报道计划中的版面还是不够的。艾培，我们必须拿出一篇文章来，比其他出版物上已发表的更加精彩。

　　我还没有见到埃尔西，希望很快就能见到她。我一直忙于接待客人。我还想设法帮助耿丽淑，因为她看上去是这样无助，并且非常困惑。她想私自去拜会潘迪特夫人和其他外国的来访者，这使我们的朋友们非常不安。我现在还没有找到合适的场合，能为维护她作出正式的表态。但是，我希望中国福利会的重组，有助于消除对她的许多疑虑，也有助于她调整自己来适应新的环境。她不明白为什么鲍威尔夫妇可以与外国人直接接触，而她却不能。她也不明白对待地位不同和需求不同的人我们要采取不同的方法和技巧。希望我们下次见面时，情况会有所好转。

　　向你致最良好的祝愿。

SCL

一九五二年六月二十日

# 宋庆龄致爱泼斯坦

（一九五二年七月十四日）

亲爱的艾培：

请审阅这篇文章，并请考虑是否可在第五期发表。还请你作必要的修改，或者把它撕掉。

我建议在下一期刊物上刊登一些有关大规模开展卫生运动的报道，同时公布由周恩来下达的关于医疗工作的新指示，并把它同劳动保险法联系起来，以显示千百万人正在实际享受免费医疗待遇，以及今后这方面将如何扩展。

我想埃尔西已经得到通知，她现在完全属于《中国建设》杂志社了。这是值得高兴的事。上星期我特意为此给刘尊祺写了一个便条表示感谢。

中福会办公楼和我的住宅都在进行彻底清扫，这是很费力的事。为了这次大扫除，我买了一根六十英尺长的橡皮管，把我的小楼外表清洗得焕然一新。所以今天我的背和肩膀都疼得不能坚持工作了。

只好向你和埃尔西致以亲切的问候来结束此信。

SCL

一九五二年七月十四日

于上海淮海中路 1843 号

# 宋庆龄致邱茉莉

（一九五二年八月二十九日）

亲爱的埃尔西：

听说你已报到，我很高兴。希望在我离开之前有机会见到你。目前，我正忙于收拾行装，同时在接待来访的客人。

谢谢你重写了最后一段。我觉得写得很棒，为全文增添了气势，非常赞赏。

昨天陈翰笙来电，告诉我肥仔[1]要求艾培离职两个月，让沙博里[2]来代替他，但陈翰笙建议让贝却敌[3]或魏宁顿[4]来代替。我觉得这是明智的，但我还没有从肥仔那里得到任何信息。

多谢你带来的信和包裹。

致以热情的问候。

SCL

一九五二年八月二十九日

注释：

1. 肥仔，指廖承志（1908-1983），广东惠阳人。廖仲恺、何香凝之子。1925年加入国民党。1927年四一二政变后脱离国民党。1928年入日本早稻田大学读书，不久因参加反对日本侵略中国的活动，被日本当局拘捕并驱逐出境。同年在上海加入中国共产党。长期从事工人运动，并受中共派遣赴德国。1938年1月任八路军香港办事处负责人，同时兼任"保卫中国同盟"秘书长。香港沦陷后回粤北，被国民党逮捕关押，至1946年经营救出狱。期间被中共七大选为中央候补委员。出狱后任中共中央宣传部副部长、新华社社长等职。1949年3月递补为中共中央委员。新中国成立后曾任第五届全国人大常务委员会副委员长，中共中央统战部副部长、对外联络部副部长，国务院外事办公室副主任、侨务办公室主任等职，是中共八届、十届至十二届中央委员会委员，十二届中央政治局委员。

2. 沙博里（Sidney Shapiro，1915— ），中国籍美国人。毕业于圣约翰大学法律系。二战期间服役于美国陆军。1947年到中国。1952年在英文版《中国文学》杂志社从事改稿工作。1963年加入中国籍。1972年在外文局人民画报社任英文改稿专家。先后与夫人合作翻译出版《水浒传》、《林海雪原》、《家》等20余部作品。全国政协委员、翻译家、中国作家协会会员。

3. 贝却敌（Wilfred Burchett,1911—1983），澳大利亚记者、作家。曾加入澳大利亚共产党。1941年起任战地记者。以报道朝鲜战争和越南战争而闻名于世。著有《太平洋宝岛》《轰炸缅甸》、《中国的脚解放了》等。朝鲜战争中，以巴黎《今晚报》记者身份，在《人民日报》等中外报刊上发表过大量报道战争真相的文章。

4. 魏宁顿，阿兰·魏宁顿（Alan Winnington），曾任英国共产党机关刊物《工人日报》副主编。1948 年受英共中央派遣来华，在河北平山县参加新华社的对外报道工作。新华社正式聘请的第一位外国专家。新中国成立后从事对外宣传工作。朝鲜战争期间，赴朝采访，撰写了大量战地报道，并协助做英、美战俘的工作。因此，被英国政府指控犯"叛国罪"吊销护照，成为"流亡者"。在新华社工作期间，培养了一批对外传播的业务骨干。1959 年离开中国，定居柏林。

# 宋庆龄致邱茉莉

（一九五二年九月二十日）

亲爱的埃尔西：

　　谢谢你的短信。我一接到耿丽淑的信就给她去了电报，要她回来。刘宁一[1]是很晚才知道关于她的任命的消息的……

　　中国福利会有我的地址，而且经常给我寄报告和邮件，所以我不明白为什么耿丽淑说他们不知道我的地址。也许她是指李云的地址。李云[2]同顾锦心[3]在一起，在"中国人民救济总会"[4]。

　　我现在每天早上要治疗胃病。等身体好些以后，我希望见到你和艾培。在此先向你们致以亲切的问候。

SCL

一九五二年九月二十日

注释：

　　1. 刘宁一（1907—1994），河北满城人。1925 年加入中国共产党。历任中共唐山市委书记、北平市委组织部长、上海工委书记、全国总工会副主席。1950 年后，任全国总工会主席、中联部代部长、中央统战部副部长、全国政协副秘书长、全国人大常委会副委员长。是中共第八届中央委员。

　　2. 李云，原名祝修贞（1915—　），祖籍浙江海宁，生于江苏苏州。1929 年 5 月参加中国共产主义青年团，次年 8 月转为中国共产党党员。1936 年受中共委派到宋庆龄处任联络员。1937 年 12 月奉命护送宋庆龄离开上海前往香港。抗战时期在延安中共中央社会部工作。解放战争时期在山东鲁中地委、渤海区委工作。上海解放后任商品检验局军代表、接管专员。1952 年 5 月接受宋的邀请，任中国福利会秘书长。1978 年 5 月任上海市政协秘书长、党组成员。撰有《三十年代在庆龄同志身边两年》。

　　3. 顾锦心（1918—1999），浙江慈溪人。1947 年 11 月参加中国福利基金会工作，任儿童工作组组长。建国后，任中国人民救济总会副秘书长、中国红十字会总会副会长。经常协助宋庆龄开展各种活动，成为宋好友。

　　4. "中国人民救济总会"，1950 年 4 月在中央人民政府指导下成立的全国救济和福利工作的领导机构。设执行委员会和监察委员会。宋庆龄为执行委员会主席。

## 宋庆龄致爱泼斯坦

（一九五二年九月二十九日）

亲爱的艾培：

    我同意由耿丽淑来兼顾同鲍威尔的联络。

    请原谅我的匆忙，有一大堆事情需要我去处理。

    向你们致最良好的祝愿。

你们的 SCL

九月二十九日上午九时

# 宋庆龄致邱茉莉

（一九五二年十月三十一日）

亲爱的埃尔西：

　　谢谢你送来《中国建设》编委会上次会议的纪要。

　　尽管和平会议已经闭幕，我还是生活在一种乱烘烘的氛围里。看来我在这里的生活是从一种紧张状态进入到另一种紧张状态，没有喘息的时间，也不能做任何我个人喜欢做的事情。一个有两百多人的苏联代表团即将来到，又是许多会议和讲话，最后可能还要在这里参加另外两个会议。由于我的身体还没有完全恢复（坐骨神经痛和视力不好），所以不准备去维也纳了。这样，我希望同你们两位聚一聚的时间也得往后错一错了，唉！

　　送上几只朝鲜苹果请尝尝，味道不错，是有点酸酸的那一种。

　　向你们致以亲切的问候。

你们永远的朋友　SCL

一九五二年十月三十一日

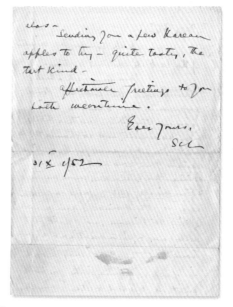

1952 年 10 月 31 日宋庆龄致邱茉莉（黄浣碧 捐）

# 邱茉莉致宋庆龄

（一九五二年十二月五日）

亲爱的朋友：

昨天收到你的来信，非常感谢。得知你提出将杂志送往维也纳的建议，我们很高兴。我们认为，信上如果能有你的签名会比金仲华的更好。如果你认为需要，我们将去征求一下金仲华的意见。否则，我们将直接起草签名信。如果你不反对的话，我们可以去刻制一个签名章，这将免去你大量签名的麻烦。

上星期我们收到金仲华的电报，他要我们两人中的一个尽快去上海帮助安排杂志的付印。艾培说，自回来后，各种会议和报告使他忙得不可开交，而其他人似乎又处理不了这些事。我们立即订了一张火车票，昨晚艾培已启程，所以他为不能实现你的建议而感到非常抱歉，因为你说的事情也是他很乐意去做的。

得知耿丽淑马上要回来了，我们特别高兴。因为她有组织管理经验，这儿非常需要她。你给了我她在日内瓦的地址后，我立刻给她写了一封信，但不知她是否能及时收到。

我们认为柳无垢是个很有用的人，可以在紧急的时候代替李伯悌。但目前我们仍不打算让李伯悌离开，因为她有一种技巧，即能用特别适合我们杂志的文风进行写作。目前，我们办公室需要的是行政管理人员。顾锦心觉得她不能再像现在这样承担全部的管理工作，而且，我们也缺少能同作者谈稿、同政府机构接触的外勤人员。如果柳无垢能来并承担起这项工作，我们认为这将给我们极大帮助。当然这还要取决于她是否喜爱此项工作，不然她的工作效率会受到影响。另外，柳无垢同金仲华和我们都很熟悉，因此她能承担不少与上海方面的联络。

杂志第二期的编辑工作在正常进行。将于 2 月初准时出版。

谨致问候。

埃尔西

一九五二年十二月五日

# 宋庆龄致邱茉莉

（一九五二年）

亲爱的埃尔西：

谢谢你的短笺。等我这里的一些会见活动一结束，我就会马上见你。昨天有三十八位和平大会代表到我这里来，今天还有更多的访客，明天也如此，所以这星期恐怕是不成了。

昨天下午六时我让李妈[1]去向你问好，但她说你不在369号[2]，所以请耿丽淑向你转达问候。

很高兴听说你看上去神采飞扬。

热烈问候，希望很快见到你。

SCL

星期四早上五时

注释：

1. 李妈，指李燕娥（1911—1981），广东中山人，宋庆龄的管家。16 岁时到宋庆龄身边，帮助料理家务，与宋一起生活了 53 年，如同亲人，宋亲切地称其为"李姐"。1981 年 2 月去世。遵照宋庆龄的意见，其骨灰安葬在宋庆龄父母墓的墓侧。

2.369 号，指上海陕西北路 369 号。建于 1908 年。曾为宋庆龄的母亲倪太夫人及其子女的住所。1952—1963 年，宋庆龄安排耿丽淑暂居于此。

# 爱泼斯坦致宋庆龄

（一九五三年三月十二日）*

亲爱的朋友：

最近一期的所有中国杂志包括《人民中国》在内，都用大量版面刊登了有关斯大林去世的文章，同时还配有他的照片。《人民中国》把毛主席的唁电放在了首要位置。

翰笙和我花了一些时间商量我们应该怎样做。我们认为，既然读者群不同，我们的处理也不能同其他杂志完全一样。另外，这一期刊物目前已经付印了，这也是一个困难。问题是我们既要对这样一个极其重要的事件作出反应，又要在处理上适合我们杂志的宗旨和读者对象。所以，现在能做的只有在杂志的前面增加两页纸，刊登一篇社论了。

这篇社论当然意义重大，特别是对印度、缅甸等国的读者。开始，我们想以编委会的名义发表一个声明，但后来我们得出了结论：一篇适宜的社论只能出自你的笔下。我们非常希望你能够承担此事。

由于写作的时间很紧迫，杂志正在机器上等待开印，因此我们把最初为编委会起草的声明也发给你，还补充了一些建议，供你取舍。当然，这个稿子的写作风格与你的不同，但它也许有助于说明哪些要点更适合我们的读者群。

稿件完成后，请你交给金仲华。文章的篇幅以 1,000 至 1,200 字为宜。我们将把文章刊登在天安门举行的悼念大会的图片下面。

我们现在正忙着赶编第三期，所以希望埃尔西在这些事情处理完之前就回来。我们在给金仲华写信，要求加印这一页并将其插到杂志里后再发行。

三月十二日

# 宋庆龄致爱泼斯坦、邱茉莉

（一九五三年三月十四日）

亲爱的朋友们：

这封信是对你 3 月 3 日写的、埃尔西 12 日转交的那封信的答复。

我只想就封面的设计再说几句。用这么大的一张图片来做封面，自然会使我们的杂志十分引人注目。这会给人以深刻的印象。但是我认为，我们的杂志无论在书店里、图书馆里或者在人们家里，都要与其它许多出版物竞争。这意味着我们杂志的名字，特别是其中的"中国"二字必须给人以强有力的感觉。这涉及到刊名的字体和摆放的位置，当然也还涉及到要闻标题在整个封面设计中如何摆放的问题。我建议，以后在设计封面时，你和艺术家们都要注意这个问题。我渴望着看到经过改进的封面设计稿。

要提高我们杂志的图片和文字的质量，人员是当前的主要问题。当然，最近调入的一些人员多少会有些帮助，但是据我了解，新人的经验不足。我们还需要再增加一些专业人员。要实现这个想法，大概需要更长的时间，在此期间你们还要做些培训工作。

至于部门之间的联系，特别是北京和上海两个办事处之间的联系，这是我目前正在思考的问题。有了答案后，我会马上告诉你。

这两个办事处之间的联系必须是良好而密切的。这样，不管怎样忙于其他事务，我都能随时了解杂志的情况。我们的杂志很重要，既然上面印有中国福利会的名字，我就有责任让它充分发挥出它的潜力。

我同意给我们的杂志取个新刊名[1]。我们已经完成了共和国重建阶段的任务，并且踏上了走向更高阶段的征程。但是我认为这件事应在发行 1954 年第一期时再做。这样我们才有时间想出一个好名字，还可以提前做些宣传工作，为更名铺平道路。我想我们应当按照这些方针去做。同时我自己也在考虑新刊名。它不仅必须符合当前的形势，也要能够保持相当长的一段时间。

这封信我将让埃尔西带回去。这段时间事情真是千头万绪，所以我与她多谈一分钟都不可能。坦率地说，在某种程度上，我很不愿意把所有工作都移到北京去做。这意味着我见到你们的机会更少了。

祝你们诸事顺遂。

SCL

一九五三年三月十四日

于上海淮海中路 1843 号

注释：

1. 新刊名，1949—1953 年为国民经济恢复时期，所以当时创刊的《中国建设》的英文名"China Reconstructs"有"重建中国"之意。从 1954 年开始，我国将进入由新民主主义到社会主义的过渡时期。因此当时酝酿将刊名中的"重建"之意去掉。但新刊名《今日中国》直至宋庆龄去世后才启用。

# 宋庆龄致邱茉莉

（一九五三年三月十四日）

亲爱的埃尔西：

这次没有机会见到你们，没能坐下来聊聊，真是说不出的遗憾。事情和会见多得无法脱身。昨天是日本人，今天是朝鲜人，明天还要会见其他国家的客人。我们乘坐的飞机在徐州迫降时，我着了凉，得了重感冒和剧烈的咳嗽。但当我从床上爬起来以后，就一直是这样忙。……下次我再去北京时，在还没有被事情缠住以前，就同你们躲到一个地方去呆上一天！

请把这封短信给艾培一阅。当你们俩喝"老乌鸦"[1]的时候，别忘记给我们的杂志取一个好名字。

致亲切的问候。

SCL

一九五三年三月十四日

注释：

    1. "老乌鸦"，指"老乌鸦"牌的威士忌酒。

# 宋庆龄致邱茉莉

（一九五三年夏）＊

亲爱的埃尔西：

　　我很高兴，知道你今年选择了庐山。虽然没有太多选择的余地，但这确实是中国最美的景点。你还将发现那里有非常漂亮的游泳池！我真希望在那里同你们相会，一起乐一乐。不过我现在还不能马上离开，必须先见总理！然后到上海停留约一星期左右，我的双腿急须治疗。这样看来，我在十四日前不可能到达。

　　艾黎也将去那里，我想他大概十日动身。

　　我的行程请保密。十分爱你。不管怎样，希望我们在那里相会。我尽量设法让耿丽淑也去，她需要休息。

SCL

　　匆匆草此，于午餐桌上，所以信纸上沾了油渍。

# 宋庆龄致爱泼斯坦

（一九五三年九月十八日）

亲爱的艾培：

　　你让我写一篇关于和平大会的文章刊在我们杂志的第 6 期上。我考虑了你的建议，但由于我的时间实在太紧，无法应承此事，只能深表歉意。不过，我肯定地说，有好几个人能写这篇文章，而且会比我写得更好，如我们的朋友陈翰笙。

　　我期望会议和会见活动一结束，就能尽快见到你和埃尔西。

　　我的身体状况不太适应北京的气候。我又在闹胃病了，可能要卧床两周。这里的水对我也有害。手指都在脱皮，裂了一些口子，非常痛。今天下午，苏联医生将来给我诊治。

　　我从家里为你们带来一点儿小纪念品，但一直太忙没有时间送过去。

　　向你和埃尔西致以热烈的问候。

你永远的 SCL

一九五三年九月十八日

# 宋庆龄致邱茉莉

（一九五三年十月四日）

亲爱的埃尔西：

谢谢你让我看到了这些剪报。我真高兴，在庐山时他们曾要求我去上海会见他们，但我拒绝了！现在我听说他们很生气，因为在我们的《名人录》里，把他们说成是"披着羊皮的狼"。虽然我还没有亲自看到这本《名人录》。

你知道不知道，可怜的比尔·鲍威尔[1] 在华盛顿遭到起诉，几个从朝鲜回去的战俘出面指控他，而他却没有钱去请律师。他和西尔维亚的命真是太苦了，西尔维亚已经处于精神崩溃的边缘了……

匆匆草此并致爱意。

SCL

星期日晚七时

---

注释：

1. 比尔·鲍威尔（John William (Bill) Powell），继任其父创办的上海英文周刊《密勒氏评论报》主编。《密勒氏评论报》于 1953 年停刊，同年 8 月鲍威尔离开中国回美国，受到联邦调查局的"调查"，因其曾在刊物上揭露美国在朝鲜战争中使用细菌战，1954 年 9 月，美国参议院国内安全小组委员会传讯了鲍威尔夫妇。在 1955 年 3 月发表的一份所谓侦讯报告中对鲍威尔夫妇进行了污蔑，要求他们放弃向美国人民介绍新中国的真实情况并停止批评美国政府的对华政策，声称要继续传讯鲍威尔。宋庆龄于 1956 年在北京主持成立了后援会，给予声援。迫使美国政府撤销了对鲍威尔夫妇的指控。

# 宋庆龄致爱泼斯坦

（一九五三年十一月十三日）

亲爱的艾培：

感谢你帮助润色了我的稿子，现在文章读起来就不那么呆板，而是更加生动了。我只有两个小建议：第四段内"……所有这些友好人士中间的团结"这句话中去掉"人民"一词，因为前面一句中已经用过这个词，避免重复使用；第六段内"……苏联给予中国的援助"这点语气要加重，因为上一段是笼统地讲友好，而这一段则是专讲中国。

我希望这篇文章能起一些好作用。

上海温暖的气候对我的宿敌风湿病有很好的疗效。我的腿疼好多了，不那么厉害了。

我想给你和埃尔西送一些螃蟹去，但不知道该用什么办法送。现在正是吃螃蟹的季节，很肥。要是明年你能在这个时候来这儿，和我们一起度假就好了！

向你俩致以最热烈的问候。

你永远的 SCL

一九五三年十一月十三日

于上海淮海中路 1843 号

# 宋庆龄致邱茉莉

（一九五三年）

亲爱的埃尔西：

感谢你把比尔的信及附件送给我看。西尔维亚是一个聪明的女孩，而且还很勇敢，所以我希望她能很快摆脱这群跟在她们脚后狂吠的恶狗。你知道我很了解她。比尔则沉默寡言，性格太内向了。

我很遗憾这次又不能见到你们了，因为我马上就要离开，现在正忙着整理行装。但我希望很快就能有长一点儿时间与你们聚在一起。

向你和艾培致以最热烈的问候。

永远属于你的 SCL

一九五三年

# 宋庆龄致邱茉莉

（一九五四年三月二十六日）

亲爱的埃尔西：

多谢你来信问候。你可能已经知道，我们开始讨论宪法草案了。我得认真阅读十几本书和小册子，因此我还没有时间来会见我的朋友。

我的骨头已接好，但左脚不能使劲，只好瘸着走，实在恼人。我的眼睛也不好，慢性结膜炎。刚到这里时，我的脸是肿的，现在好些了。

谭宁邦送给你和艾培的这些剪报，相信陈翰笙博士也会感兴趣。

深深地爱你们两位。

SCL

一九五四年三月二十六日

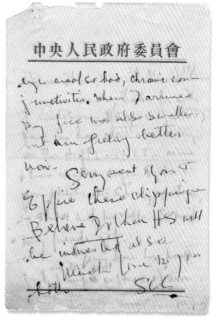

1954 年 3 月 26 日宋庆龄致邱茉莉（黄浣碧 捐）

# 邱茉莉致宋庆龄

（一九五四年七月三十日）

亲爱的朋友：

　　随信附上陈翰笙转来的你的文章的原稿。这篇文章已分别用中、英文发表——中文由新华社发表，英文刊于《每日电讯》。我们的杂志非常需要此类文章，所以我们把它拿去付印了，希望你不反对重复发表，因为这毕竟也是合理的。文章的措辞方面我们作了一些小的改动，如将"决定性的"改为"必不可少的"等等。另外，有个别地方把长句分成了短句。

　　我们是同鲁平[1]同志一起回来的，感到很愉快。他同艾培谈得很投机。沿途他还帮了我们不少忙，特别是在南京，那儿的车票很难买。我们在南京停留了一天，玩得很痛快，然后回到这儿。现在，我们又全身心地投入了工作。

　　非常高兴能见到你，我们希望你休息得很好并欣赏院子里美丽的景色。

　　致以衷心的问候。

你永远的　埃尔西

一九五四年七月三十日

注释：

　　1. 鲁平（1927—　），祖籍四川阆中，生于上海。毕业于上海圣约翰大学。1945 年加入中国共产党。历任《中国建设》杂志社副总编，国务院港澳办主任，香港、澳门特别行政区基本法起草委员会秘书长，香港特别行政区筹备委员会副主任。1992 年在中国共产党第十四次全国代表大会上当选为中央委员。现任中国福利会副主席和上海宋庆龄基金会主席。

# 宋庆龄致邱茉莉

（一九五四年九月二十三日）

亲爱的埃尔西：

　　昨天我听金仲华说艾培病了，十分挂念。我非常想去看望他，但从早到晚都要开会，实在走不开。请你向他转达我对他的关爱，希望他在十月一日前即能康复。

　　送去几个罐头和一些今年新的爪哇咖啡，装在奶粉罐子里，请你和艾培分享。

热爱你们的 SCL

九月二十三日

# 宋庆龄致邱茉莉

（一九五四年）＊

亲爱的埃尔西：

祝你和艾培一九五五年新年快乐。

那一瓶用红纸包着的酒请转交给路易，并向他转致我最热情的问候。还请告诉他，待一些公务杂事处理完以后，我希望和你们三人在我家见上一面。

爱你和艾培并多谢你们对我的帮助。

SCL

请原谅我因关节炎而字迹潦草！

# 宋庆龄致邱茉莉

(一九五五年三月 )*

亲爱的埃尔西：

上星期我刚从大连回来，谁知还没来得及安定片刻，又必须马上回上海。首先要去照料唯一的姑姑，她中风了，卧床不起；其次要为我自己的眼睛做些必要的治疗。我信任的那个专家要到西安定居了，因此我想赶在他离开之前再治一治。这样一来，我想见到你和艾培的愿望就不得不推迟实现了。

大连确是一个名副其实的工业城市。白天街上没有闲逛的人，商店里只有工人需要的东西，连便宜的小装饰品都没有……就连这里盛产的苹果也只是为了出口。我参观了一处离城 30 英里的果园，在那儿看到了四棵了不起的果树，树龄已经 40 年了，但每年秋天每棵树还都能产两吨半苹果。树枝被压弯了，不得不用木桩支撑着。遗憾的是，我连苹果花香都没有闻到，只看见了光秃秃的树。他们告诉我，如果秋天去，能够看到他们生产的许多品种的苹果。他们给我们尝了些印度苹果——非常大，不过太甜了，根本没有香味。也许真的是印度的品种，因为尼赫鲁 [1] 带来的苹果，样子和味道都和这些一样。今冬我会从印度给你们带些回来，因为那时我会去印度。

请你告诉路易，到上海时请他去找我好吗？同时请转给他附上的短信和卷轴。

谨向你和艾培致以深深的爱，告诉他我在回家路上会读《中国建设》的。同时，我还发现画报也很有意思。

如你在上海有什么事要办，请立刻告诉我，但我离京的消息要保密。我不会住在自己家里，信件只要寄到：中国上海淮海中路 1843 号丙，就会转给我的。

匆此。

SCL

另：附上一条送给你的手绢和两条给艾培的手绢，以及一件给你小女儿的羊毛童装，希望下次能够见到她。

注释：

1.尼赫鲁，即贾瓦哈拉尔·尼赫鲁（Jawaharlal Nehru,1889—1964），出身于印度的著名家族，早年在英国受教育。1918年起任印度国大党全国委员会委员，参加甘地领导的非暴力不合作运动。1927年11月在莫斯科与宋庆龄相识。1929年起任国大党领袖，参加反英运动。抗战时期支持宋庆龄创建并领导的保卫中国同盟，并派出由爱德华医生率领的印度援华医疗队，到陕甘宁边区的国际和平医院工作。中国福利基金会时期任荣誉成员。1947—1964年任印度总理。

# 宋庆龄致邱茉莉

（一九五五年六月二十二日）*

亲爱的埃尔西：

听说你不幸把手扭伤了，十分挂念。去年我的脚腕子也曾扭伤过，所以我完全能体会你的痛苦。但我觉得你还是同平时一样精力充沛地工作着……真的，你一定要把心放宽。你应该现在就去休假，在另一个繁忙的年头来临之前，放松一下吧。希望今年夏天我能和你们两位一起上庐山，那里的道路已经大大改善了。但我不知道在人代会之后会给我作出什么安排。那些印尼朋友坚持要我夏天去访问，我自己倾向于在冬天访问印度和缅甸后去印尼，因为冬天我荨麻疹发作的几率比较小。

多谢你给我转寄染发剂。有一位朋友曾经想托陈乙明转交，但陈太知道没有什么人能捎带过来，所以他们就想到请一位外国朋友转交。这个想法倒挺巧妙，但希望没有给你们添麻烦！眼下这种老年人的美容品买不到，有了这盒染发剂，问题就解决了。这里的朋友们在为我出国访问量身定做服装，这样就免去了买成衣时穿了脱、脱了又穿的没完没了的麻烦，因为我还得去完成视察各处工厂、医院和农业合作社的任务呢。

我在这里能为你们做些什么？请告诉我。我这个月底将北上。

希望你手指的功能早日恢复。

请代向艾培问好。

你永远的朋友 SCL

六月二十二日

于上海

## 宋庆龄致邱茉莉

（一九五五年八月二十二日）*

亲爱的埃尔西：

　　有朝一日我们也一定要回重庆去，亲眼看一看那里的许多变化。一个回去过的朋友告诉我，她都找不着我以前住的地方了，听说是在一条新街道的后面很远的地方！

　　随函附上朱利安父亲的来信。他有勇气寄来这样的一封信，说明他没有变得像报道的那么坏。

　　我间接地听说，《民族》周刊没有刊登我的信是因为他们正在举办大规模的征集新订户的活动！原来美国就是这样缓和紧张局面的！

　　我会尽情地享用北戴河美味的蜂蜜。谢谢你如此甜蜜地想着我。

　　致以爱。

SCL

八月二十二日

# 宋庆龄致邱茉莉

（一九五五年九月十七日）

在你回家前请不要拆阅此信！

亲爱的埃尔西：

　　谢谢你送来会议纪要，还有西藏"紫罗兰"——我把它压在我的笔记本里，这样可以使我常常想到艾培对佛教圣地的伟大进军！

　　附上几枚彩蛋，是给你和孩子们玩的。我知道现在还没到复活节，但我们正在做一些染料的试验，觉得先在蛋上试用倒不错。

　　十月的庆祝活动过后，我将去印度访问。尽管我希望不要把它变成一趟"公费旅游"！但现在就要为访问中的短途游览准备一些便装，这次出访现在还保密。

　　我的眼睛还是不好，所以你看我的字写得很潦草。

爱你的 SCL

九月十七日

# 宋庆龄致爱泼斯坦、邱茉莉

（一九五六年八月三十日）

亲爱的朋友们：

　　这是我给你们俩带回来的一罐最好的爪哇咖啡。我现在感到很疲乏[1]，不过希望很快就会好些，以便能在最近的将来同你们俩重聚。

　　　　　　　　　　　　　　　　　　　　爱你们的 SCL

　　　　　　　　　　　　　　　　　　　　　　八月三十日

注释：

　　1. 宋庆龄率团出访印度尼西亚 1956 年 8 月 28 日回到北京。

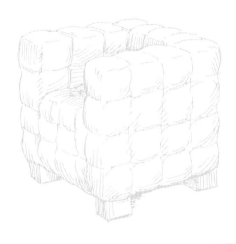

# 宋庆龄致爱泼斯坦、邱茉莉

（一九五六年九月十五日）

亲爱的朋友们：

　　我又陷在会议堆里了。送上一双毛袜，是给艾培的，希望大小合适。那块布料是给埃尔西的。我想，用这块漂亮的布做一件衬衣还是不错的。在新的时候它很粗糙，但洗的次数越多，它就越柔软，穿着越舒服。

　　希望你们都很健康。我一有空就给你们打电话，请你们过来。

SCL

一九五六年九月十五日

# 宋庆龄致爱泼斯坦

（一九五六年九月十七日）

亲爱的艾培：

别以为我把你那封短信和你的建议都忘了。你的建议我个人觉得是非常切实可行的，我们不应该再耽误时间了，要尽快着手筹备这个纪念会[1]。在我这里耽搁的原因是我必须先得到总理首肯后才能给你回复。但他忙得连与我商量我的报告的时间都没有，而这个报告必须在本月二十九日苏加诺[2]到达之前提交给常委会。可是党代会大概要开到本月二十八日才结束。在会议空档，又要接见那么多客人，还有几十位访问者求见。我们都得忙这些事情。只要他一有空见我，我就把他的反应告诉你。

在此期间，请埃尔西替我买一本质量好的英文版的中国烹饪书，以便送给总理夫人，这是她特别要求的。他们夫妇俩十分喜欢中国菜。我指的是印尼总理，你知道他的名字很长，什么阿里·沙斯特罗阿米佐约。请告诉埃尔西把买书的发票也一并送我，因为这是属于政府招待费之类的开支。我想埃尔西对菜谱知道得比较多，因为她在《中国建设》是分管这方面专栏的，倒不是因为我认为她本人是个好厨师。顺便说一下，等我从这些经常性的（体力上和精神上的）头疼的事务中解放出来时，埃尔西和我一定要在厨房里办个学习班，按菜谱学着试做一些菜看。

向你们致最良好的祝愿，请原谅我草草搁笔。因为还得去检查一下为苏加诺准备的住处。一切安排妥帖后，下午还有一个五小时的会议。开会时我曾朝着记者席看过来看过去，却没发现你们。我本想在会议休息时同你们聊会儿。今天我再试试看。

SCL

一九五六年九月十七日

注释：

1. 纪念会，指 1956 年 11 月 11 日在全国政协礼堂举行的孙中山诞辰 90 周年纪念大会。

2. 苏加诺（Bung Soekarno，1901—1970），1927 年创立印度尼西亚民族联盟，翌年改名印度尼西亚民族党。1945 年 8 月印尼独立，成立印度尼西亚共和国，任首任总统。1948 年荷兰发动第二次殖民战争，被捕放逐。次年任印度尼西亚联邦共和国总统。1950 年复为印度尼西亚共和国总统。任内奉行不结盟的外交政策，对万隆会议的召开以及促进亚非人民的团结反帝事业，做出过贡献。1965 年"九三〇"政局变动事件后失势，1967 年被撤销总统职权，遭软禁，直至病逝。

# 爱泼斯坦致宋庆龄

（一九五六年九月十八日）

亲爱的朋友：

感谢你的短信。很高兴你觉得我的那个建议很好。经仔细考虑，我认为还可以用其他方式做点儿什么（如果召开一个会议可能显得过于张扬，但至少可以在一家重要的报纸上登一篇文章）。时间可选择在两个月份里：史迪威[1] 逝世的 10 月（1946 年），或卡尔逊[2] 逝世的 5 月（1947 年）。我们可以根据形势的需要和在政治上需要强调的重点，来选择这两个时机中的一个。

不要在大会上找我，因为我不在会场内。唉！由于种种理由，会场里的席位只安排给了外国共产党党报的记者。我在场外（因为《卫报》[3] 不是共产党党报），和路透社等记者在一起，盯着电传打字机里从外交部新闻官员那里传过来的译文和摘要。每当我去大会堂时，我就得和别人一样努力作笔记。这样做多少有点儿无聊，因为我在事前就参与了许多材料的翻译工作。但是出于策略上的考虑，我还得和别人一样装出惊异的样子。生活有时也会有它莫名其妙的时刻。

我认为大会的内容确实是惊人的，有许多需要学习和思考的东西。当然，从另一方面说，不能亲眼目睹这次大会的进行，多少有点儿遗憾。我们需要知道历史是怎样被推进的啊！但是在新闻发布厅里也很有意思。当看到一个年轻的中国新闻官员用他在教会学校和美国大学学到的地道的英语向趾高气扬的路透社记者宣读一份声明[4]，表明中国作为一个世界大国支持埃及肃清所谓"帝国生命线的胡言乱语"，而那个路透社的记者脸色凝重，乖乖地记录下声明中的一切，因为形势已经使他不可能再表现出沾沾自喜的样子了。从中你就明白世界已经发生了怎样的变化。现在，每一个反抗殖民主义的行动，都不再仅仅是某个强大的或弱小的民族的单独行动。与所谓肩负"白人重任"的强国对抗的，已经是从非洲到万隆[5]的整个世界。当世界的现实反映在像我们的声明这样的一滴水中时，或许比大规模的游行更加引人注目。因为任何人都能策动一次游行，但当你看到在一滴水中反映的情景时，你会知道这个现实是真实的。

我会让埃尔西马上去买一本烹调食谱，但其中可能存在一个问题。我是在东安市场的旧书摊上见到过那本书的，虽然很干净，卖相也不错，但是看上去不是崭新的。我想出的解决办法是，就说有人很愿意把自己收藏的一本书送给总理夫人。

请保重身体。你什么时候和埃尔西在一起研习食谱，我可能也将带上自己做的"菜肴"去。到时，我会把去西藏时照的相片做成彩色幻灯片，放映到银幕上，这样会使你感到身临其境。

你的朋友<br>
一九五六年九月十八日

注释：

1. 史迪威，即约瑟夫·华伦·史迪威（ Joseph Warren Stilwell，1883—1946 ），美国佛罗里达州人。1940 年毕业于美国西点陆军军官学校，参加第一次世界大战。1926 年后，历任美军驻天津步兵团参谋长、美国驻华大使馆武官。1942 年任中印缅战区美军中将司令，兼中国战区总司令蒋介石的参谋长。主张积极对日作战，对中共领导的八路军、新四军的战斗素质甚为赞佩。任职期间，曾应宋庆龄要求，用美国军用飞机运送医疗器械赴延安。其后因与蒋在军事指挥和对待中国共产党领导的抗日武装的态度上发生矛盾，1944 年 10 月被美国政府调回。回国后任地面部队司令、第十军军长。著作《史迪威文集》（英文）的扉页题词为"献给孙逸仙夫人"。他的两个女儿年幼时在中国生活过，后与宋庆龄有联系。

2. 卡尔逊，即埃文斯·福代斯·卡尔逊（ Evans Fordyce Carlson，1896—1947 )），出身于美国牧师家庭，16 岁入陆军服役。上世纪 20 年代，派驻中国。1937 年，作为罗斯福总统的顾问来华考察。回国前，特意到香港，与宋庆龄交换意见。后以美国政府军事观察员身份，前往中国共产党领导下的抗日根据地，会见朱德、毛泽东。1938 年冬返美辞去军职，以平民身份为"工合"工作。太平洋战争爆发后，重履军职，以八路军"官兵一致"思想教育方法，以"工合"为口号，训练了命名为"袭击者"的海军陆战队，赢得了对日作战的胜利。1945 年被选为美国争取远东民主政策委员会主席。二战后以作家和中国问题专家知名于世。著有《中国的陆军组织和军事效率》、《中国的双星》。

3. 《卫报》（ The Guardian ），英国全国性综合日报。1959 年前因总部设于曼彻斯特而称为《曼彻斯特卫报》。1964 年总部迁至伦敦。当时爱泼斯坦是以《卫报》记者身份采访中共第八次代表大会。

4. 声明，指中国政府当年为支持埃及将苏伊士运河收归国有而发表的《关于苏伊士运河问题的声明》。1956 年 7 月 26 日，埃及总统纳赛尔宣布对苏伊士运河实行国有化。由于所具有的重要战略意义和经济价值，苏伊士运河被西方国家称为"东方伟大的航道"，是西欧帝国主义国家，尤其是英国赖以生存发展的"生命线"。8 月 2 日，英、法、美三国政府发表联合公报，主张苏伊士运河"国际化"，并提出召开 24 国参加的伦敦会议。纳赛尔随即发表声明，反对国际共管苏伊士运河。8 月 15 日，中国政府发表声明支持埃及的立场。

5. 万隆，印度尼西亚西爪哇省首府。

# 宋庆龄致邱茉莉

（一九五六年九月二十日）*

亲爱的埃尔西：

从心底里感谢你帮助我找到了这些难得的烹饪书。"阿里大妈"收到后不知会有多高兴，因为她在中国访问时始终未能找到。他们夫妇俩都很喜欢中国菜。沙斯特罗阿米佐约夫妇在印尼被人们称作"阿里大伯"和"阿里大妈"。因为印尼人民热爱他们——当然马斯友美党[1]人除外。我们曾在他们家中享用了一顿顶级美味的家宴。他们告诉我，从头到尾的各种菜肴都是"阿里大妈"亲自安排的，虽然上菜的是身着华丽制服的服务生。

我常常告诫老鲍威尔夫妇，如果他们回到美国去，是会遇到麻烦的，并试图劝说他们放弃这个念头，甚至还表示他们可以在中国福利会工作。但是他们和小鲍威尔却另有想法。小鲍威尔想离去的原因只有他自己知道，但是他的妻子西尔维亚对任何事情都已感到厌倦了，就是想走。我同意艾培的意见：如果他们在编辑方面采取少揭露一些的方针，他们在这里的工作本来会更有成效得多，当然也会继续呆下去……但是现在说这些还有什么用呢？当我见到总理的时候，我会把这件事和其他一些问题一块儿提出来，看看他是否同意以谨慎而周全的方式帮助他们。目前，每个人都忙得不可开交，甚至不刮胡子就去参加会议！

我找到了给你带回来的两双袜子，那双有松紧的尼龙袜子是给艾培的。请代我谢谢他的书，我有空时会阅读的。

请原谅，我虽然匆忙地写了几句。但我非常爱你们俩。

SCL

九月二十日

注释：

1. 马斯友美党（Masjumi Party），印度尼西亚的一个保守党，由严格的穆斯林所组成，反对苏加诺的国民党。

# 宋庆龄致邱茉莉

（一九五六年十月二十四日）

亲爱的埃尔西：

我真高兴，鲍威尔后援委员会的工作正在向前推进，也已争取到其他一些组织的帮助。金仲华刚刚动身去参加在巴黎举行的新闻工作者会议。我相信，接到指示后，他会尽最大努力将事情的真相公诸于世。

我读了艾培写的那篇极好的文章，听说这里还有些人准备发表一些有关鲍威尔夫妇的具有人情味的报道。这类报道会在美国引起人们的注意。

我来这里本来是为了休息，但一直到现在还在一个接一个地会见来上海访问的代表团。我的神经处于十分紧张的状态，等到纪念诞辰的文章[1]一写完，我就要把门锁上，不管谁敲门都不开，争取补些觉。

耿丽淑在完成你们那里最急需的工作以后，请立即让她回来。中国福利会的李云住院了，她生了一个男孩。江兆菊也是个病号。我们新建的产科医院需要各方面的人手。

向你和艾培致以最热烈的问候。

匆匆搁笔。

SCL

一九五六年十月二十四日

于上海淮海路 1843 号

埃尔西，请告诉我你们的住址。

---

注释：

　　1.纪念诞辰的文章，指宋庆龄为纪念孙中山诞辰九十周年所写的文章《回忆孙中山》，发表于 1956 年 11 月 11 日《人民日报》。

# 宋庆龄致邱茉莉

（一九五六年十一月五日）*

亲爱的埃尔西：

　　收到你的短信时，我正在打点行装，所以一直没有功夫作复。艾培回来的时候，我不能为他洗尘，听他讲这次旅行的见闻，我很失望。在我从印度、缅甸等地回来后，希望能够享受到这种快乐。

　　我对昆明非常失望，人们面无表情，市容不整洁，缺少卫生设施等等。但昨天的安宁之旅倒让我们很快活。这里距昆明一百四十五公里，有一个极好的温泉，整个地区满是成熟的桔子、柿子、大片的竹林和各种各样茂盛的山茶花。

　　请告诉我，需要从印度带点儿什么东西给你们。给艾培带些刮胡子的刀片？林德彬 [1] 将来这里，你们需要什么可以托他带信给我。

爱你们的

SCL

十一月五日

于昆明

注释：

　　1. 林德彬，中国福利会工作人员，后任《中国建设》（现名《今日中国》）杂志副社长、宋庆龄基金会研究室主任。

## 宋庆龄致爱泼斯坦、邱茉莉

（一九五七年十一月十一日）

亲爱的艾培和埃尔西：

多么希望你们能同我在一起，饱览这里绚丽多姿的美景，会见新的朋友！在这些日子里我特别想念你们。

热烈地问候你们！

SCL

一九五七年十一月十一日下午

于莫斯科

11月，宋庆龄在莫斯科会见老朋友加里宁夫人（右一）和鲍罗廷夫人（左一）。

# 宋庆龄致爱泼斯坦、邱茉莉

（一九五八年三月二十四日）

亲爱的朋友们：

　　草草地写一行字问候你们，希望大会结束后能和你们相聚。

　　热情地问候！

永远属于你们的 SCL

一九五八年三月二十四日

# 宋庆龄致爱泼斯坦

（一九五八年三月二十七日）

亲爱的艾培：

　　昨夜收到你的短信和稿件，非常感谢。我迫不及待地想告诉你，我非常喜欢那篇文章，只想提两点建议。

　　文章读后给我的印象是所有问题好像都解决了。但我认为，必须承认，在福利方面，我们还有许多事情要做。因为我们仍然处于建设一个新的社会和一个新的经济基础的进程中。我们有必要更明确地说明，虽然各方面都取得了进步，但显然我们目前还不能满足所有人的需要。这点在第四页上提到了，但还可以更强调一下。因为从那里开始直到文章结束，给人的印象是，我们现在就能够解决每一个人的困难和应对每一件可能发生的事了。

　　第二个建议是，当老天爷发威时，救济工作仍然是需要的。国家采取两条腿走路的办法应对自然灾害。一是立即进行应急救济；二是把老百姓组织起来，通过各种工程的建设来改变自然条件，把灾区变为稳产高产的地区，使生产能力远远超过原来的水平。这才是消除救济需要和建设国家的一劳永逸的办法。

　　这就是我的建议。如果你能把这两点作些修改，我将非常感激。

　　现在谈点儿私事，亲爱的艾培，过去三个月里，我因全身的神经性皮炎发作而不能工作。日夜痒得难以忍受，我的时间都花费在涂抹药膏和无效的治疗中。无法入睡消耗了我的体力。谢天谢地，现在炎症总算逐渐消退了……我多想能同你和埃尔西一起去旅行，在地中海享受日光浴啊！你们什么时候动身？无论如何，我都想在你们启程前见到你们，因为我在入夏前必须回来。

　　就此停笔，多谢你对那篇文章的关注。

你们的挚友　SCL

一九五八年三月二十七日

于上海淮海路 1843 号

# 爱泼斯坦致宋庆龄

（一九五八年四月五日）

亲爱的朋友：

　　非常感谢你这么快就审阅了这批文章，我们大家都十分赞成你的意见，这期刊物一定会很出色。我们正在按你的建议对文章作一些修改，待完成后再寄给你。

　　我和埃尔西听说了你的病情和疾病给你造成的痛苦，都感到非常难过。希望你现在已经痊愈，不再复发。在出发去旅行之前，我们期待着能见到你。我们似乎已有很长时间没有坐下来好好交谈了。自从在广州第一次遇见你，差不多过去了20年。在很多方面，那次见面都是我人生中的一个转折点。所以，我们还应该庆贺另一个20周年。

　　我觉得，世界和我们周围，正在发生一些奇迹般的事情。而世界上所发生的许多事情又取决于我们这里所发生的事情！迄今为止，它的发展过程就像那些绿色的树苗从年代久远的石板下生长出来。石板是沉重的，可树苗却有前途。树苗把石板挤在一边，但不能把它完全推走。这些破碎的石板常常会翻倒过来摧残生命。这些幼小的树苗在它们的生长过程中，尽管时而被折弯，时而被扭曲，但与此同时，他们却获得了顽强地生存下去的力量。如今，我感到这些树苗已经胜利了，它们正在成为一片树林，挺拔屹立。石板不再有了，成了许多分散在各处的碎石瓦砾，还是相当的沉重，要把它们清除干净并非易事，但我们最终要完成这个任务。当今的世界已是林木葱翠，生机盎然，这要非常地感谢像你这样的辛勤的园丁们。

　　多保重身体。

艾培

一九五八年四月五日

# 宋庆龄致爱泼斯坦、邱茉莉

（一九五八年四月十三日）

亲爱的朋友们：

　　草草地写一行字问候你们，希望你们两位的身体都十分健康。

　　我现在觉得好些了，尽管冠状动脉也有问题，还有赐给老年人的永远不变的礼物——关节炎。老天爷真不帮忙！

　　会开完之后，我们一定要聚一聚，因为我迫切地想多听些你们去年 7 月欧洲之行的情况。

深爱你们的 SCL

一九五八年四月十三日

# 宋庆龄致爱泼斯坦

（一九五八年十一月十八日）

亲爱的艾培：

　　15日我曾寄一份稿件给唐明照同志，准备刊登在《中国建设》2月号上。这篇文章写得很松散，需要更紧凑一些，此外还有其他有待改进之处，都请加以修正。

　　向你们俩致最良好的祝愿。知道你们很忙，因此不必回信。

你的　SCL

一九五八年十一月十八日

于上海

左起：陈翰笙、唐明照、爱泼斯坦

SOONG CHING LING

Shanghai.
Nov. 18, 1958

Dear Eppie:

Please correct my
article sent on the 15th to
comrade Tang Ming-chao for
the Feb. issue of CK. It is
loose & needs tightening, re, re.

My best to you
both. I know how busy
you are, so don't bother to
answer.

Yours, SCL

1958 年 11 月 18 日宋庆龄致爱泼斯坦（黄浣碧 捐）

# 爱泼斯坦致宋庆龄

（一九五八年十一月二十二日）

亲爱的朋友：

非常非常感谢你对我们的热烈欢迎之情。倒是我们应该先给你写信。事实上，我们回来后的两三天，已经准备好了一封短信和一件礼物，想请上海教育局的曹同志给你带去，但是在我们和他联系上之前，他已经离开了，因此我们在等待另一个机会。在那以后，我们很快就被大量的事情缠住了。我们需要努力跟上激动人心的变化，仅仅离开四个月再回来，中国简直成了另一个国家；我们还要把自己对外面世界的印象整理起来；还要重新投入到日常工作中去，等等。埃尔西去参观公社，已经离家好几天了。等她回来以后，我也要短期外出一趟。

这一切都可以解释，但却不能作为没有给你写信的借口。归根结底还是我的拖拉作风，这个毛病多年前就应该改掉了，它和目前生活的节奏是那么的不协调。现在的速度是多么快，规模是多么宏伟啊！

这次旅行是绝顶的有意思，从这里到"那边"，再从"那边"回到这里，很像韦尔斯[1]的《时间机器》，你对双方都更为了解了。穿越西伯利亚是极其具体地了解社会主义世界的最好途径，你可以了解到这个世界之辽阔、所从事的工作之繁重、未开发的潜力之无限以及存在的种种困难。（其中的一个困难是，相对于中国而言，西伯利亚几乎可以说没有什么人！）我们在苏联的一个月，包括来回乘火车的时间，在莫斯科的两个星期，加上在列宁格勒[2]的几天，使我们很受教育，我真希望什么时候能够在那儿多待些时间。在整个世界的这一边，你有一种欣欣向荣的感觉。苏联也是如此，尽管它只有41年的历史，并且经受了许多冲击。即使用"世界另一边"已经成就了的一切来衡量，它也已取得了巨大的发展，而它仍处在幼年期。在幼年时期就能够取得这么大的成就，那么随着它成长的不同阶段，又会出现怎样令人难以置信的业绩呢。对比之下，在英国，感觉是死气沉沉、停滞不前，当然生活相当舒适。就像一所霉味很重的旧居，里面尽是堂祖母们留下的坛坛罐罐和堂祖父们遗赠的小地毯，看不到任何前景。住在里面的每一个人都赞成不去顾及以下事实：地板开始吱嘎作响，屋顶不知哪一天可能突然塌下。维护这种旧生活方式是社会民主主义"无与伦比的成就"，试问还有什么别的东西能够使一个如此庞大的、有技术的、就个人来说都是勇敢的，而且长期组织起来的英国工人阶级，竟然如同麻木不仁的老牛那样在如此漫长的岁月中拉着沉重的磨盘艰难地行进着？这里又反映出共产党和"社会主义"政党之间的惊人对比，前者释放了群众建设社会主义的活力，后者则是巧妙地制造出用来控制群众活力和希望的禁锢箱，以使资本主义不受干扰。这样，在资本主义的锅炉里产生的任何高压就能够通过安全阀减压。再说说思想领域，英国也毫不掩饰地表明，在工人中间培养垄断资本得以控制的小资产阶级思想是多么至关重要。这也同样表明，"政治和思想上的社会主义革命"是多么重要，它是这场伟大变革的组成部分，而生产资料所有制的改变是这场伟大变革的另一部分。毫无疑问这是基础，但是没有思想的解放，它就不可能发挥其全部的潜力。

不过，清风终将吹来，到时候也会吹向古老的赤道无风带。与此同时，思想战线也和形势一样处于对立状态，使矛盾双方互相撕咬的智力游戏得到鼓励（统治者不太在乎是左翼还是右翼），条件是大家都遵守规则：不提出激进的解决办法，而是主张仅仅摇晃一下这块古老的跷跷板，并不是把它砸碎。因此你会发现下述一些很普遍的情绪：

1. 几乎在所有阶级中，美国人的不受欢迎都到了难以相信的程度：上层阶级不愿意充当美国的副手，老百姓不愿意英国国土上驻有美国军队，人人都担心杜勒斯[3]会将他们引入战争，不满的情绪已经普遍到任何美国的东西都会使英国人郁闷，诸如美国汽车太大太招摇、美国人到处都是，等等。我碰巧有一顶在纽约买的帽子，每当我戴上这顶帽子时，人们对我虽然不能算无礼，但都表现出爱答不理的样子，地铁的工作人员、街上我向他们问路的人都如此。可是我不戴这顶帽子的时候，情况就明显不同，到处感受到出于本性的礼貌。人们甚至会陪你走过一个街区，把你送到你要去的那条路上去。普遍的看法是，如果美国人一旦消失了，周围的一切都会平静得多、愉快得多，会少一些危险。但是为什么不赶走他们呢？唉，你知道，还有俄国人嘛，所以就得对美国人忍气吞声点儿，虽说你得承认这样做越来越困难了。社会民主党的解决办法是：让美国多听听我们的意见，而不是总对我们指手画脚，可是也还是得忍受着。

2. 关于苏联，反苏宣传仍在持续不断地进行着，但是比美国的做法要聪明得多，因为有社会民主党人以"社会主义"的方式在进行，而不是以托利党[4]的口吻毫不掩饰地去作反苏宣传。虽然如此，在群众心目中，作为人，俄国人不如美国人那么令人反感；确切地说，因为反苏舆论在很大程度上是制造出来的，所以人们才会对苏联的制度产生怀疑或非难，但是并没有伴随着像对美国人和他们的行事作风而引起的那种强烈的个人反感情绪。苏联人造地球卫星的发射引起了社会各阶层很多人的强烈兴趣，大大超出了进步人群的范围。为什么？主要因为这是最使美国人又恨又怕的事。（美国人在人造地球卫星上的失败，成了英国式幽默的热门话题。）苏联的人造地球卫星证明了一个军事上的现实，即苏联拥有了有效的洲际导弹。即便如此也没有使英国人担心。毕竟，英国作为美国的军事基地，在任何一次战争中，都是苏联短程导弹最易打击的主要目标。而洲际导弹则意味着能够直接击中美国（反之，如果洲际导弹在美国手中，就会直接击中苏联），这样，英国就可以安全地坐在洲际导弹的下面，记下不论从哪个方向飞过他们头顶的导弹的数目。当然，在英国资产阶级（以及其它阶层中具有资产阶级思想的人们）的心目中，出于阶级的原因，最理想的是苏联从目前的格局中消失，正如出于与竞争有关的原因，他们也希望过于强大的美国消失一样。但是既然哪个也不会消失，英国人发现苏联也有某种"用途"，能使他们与美国人顶嘴，使美国人"需要"他们，这样就能与美国讨价还价。如今大不列颠已经失去像过去那样统治次等民族的理想世界，只好退而求其次了。美国人抑止了革命的发展（还记得丘吉尔在富尔顿发表挑动冷战的演说⁵吗？正是在那些日子里丘吉尔推动杜鲁门投入了冷战）；而借口"面对红色威胁需要团结"的说法，又成为阻止美国加快窃取英国殖民地的一种手段，这是一个玩弄平衡的好办法。这种平衡是美国人为赢得英国的支持所必须付出的代价，也使得英国统治集团能够扮演"自由"和"温和"的角色，从而十分有利于在国内和国际上蛊惑人心。在英国，大多数人需要的是"和平与宁静"，政府似乎在用这些方法去维护这个需要。

    3. 镇压和干涉殖民地，如在塞浦路斯和中东，长期以来一直是传统的英国式的"和平与宁静"的组成部分。为在英国国内保持和平与宁静，战争都被推到本土以外的地方去打，包括实施刻意淡化阶级斗争的社会福利。英国人对这种镇压和干涉的容忍是根深蒂固的，即使在工人和"左翼"知识分子中也是如此。你问他们是赞成还是反对殖民主义，十个工党成员中九个甚至会觉得受到了侮辱，例如我们的老希尔达·塞尔温·克拉克就是那样的人。难以想象，居然有人会对他们反对殖民主义表示怀疑。他们会给你说一大通强烈反对殖民主义的说辞。但是涉及到具体案例，那就是另外一回事了。"那么，塞浦路斯呢？""哦，他们在朝我们士兵的后背开枪，那我们又有什么办法？"（要是问他们："英国士兵在那里干了些什么？"这无疑会被认为是没有教养。如果坚持要他们回答，大多数人会说："如果他们循规蹈矩，

宋庆龄与爱泼斯坦、邱茉莉
往来书信
SOONG CHING LING'S CORRESPONDENCE WITH
ISRAEL EPSTEIN AND ELSIE CHOLMELEY

我们当然会撤兵，我们在印度不是这样做了吗？总之，我们得等到他们能够自治。"——就像老希尔达在香港问题上也会说类似的话那样。)"那么中东呢？""啊，那不一样，我不明白你怎么能够把这个也称作殖民主义？如果俄国人进入那里，那我们到哪儿去搞石油呢？"如此等等，滔滔不绝。然而人们还是喜欢直言不讳的托利党人。(只是现在直言不讳的托利党人很少了。在这个问题上，社会民主党人说话像社会民主党人；托利党人——或者说90%的托利党人，说话也像社会民主党人。因此很难对他们作出分辨。)

俗话说："是祸是福，维持原状就对了。"存在最久的事物就是最神圣的事物（如君主制），虽然老房子里无疑能够而且应该装抽水马桶。(我打赌，在我们有生之年，能够看到国王加入公务员工会的那一天。)如果现状不得不加以改变，那么能够接受的"福"是给美国人一点儿好处，如果是"祸"则要不惜一切代价避免给任何真正的群众运动以任何好处。现有的各种光怪陆离的群众运动，包括涂有左翼色彩的"真正的群众运动"也都各不相同。在紧要关头，它们不仅会受到欢迎，甚至还会被英国的政治工厂制造成各种型号的产品。

在乘大巴郊游时，车上一位相当能说会道的导游所说的话倒是概括了现状：

（在经过一个以男爵封号命名的镇子时）她说："当然这已经成为古董了，正因为是古董，所以才延续了几百年。"

这位年纪不轻的女士还讲了一个故事，成了我最喜欢的有关英美之间以及一切资本主义内部矛盾的故事。

"你们左边的那个镇子，"她用男低音的声调欢快地说（信不信由你，他们确实能够用男低音的声调欢快地说话），"每个星期六晚上都有一场战争。"

"一场战争？"几位游客同时问道。

"啊，是的。你知道，镇子的一侧有个美国空军基地，另一侧有个英国兵营。周末士兵们到镇子里去，因为美国兵钱多，搞得到姑娘，我们的士兵不喜欢这个。所以他们打架,结果发生了打破脑袋之类的事情……"（说得津津有味）

"难道制止不了吗？"

"嗯，尝试过。事情发展得太糟的时候，英国军队就禁止英国士兵入内。"（一个英国的小镇，居然禁止英国士兵入内。）

"后来呢？"

"后来，美国人觉得这样不太好了。空军基地的公关人员认为会造成不良影响，于是他们也禁止美国士兵进入镇子。"

"那后来怎样了？"

"你能够想象。酒吧老板、餐馆老板和电影院经理都造反了，他们说镇子会破产的。最后双方军人又都可以进入镇子了，所以每个星期六晚上，那里仍然有一场战争……"

这是在世界的那边，在"正确处理"盟国之间的"矛盾"时存在着局限性的一个杰出例子。

现在说说中国。在非常广泛的阶层中，人们普遍对中国怀有令人惊异的友好感情，（甚至在许多保守党人中，你看不到那种每每提到美国人就会在他们脸上出现的气恼神情，或者提到苏联时在同样的一些人中反映出来的那种仇恨的冷酷神情。）为什么？我没有想出原因来。就中国过去类似殖民地的处境和如今所取得的进步来说，比起苏联来，中国对于殖民制度应当具有更大的威胁性。可是仍然对中国有好感，情况就是这样。也许是因为中国总是激怒美国人，而且迫使他们投入如此大的力量来维系正在崩溃的这种殖民制度的原因。我不清楚，反正事实就是如此。在工人中，许多并不很左倾的人对中国很热情。（在"中间"阶层的知识分子中，对中国的好感在某种程度上有所下降，因为他们发现中国不那么"自由"；他们不那么热情是因为这些知识分子太害怕"纸老虎"了，就像他们连每一根毛发都害怕革命那样，同时也因为他们不知道如何在脸上表现出老练政客们所具有的泰然自若的神态。）

有关台湾海峡的形势，新闻界几乎一致对杜勒斯持批评态度，称美国人为战争挑衅者，说毫无疑问中国是正确的。（但这并没有阻止他们在几个星期的时间里调过头来，在中国仍然是正确的情况下，说中国错了。他们说因为中国对于自己的正确性没有表现出绅士风度，而是大声宣称自己的正确；美国人虽然仍然是错误的，却可以用妥协使他们不暴跳如雷。可是，这个妥协不需英国付出任何代价，中国却要以台湾作为代价。在他们看来，美国已经把沿海岛屿大方地给了你中国，还有什么比这更合情合理，而且又能多多少少维持现状的呢？）

当然，话说回来，一切也并不是那么没有希望。反美情绪……

（以下原稿缺失。）

一九五八年十一月二十二日

注释：

1. 韦尔斯，指郝伯特·乔治·韦尔斯（Herbert George Wells，1866—1946），毕业于英国皇家学院，任教于伦敦大学，后转而从事科学和文学的研究。著有《时间机器》、《隐身人》、《当睡着的人醒来时》和《不灭的火焰》等多部科幻小说。

2. 列宁格勒，即圣彼得堡，位于俄罗斯西北部，波罗的海沿岸，是仅次于莫斯科的俄罗斯第二大城市。1914 年前称"圣彼得堡"，1914—1924 年称"彼得格勒"，1924 年列宁逝世后，将市名改为"列宁格勒"，1991 年复称"圣彼得堡"。

3. 杜勒斯，约翰·福斯特·杜勒斯（John Foster Dulles，1888—1959），出生于华盛顿的一个教会家庭。一战时曾作为其叔叔（时任国务卿）的助手参加重要国际会议。1944 年为共和党外交政策主要发言人。1953—1959 年任国务卿。是"马歇尔计划"、"北大西洋公约"的主要制定人。二战后，多次代表美国政府出席国际会议。

4. 托利党，英国政党。17 世纪 70 年代末形成，代表土地贵族和高级教士利益。成为 19 世纪保守党建党的基础。美国某些保守团体也用此称。"托利"，英文 Tory 的音译，该词起源于爱尔兰语，意为不法之徒，系其政敌对反对党的贬称。

5. 演说，1946 年 3 月 5 日，前英国首相丘吉尔应邀在美国富尔顿发表演说，呼吁美、英合作，建立军事联盟，以共同对付苏联的威胁，这次演说被称为"铁幕演说"。

# 爱泼斯坦致宋庆龄 *

（一九五八年十一月二十三日）

亲爱的朋友：

非常非常感谢你对我们热烈的欢迎和问候。

是的，我们回来了，在很有意思的旅行后回来了，但是最有意思的是在我们旅行期间，中国以飞快的速度前进着。不仅是大跃进，简直是一个飞向未来的人造地球卫星！我感到，在以往人类历史的所有阶段中，思想高翔于现实之上是很容易的事情。但是现在，无论你让思想飞得多高，都跟不上由全体人民推动的火箭般的现实进程。以前从来都不能说整个人类像奔腾的洪流，现在可以这么说了。人类的长河在奔流，虽然偶尔仍存在着停滞的水坑和死水，但这只能促使人们更加赞叹主流的速度。

我们正是从这样一个死水坑里回来的，如果以史前的眼光来评估它的好坏和希望的大小，那么总的说来，那里的现状可以比喻为一只旧鞋。在"英格兰绿色宜人的土地上"，看上去的确是绿色宜人，给人的感觉却像是生活在一潭死水中。当然生活相当舒适，就像一个住了很久的发霉的旧居，里面满是堂祖母们留下的坛坛罐罐和堂祖父们遗赠的小地毯。住在里面的人们都无视这样的事实：地板开始吱嘎作响，屋顶有朝一日可能突然塌下。英国的上层阶级持这种态度是在预料之中的。可是一般人的心态也是这样，这就得归功于社会民主主义的"无与伦比的成就"了。试问还有什么别的东西能够使像英国那样的一个庞大的、有技术的、个性勇敢的、长期组织起来的工人阶级，如同麻木不仁的老牛那样在如此漫长的岁月中拉着沉重的磨盘行进着？从这里，人们再次认识到共产党和"社会主义"政党之间那种惊人的反差。前者释放了群众建设社会主义的活力，后者则是巧妙地制造出用来控制群众活力和希望的禁锢箱，以使资本主义不受干扰，使资本主义的大锅炉里产生的任何高压都能够利用安全阀减压。当然，由于东方洪流的冲击，到时候形势的发展将使一切安全阀不起作用。在政治学上和在气象学上一样，今天的赤道无风带，将是明天的风暴中心。不过那是明天的事，今天那里仍是一片死寂，矛盾没有爆发，而是像蠕虫似的在平静的表面之下蠕动着。

标志着矛盾在发展的现象是，在英国所有美国的东西都受到普遍的歧视。（这包括所有的阶级。上层阶级是出于竞争的原因，工人阶级则是出于其本能。）然而，至今这种"歧视"还只装在箱子里，在真正的、有战斗性的反对"美国联盟"的运动中，还没有把这种感情表现为一种政治上的诉求。这也不仅仅是因为害怕"纸老虎",而是改良主义的甜头造成了一种害怕激烈变革的普遍心态。关键词是保守主义。这种保守主义不是托利党的政治保守主义,而是渗透在所有人的思想中,甚至左派思想中的一般的保守主义。

虚构和现实、语言和行动之间存在的差距几乎令人难以置信。如果你在街上问十个人,他们是否相信殖民主义,其中九个人会说不相信,而且他还会巧妙地解释殖民主义如何早已成为过去。"那塞浦路斯是怎么回事?"你问。"可是他们在那儿杀我们的士兵呢!"他们气愤地回答。"那么中东呢?"他们会以一种鄙视的眼光看着你,说:"我不明白那和殖民主义有什么关系?如果俄国人进去了,我们到哪里去搞石油呢?"如此等等。如果你缺乏绅士风度,非要较真,说:"你毕竟还是赞成殖民主义的。"对此他会予以否认,而且真的很生气,认为他说的都是实话,应该相信他,怎么还怀疑他有这种想法!就好像我们过去在香港的时候,如果你对那个"红色"希尔达·塞尔温·克拉克说她赞成殖民主义,会得到她暴跳如雷的回答一样。除了争论中的问题以外,对其它问题她也会发表一通极左的言论。

说到中国,几乎百分之百的人都一致认为杜勒斯是个强盗(与你谈话的人常常会找到比你用的更为难听的词来称呼他),而且会公正地说,中国绝对在理,而他不占理。但是所谓的英国政治制度居然有如此大的成就,能魔术般地使"左"右和谐共处。在他们承认了中国有理之后,你发现尽管中国是正确的,但中国终究还是错了。他们说,因为中国如此小题大做,宣扬自己的正确,使得英国可能需要做出困难的选择。事情不是这么个做法,不能搞得这么势不两立。难道不可以在这里妥协一点儿,在那里妥协一点儿吗?没有人比英国的自由主义派更善于以别人的利益为代价来换取妥协的了。

我几乎希望自己能碰上某个坚定的老约翰牛[1]式的托利党人,他会像托利党人那样说话,这样你就可以针锋相对地和他辩论,但是这样的人现在很难找到了。帝国没有了,只有英联邦;资本主义没有了,只有福利国家;塞浦路斯人没有了,只有一个想入非非的名叫马卡里奥斯[2]的牧师。为了使马卡里奥斯认识到正确的妥协是什么,还必需通过再杀死一些塞浦路斯人来对他进行教育。社会民主党人说话像社会民主党人,托利党人说话也像社会民主党人,有些共产党人在有些问题上说话也像社会民主党人。狂风在外面怒吼,但是英国人习惯于坏天气,安装了结实的好窗框。需要让狂风刮掉几块窗玻璃,新鲜的空气才能灌进那间发霉的屋子,新生的力量才能觉醒起来,认识到自己年轻,能够掌握英国的未来,正如年轻人在别的地方已经做到的那样。

好吧,正如老伽利略所说,地球照样转动。

埃尔西这几天去参观公社了，我将……

（以下原稿缺失。）

一九五八年十一月二十三日

* 爱泼斯坦在此信稿上注：已寄出。

注释：

1. 老约翰牛，18 世纪英国作家阿布什诺特所创造的文学人物——一个急躁、坦率、滑稽的绅士约翰·布尔，用以讽刺当时英国的战争政策。后来成为英国的绰号。在英文中 "bull"（布尔）意为"牛"，因此也译为"约翰牛"。19 世纪以来英国漫画界把其画成一个头戴高顶帽，足蹬长筒靴的矮胖的绅士形象。

2. 马卡里奥斯（Makarios，1919—1977），塞浦路斯总统。1948 年任希腊正教主教，1950 年升为大主教。为"伊诺西斯"（即塞浦路斯与希腊合并）运动的领导人，从事反抗英国殖民统治的斗争。1956 年被殖民当局逮捕放逐。后与英妥协。1960 年塞浦路斯独立，任共和国首任总统。

# 爱泼斯坦致宋庆龄

（一九五九年二月八日）

亲爱的朋友：

　　来函迟复为歉。出一期关于中国的专刊的想法，我认为非常好。尽管一些古老的东西很美好，但是我还是希望集中介绍新的事物。无论在版面安排，还是在栏目的多样化等方面都要突出一个"新"字。可能的话也应该就诗歌写一篇报道。我跟安娜·路易斯·斯特朗交谈过，她答应要直接给你写信，相信她在旅途中已经有信给你。（她眼下不在城里。）《新世纪》打算为她出一个小册子或薄薄的一本书，如果我们提前给她打招呼，她就会两头兼顾，既能及时写出报道，又可专注于她自己的书，这是个好办法。老太太现在身体很好，当然在当今美国人中，她的思想也是居于最前列的。

　　至于我自己的文章，正在构思一个提纲，如果其他事情能放一放的话，我将尽力在三月份的第一个星期寄给你。我是一个难产作家，虽然年富力强，也仍然是根深蒂固地习惯于写了又改、改了又写。我不是一个思维敏捷的人。尤其当脑子里想着很多其他的事情，而打字机还在不停的打着时，情况就会变得更糟，而这种情况确实存在。我写了一篇关于十三陵水库大坝建设的报道，刊登在《新世界评论》上，试图从一个侧面反映新人、新事、新生活之间的关系。你看到了吗？你认为文中强调的观点是可以接受的吗？当然，这当中的基本看法是符合你的观点的。总之，如果你又有什么新的想法，请直截了当地告诉我。在我的脑子里始终有个想法，那就是：一个人不应该期望太"高"，但如果期望过"低"，那就更糟了。伽利略绝不会用托勒密[1]的天文学来解释他自己的理论。如果他这么做了，那就只能是丢掉他自己的推理。我想，我们谈话的对象应该是我们的自己人，他们毕竟不是托勒密。特别他们现在还生活在相对稳定的环境中，尽管在宇宙运动中他们也会头晕目眩，也会出现托勒密呕吐反应。即使是气象学，也有助于我们了解：今天的风和日丽很可能是明天狂风暴雨的前兆。除了我们的自己人以外，还有你所说的"普通老百姓"，他们才真正是能量的生产者、积蓄者，同时也是旧观念的撼动者。他们已经远远不是我们通常想象中的那种旧观念的囚徒了。至于那些顽固不化的旧观念的囚徒或俘虏，又有多少理由值得我们去理睬呢？只有让他们在现实生活中去接受教训。甚至这些教训也不一定能使他们醒悟，因为这些伏都教[2]的信徒们是真正的僵尸，他们总的趋势是要变成伊阿古[3]，当暴风雨来临时，他们将戕害人们的灵魂。

在诗歌方面，要看旧体诗，你可以参考路易·艾黎收藏的书，包括安娜·路易斯·斯特朗的，或者我可以寄给你。新体诗可以看《中国文学》《中国建设》和《北京周报》，尤其是其中的工人、农民的诗歌，这些是最好的，也是最新颖的。

我希望这期关于中国的专刊里有一两篇好的文章，不是来自中国，而是来自资深的美国人，能以美国的生活和思维方式来看中国，反映某个美国文化界人士对新中国文化的新的正确的看法和某些人对中美关系问题的一般看法，从美国的经验深处来审视"纸老虎"和"东风压倒西风"[4]等观点，因为他们是也应该是中国的评论者。我确信，这在美国是很起作用的，并且外面世界的人们也会非常有兴趣去阅读。我们有来自美国人民的坚强的支持，就如同他们在审判美帝国主义。在中国，全国上下都在印刷和张贴毛主席语录，这就是一个突出的例证，但绝不是唯一的例证。在我看来，这一期中反映中国主流的重头文章，应该出自美国人之手。这样，人们才能看清中国不只是一个孤立的国家，而且是社会主义大家庭的一员。

我在想，是否应当在某个时候再版鲁迅全集或选集。以上只是我在你提出的好建议启发下的一些个人意见。

致以最美好的祝愿。

艾培

一九五九年二月八日

注释：

1. 托勒密，古希腊天文学家。

2. 伏都教，一种民间宗教，流行于西非诸国，盛行于海地。是法国殖民统治时代遗留下来的天主教礼仪成分，以及原属非洲其它民族的奴隶带到海地的非洲宗教和巫术成分的结合。伏都教糅合了神灵信仰、神话祖先、通灵术和天主教圣人等。"Voudou"一词原意为"神灵"。

3. 伊阿古，莎士比亚剧作《奥赛罗》中挑拨离间、狡猾残忍的反面人物。

4. "东风压倒西风"，20世纪50年代，随着中国革命的胜利，在冷战中形成了以苏联为首的社会主义阵营和以美国为首的资本主义阵营对立的世界格局。民族解放运动兴起，殖民地国家纷纷宣告独立；西方资本主义大国内部，进步力量也有所发展。社会主义力量日趋壮大。1958年在论述国际形势时，毛泽东借用"东风压倒西风"来形容社会主义阵营和民族解放运动的力量压倒了西方资本主义阵营。"东风压倒西风"出自曹雪芹所著《红楼梦》中人物所说的"但凡家庭之事不是东风压了西风，就是西风压了东风。"

# 宋庆龄致爱泼斯坦、邱茉莉

( 一九五九年四月十六日 )*

亲爱的朋友们：

希望你们和小家伙们喜欢这几个彩蛋和桔子，换点新花样。

你们如有时间为我做一点儿稿件的润色和编辑工作，我稍后将送一篇稿子给你们，是为《中国建设》写的——没有什么特别精彩之处，只是让读者了解中国正在进行的技术革新。

向你俩致热烈的问候。

你们的 SCL

四月十六日

# 宋庆龄致爱泼斯坦、邱茉莉

（一九五九年七月十日）

亲爱的埃尔西和艾培：

听说你们即将去度本应享受的假期。请带上这罐挪威的餐前小吃吧！

你们送的那只十分精美的青花瓷碗一直摆在我的钢琴上，我很珍惜它！

爱你们的 SCL

一九五九年七月十日

# 爱泼斯坦致宋庆龄

（一九五九年八月六日）

亲爱的朋友：

寄回你的这篇非常出色、鼓舞人心的文章，已稍作删节，准备刊登在 10 月号上。这正是提高这一期杂志"声望"所需要的文章，特别是因为我们现在无法获得十年来的具体成果的数据。这些数字只有在建国十周年的时候才会公布，而我们每一期的稿件通常要在出版前两个月就准备好。

请告诉我们你是否同意现在这个定稿，或者还有什么改动或建议。

我的书快写完了，内容集中在中国的外交政策及其对世界的影响。对于我来说，企图把握国内外发展的全貌，从时间和能力上都有些难以胜任。即使已经写在书里的那些内容，我也感到有很多情况是我并不了解的。多么希望在每一个问题上都能够写得深刻一点儿。在这些年里，发生了这样多的事情。当顺势前进的时候，人们并没有意识到每一件事情的重要性。但是当你停下来，再向后、向四周、向前看一看，确实会感到震惊。

埃尔西利用部分假期在旅行（她现在在广州，还要去桂林），然后再去当学生！这是我们俩二十年前就应该做的事情，但直到现在才有了可能。

祝你身体健康。

热情问候你的

一九五九年八月六日

# 宋庆龄致爱泼斯坦

（一九五九年八月八日）

亲爱的艾培：

万分感谢你的大力帮助，文章现在读起来好多了。我只有一个要求，就是想请你把附上的那段文字加在第 13 页最后一段的前面。因为这是关于最近赫鲁晓夫和艾森豪威尔互访的新闻，这当然是件意味深长和引人注目的事情。相信你会同意我的看法。

送上一盒新鲜的桃子和鸡蛋，供你们星期日午餐用。完成了这么一件艰巨的工作之后，请你务必要休息一下。

渴望读到你最近出版的新书。

向你和埃尔西致热诚的问候。

匆此。

SCL

一九五九年八月八日

## 宋庆龄致邱茉莉

（一九五九年九月十二日）

亲爱的埃尔西：

写这封信是为了告诉你和艾培，明天我就要从这里[1] 搬走了。我的新居[2] 靠近北海，那里要安静得多。现在这个地方因为有太多的建筑工程正在进行，我的门前似乎成了交通枢纽，以致环境嘈杂不堪。

王安娜离开之前答应在国外代我采购一些东西，她认为把包裹寄到你那儿，再请你转交给"苏西"[3] 是最好的办法。不过这样可能会给你带来不便。如果你把包裹通过《中国建设》杂志社办公室的鲁平转交给我，可能会省去你不少麻烦。对你的帮忙我深表感谢！

等我稍稍安顿下来以后，希望你们二位能到我的新居来，同我一起度过几个小时。那处房屋曾做过蒙古大使馆。

爱你们的 SCL

一九五九年九月十二日

注释：

1. 这里，指东城区方巾巷（现朝阳门南小街）44 号，是宋庆龄在北京的第一个寓所（1950—1959）。

2. 新居，即什刹海前海西河沿八号（今西城区前海西街十八号郭沫若故居纪念馆）。建国后，这里是蒙古人民共和国驻华大使馆。宋庆龄于 1959 年 10 月从方巾巷迁出后，即移居此地，是其在北京的第二处住宅，1963 年迁往后海。

3. "苏西"（Suzi，Suzie，Susie），这是宋庆龄在美国威斯里安女子学院上学时用过的昵称。

方巾巷 44 号

# 宋庆龄致爱泼斯坦、邱茉莉

（一九五九年十月二日）

亲爱的朋友们：

　　谢谢你们送给我如此可爱的菊花！这些天来，我经常想起你们俩。开会时，我总想在大礼堂里远远地从人群中找到你们，希望能同你们聊聊天。你们一定要尽早来看看我的新居。等手头的杂事处理完，我会马上给你们打电话。

　　向你们致以我最热烈的敬意和挚爱。

永远属于你们的 SCL

一九五九年十月二日

1959 年 10 月 2 日宋庆龄致爱泼斯坦、邱茉莉（正、背面）（黄浣碧 捐）

# 宋庆龄致邱茉莉

（一九五九年十二月二日）

亲爱的朋友：

昨天接到你十一月二十七日的来信，我立即就叫北京住宅的管家，给你送去一个字条，请你把包裹交给来人，他会托一个来南方的人把包裹带过来。很抱歉，你不得不为我经受了那么多麻烦，从德国朋友安娜那里取回包裹，试图邮寄给我，然后包裹又被退回给你，等等。不过邮局拒绝受理这个包裹真是欺人太甚。如果再有给我的包裹请通知我，我会用同样的方法取回来，不然就太麻烦你了。我派人去取就简单多了。

再过一年，你的中文一定会比大多数从西方归来的留学生要好，当然也包括我在内！学中文是个明智的决定，我真为你感到高兴。

吉姆·贝特兰[1]来信说，他正在为伦敦的出版商写一本书，书名叫《青年旅行者在中国》。这是给中小学生写的一本地理书，也是一本现代教科书。他希望陈翰笙、艾培和我给他的书写些"评介和赞许的话"。

我在看到他的书稿之前就直截了当地回复他：写关于中国的书，同写其他任何一本书一样，问题通常在于作者决定站在什么立场和什么高度去看待事物。有的人在写作中可能对几种观点都采取模棱两可的态度，但这样做只能造成读者的思想混乱。当然，这并不意味着在叙述中每件事情要么全黑，要么全白。但是在观察一些事物时，人们最终总会得出一种肯定的倾向或得到一种清晰的印象。对此，人们必须作出某种选择。以鲁迅为例，他是一位天才的文学家。但是，除了左翼人士之外，谁愿意读他的作品呢？他本来可以做些妥协，但如果他那样做了，他就丧失了自我。妥协会使人陷于各种危险的境地。吉姆提到斯诺[2]新出版的书以及书中关于我和别人的一些风言风语。我告诉吉姆，埃德加·斯诺把我描述成一个基督教的改良主义者，可我不是那样的人。他的这种描述，对于我或者对于中国都是既不诚实，也不友好的。我举这个例子是为了说明，对现实的妥协会使人堕落到何等程度。我这样说当然不是对吉姆那部书稿的评价，因为我还没看过那部手稿。不过我担心吉姆是在炒作那个正在写新书的机灵鬼！

谢谢你为我付出的辛劳。你费了这么大的劲把包裹转送给我，我真的很感激。

你和艾培需要买些什么东西或办什么事，我在这里能做的，请一定告诉我。
向你们二位致最热烈的敬意。

永远爱你们的 SCL
一九五九年十二月二日
于上海淮海路 1843 号

注释：

1. 吉姆·贝特兰，即詹姆斯·贝特兰（James Munro Bertram，1910—1993），新西兰记者、作家、保卫中国同盟的最早成员之一。"吉姆"是宋庆龄对他的昵称。1937年来远东旅行和从事研究工作。卢沟桥事变后，由北平秘密前往延安访问了毛泽东。此次谈话被收入第二卷《毛泽东选集》（《和英国记者贝特兰的谈话》）。1938年起，担任保盟中央委员，编辑了保盟《新闻通讯》最早两三期的油印本和以后的17—24期。建国后，曾多次来华访问。主要著作有《中国的第一行动：西安事变真相》、《华北前线》、《在战争的阴影下》及1957年的《重返中国》等。

2. 斯诺，即埃德加·斯诺（Edgar Parks Snow，1905—1972），美国新闻记者，宋庆龄的挚友。1928年来华，担任上海《密勒氏评论报》特约记者，后在北平燕京大学任教。1936年，在宋庆龄的联系与帮助下，与乔治·海德姆（即马海德）医生经西安前往陕北苏区访问，次年写成《红星照耀中国》（中译本题名为《西行漫记》）。抗战期间，斯诺夫妇和新西兰友人路易·艾黎等发起筹组了中国工业合作协会（简称"工合"），进行战时急需的民用生产及救助活动。著作有《远东前线》、《被烧焦的大地》、《为亚洲而战》、《中国在抵抗》、《复始之旅》、《大河彼岸》、《漫长的革命》等。

# 爱泼斯坦、邱茉莉致宋庆龄

（一九六○年八月二日）

亲爱的朋友：

我们带全家来这里度假了。这是一个美丽的地方，开阔的空间，点缀着小巧的房子，所以没有喧闹的感觉。海滩很漂亮。这里通常是"外国专家"度假的地方。管理得井井有条，有许多游戏室等设施，供那些需要的人消遣。

我来到这里的第二天，转来了斯图尔特·格尔德给我的一封信。他曾经是驻重庆的伦敦《新闻纪事报》的记者。你还记得他吗？他在7月初给我写信说，他希望在10月来访问。我在接到那封信的当天就转给了外交部新闻司。离开北京前我打电话问他们，是否可以在我休假前给他一个答复。就在动身的前一天，我得到了回复。当天我就给格尔德发去一封短信。新闻司的同志说，他应当向我驻英代办处申请签证，还说当天就可以签发。他们还建议，他可以试着申请来参加10月1日的活动，我就向他提出了这个建议。

我之所以向你叙述这些是因为你大概记得斯图尔特是一个相当急躁的人，在写给我的第二封信中，他说他也直接给你写了信。他很担心拿不到签证，又担心签证拖延时间太久，到时因工作离不开而不能成行。因为代办处那边再也没有了解他的人了。因此我想让你知道一切都安排妥当了。他现在没有被聘于那家报社，但想写一本关于儿童的图文并茂的书。我认为，写书是件好事，当他来到这里时，我们可以同他谈谈书的内容等事情。我估计他在这里只能呆两个月，但我想他可以在这段时间里做很多的事情。自从1951年被《纪事报》解职后，斯图尔特就没有在一家报纸工作过。他曾经是《纪事报》驻纽约的记者，但是他从联合国发出的消息太反美了，所以被召回。接着又因为不够反苏而不允许他在伦敦写任何东西。后来他转向了天主教，现在在"蓝十字会"工作，这个机构是专门为狗开设医院的！我们在1958年见过他，当时他对中国发生的事情很感兴趣。他试图在《纪事报》上刊登关于人民公社的系列报道。起初报社答应刊登，但是后来又缩回去了，为此他深感失望。自那时起，他就梦想到这里来。

前几个星期，我们在北京与斯诺匆匆见了一面。以前的斯诺似乎所剩无几。他变成了一个典型的两面三刀的自由主义者，既不敢同不给他饭碗的国家作斗争，又希望他能重新得到这只饭碗。不过，在他的身上也许多少还留有一些在与中国高层多年交往中积累起来的，对中国人民和中国革命的真实感情的火花。我们一直试图吹它复燃。这是我们所希望的。

艾培与我同此向你问好。

一九六○年八月二日

于北戴河7号信箱

# 宋庆龄致邱茉莉

（一九六〇年八月十六日）

亲爱的埃尔西：

得知你和艾培正在北戴河开心地度假，我很高兴。我也曾被邀请去那里休息一个月，但是我想继续治疗，尤其听说现在那里非常潮湿，因此我决定留在这里。今年夏天非常糟糕，隔壁一个老游泳场[1]总是吵闹不堪，不停地广播。从下午4点到晚上9点，根本不可能集中思想,而要读的文件又那么多，每星期都送来一大堆，还不能耽搁。

附上斯图尔特·格尔德的又一封短信，你不必退还给我。我已经把我的意见告诉他了。

过两天我就要回上海去了（淮海路1843号）。

听说南·格林[2]很快要去英国了，本打算请她来聚一聚，同时也听听唐明照去国外旅行的见闻。但是现在看来恐怕没有时间了，因为我还有些约定好的事情要做。

向你和艾培致以深情的问候。

匆匆草此。

你永远的　SCL

一九六〇年八月十六日

于北京

注释：

1. 隔壁一个老游泳场，指什刹海体校院内对社会开放的游泳场，与宋庆龄当时的住宅仅一街之隔。

2. 南·格林（Nan Green），英国人。1954年9月至1960年8月在《中国建设》杂志社工作。

前海西街18号寓所

# 宋庆龄致爱泼斯坦、邱茉莉

（一九六一年十月二十五日）

亲爱的埃尔西和艾培：

早就想给你们写信并见见你们俩，告诉你们我是多么感谢你们去日内瓦之前寄来的温馨的短信。今年我的运气不好。我在上海因关节炎和胃疼卧床休息了 8 个月。北京的朋友派了两名医生去给我治疗。经过两个月，我才能跟医生们一起回北京，并继续按摩和针灸。正当我开始能自如地走路时，又在浴室里出了意外，不慎摔倒在地，头撞在浴缸上！上周又崩掉了一颗牙齿！真是祸不单行。

等我身体稍好些时，我会跟你们联系的。

希望你们两人多保重，愿这种潮湿的天气不至于困扰你们。

顺致最热烈的问候和爱意。

永远爱你们的 SCL

一九六一年十月二十五日

# 宋庆龄致爱泼斯坦

（一九六一年十一月四日）

亲爱的艾培：

　　按照唐明照和鲁平的要求，我为我们的画册准备了一篇序言。请予编辑并作必要的改动。你从一开始就是《保盟通讯》[1]的编辑，知道怎样增删最好，所以尽管放手去改好了。我将为此感激不尽！

　　先此致谢。

一如既往的 SCL

一九六一年十一月四日

　　祝你和埃尔西安康！又及

注释：

　　1.《保盟通讯》，《保卫中国同盟新闻通讯》的简称。1939—1941 年，保卫中国同盟出版对外刊物《新闻通讯》英、中文版。宋庆龄在刊物上发表多篇重要文章。爱泼斯坦和新西兰记者詹姆斯·贝特兰负责英文版编辑，并采写有关战地报告。1941 年初，增出中文版，由著名新闻工作者邹韬奋、金仲华任编辑。

# 宋庆龄致爱泼斯坦

(一九六一年十一月十日)

亲爱的艾培:

多谢你帮我润色为我们杂志十周年的纪念专辑所写的那篇序言[1]，而且在文章开头又加了几段十分必要的文字，我觉得写得很精彩，否则文章就显得太松散和突然了。

是的，我听说"长生不老的莫里斯"又回来了，但至今还没有机会见到他。很奇怪他哪儿来的钱能这样经常来来去去。也许他就是这种我行我素的人？

在上封信中忘了告诉你，上个月遇到加纳的恩克鲁玛[2]时，他告诉我他至今读过的关于中国的惟一的一本书就是你写的。他盛赞你的书！

我完全同意你关于我们党最近所采取的立场的看法，但我担心"曲折"将是长期而痛苦的。赫鲁晓夫肯定不会对我们置之不理！他把事情搞得多糟！

得去治病了，先写到这里。

向你和埃尔西致最热烈的问候。

> 永远属于你们的 SCL
> 一九六一年十一月十日
> 于北京

注释:

1. 序言，指宋庆龄为《中国建设》创刊十周年纪念专辑所写的题为《真实报道的传统》一文。该文发表于《中国建设》1962年第一期。

2. 恩克鲁玛（Kwame Nkrumah，1909—1972），加纳总统（1960—1966）。早年在美英工读。1947年任黄金海岸统一大会党总书记。1949年另创人民大会党，任主席。1950年因领导反英运动被捕。次年选举得胜获释，任黄金海岸政府事务领导人，后改称总理。1957年黄金海岸独立，改名加纳，仍任总理。1960年成立加纳共和国，任总统兼总理，支持非洲民族独立运动，主张非洲统一。1966年发生军事政变后去职，寄居几内亚。

1961 年

8 月 18 日，宋庆龄在北京寓所会见加纳总统克瓦米·恩克鲁玛。

1月，宋庆龄出席纪念《中国建设》杂志创刊十周年招待会并在纪念册上签名。右一：黄浣碧。

宋庆龄、周恩来、陈毅、邓颖超与《中国建设》杂志编辑部工作人员共同庆祝创刊十周年。

# 宋庆龄致爱泼斯坦、邱茉莉

（一九六二年一月六日）

亲爱的朋友们：

我写这个条子只是为了向你们道别。我即将动身去上海，那里传来了令我非常悲伤的噩耗——我母亲的姐姐，即我的姨妈刚刚去世了。

爱你的 SCL

一九六二年一月六日

随信附上我同邓颖超大姐以及英雄黄继光的母亲的照片。

4月，宋庆龄与邓颖超一起接见志愿军战斗英雄黄继光的母亲邓芳芝（左一）。

# 宋庆龄致爱泼斯坦

（一九六二年十二月十二日）*

亲爱的艾培：

　　非常感谢你的小册子。今晚等院子里安静下来的时候我会细细地品读。送给你一些我所见过的最大的苹果，这是昨天一个好朋友送来的，还有一些酒。

　　匆匆数语，但包含着我对你和埃尔西的爱。

永远的 SCL

十二月十二日

# 宋庆龄致爱泼斯坦、邱茉莉

（一九六三年五月三日）

亲爱的朋友们：

你们好吗？我又搬家了，新址在后海北河沿 28 号[1]。因此忙得没有时间给你们送去这个烙蛋奶饼的电饼铛，我知道你们会喜欢的。这是我专门为你们准备的。

我的健康有所好转，尽管搬家的杂事和参加五一的节庆活动使我很疲惫。但仍希望在庆祝中国福利会成立 25 周年时能在这里见到你们。

向你们致以深切的爱。

SCL

一九六三年五月三日

注释：

1. 后海北河沿 28 号，宋庆龄在北京的第三处寓所（1963—1981），今后海北沿 46 号，为中华人民共和国名誉主席宋庆龄同志故居。

后海北沿 46 号

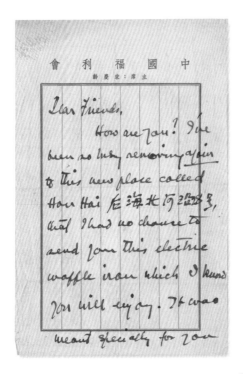

Dear Friends,

How are you? I've been so busy removing again to this new place called Hou Hai 后海北河沿46号, that I had no chance to send you this electric waffle iron which I know you will enjoy. It was meant specially for you

1963 年 5 月 3 日宋庆龄致爱泼斯坦、邱茉莉
（黄浣碧 捐）

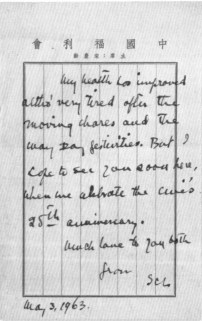

My health has improved altho' very tired after the moving chores and the may day festivities. But I hope to see you soon here, when we celebrate the cuni's 25th anniversary.

Much love to you both

from

SCL

May 3, 1963.

# 宋庆龄致邱茉莉

（一九六三年五月十二日）

亲爱的埃尔西：

我很高兴知道你在使用烙蛋奶饼的电饼铛，我希望你今天早晨又在享用这种蛋奶饼。

非常感谢你和艾培送给我那个非常漂亮的康熙年间的青花瓷瓶。我把它放在钢琴上，插上我从花园里采来的黄色和粉红色的月季花，我的房间顿时成了诱人的休闲地。

我打算在六月十五日左右邀请《中国建设》杂志社的同仁来这里庆祝中国福利会成立二十五周年。请你们在当天下午六时左右到，这样就可以欣赏一下花园的美景，环绕着院子还有一条潺潺的小河。

祝好！

永远属于你的 SCL

五月十二日

6月14日，宋庆龄在北京寓所举行庆祝中国福利会成立二十五周年酒会。

后海北沿 46 号宋庆龄寓所南湖

# 宋庆龄致爱泼斯坦

( 一九六三年七月五日 )*

亲爱的朋友：

　　现将你的书送还，十分感谢。请原谅书在我这儿放了这么久。近来的形势发展使我非常忙碌。

　　顺致爱意。

SCL

七月五日

# 爱泼斯坦致宋庆龄

（一九六三年十月二十八日）

亲爱的朋友：

埃尔西和我前天晚上回到北京。又回到家了，真好！

我们发现外面的形势非常有趣。在英国，而且我敢说在整个资本主义世界里，情况比我们上次去的时候要活跃多了。上层的腐败（奢侈等等）更明显了，国家权力机构没有威信。"福利国家"不如以前那样令人着迷了。（歌颂它的人更多的是那些有相当储蓄、没有福利也能活的人，而不是那些应该充满感激之情的福利受益者。）越来越多的人认识到，"福利国家"取之于民的财富，远远多于它许诺提供给人民的真正福利，也远远多于保持现有福利的所需。在左派中，真相正在逐渐被人们认识，虽然这个进程还很缓慢，但至少比我们期待在这样的地方能够看到的要快得多，而且更重要的是也深刻得多。无疑，我们也不像许多人所预言的那样"孤立"。相反，潮流明显地涌向我们这边。把赫鲁晓夫所坚称的那种他自己的威信和十月革命真正应当享有的威信混淆起来的人越来越少了。当然，直到今天这一进程中的某些方面还表现为混乱，但这是错误思想瓦解之后的混乱，因此是可以有所期许的，因为其中孕育着清醒。我们希望在这一过程中能起一点儿助产作用。

我们在那里碰见了唐明照，他可能几天以后回来，我们希望找个机会一起去拜访你。

你近来身体感觉如何？

请收下我们在旅途中为你买的这瓶本尼迪克特甜酒。

顺致爱意。

艾培

一九六三年十月二十八日

October 28, 1963

Dear Friend,

Elsie and I got back the day before yesterday in the evening.
It's certainly good to be home again!

We found the situation outside most interesting. Things in
England, and I daresay in the whole capitalist world, are much
livelier than at the time of our last visit. The rot at the top
is more obvious (Profumo, etc.) and the Establishment is without
prestige. The "welfare state" is less hypnotic (you hear its
praises sung much more by those who have a good layer of fat
and could get along without it than by those supposed to be its
grateful beneficiaries), and more and more people now realize that
it takes a good deal more than this w. s. to produce real welfare,
or to preserve what welfare already exists. On the left, the truth
is making its way — if the process is slow, it is nevertheless
much faster, and what is more important much deeper, than we had
expected to find in such a place. Certainly, we here are not as
"isolated" as so many voices try to tell us. On the contrary,
the tide is clearly our way. And less and less people are confusing
the kind of prestige K. is insisting on being accorded with the
real and deserved prestige of the October Revolution. Of course some
of this process is showing itself, so far, in the form of confusion
rather than clarity. But it is a confusion that comes from the
break-up of wrong ideas and is therefore a fruitful confusion —
with clarity in its womb. We did, we hope, a little midwifery.

Tang, whom we saw out there, is expected back in the next
few days. We hope there will be a chance to drop in and see you.

How have you been feeling?

Please accept this bottle of Benedictine which we got for you
on the way.

With love,

Eppy

1963 年 10 月 28 日爱泼斯坦致宋庆龄（中国宋庆龄基金会 藏）

# 爱泼斯坦致宋庆龄 *

（一九六四年六月五日）

亲爱的朋友：

如你所知，我们十月份要出一期增刊，内容是过去几年里在我们的杂志刊登过的关于著名的中国民主人士和革命者的文章。其中当然有你写的关于孙博士的那篇文章。

为了重印，我把文章又读了一遍，现在要送交排字工了。但是在第四页上，有一个内容非常重要的句子，因为太长了，读起来似乎有一点儿困难。我把那句话稍稍缩短了一些，在那个地方贴了一个小条子，上面用打字机打上了修改后的建议，如果你同意，我们就用这个。

你好吗？希望你身体健康。我俩都很好，只是我的坐骨神经痛又犯了，不是全身，只是一条腿，别的都很好。但是它迫使我必须在平板床上躺两个星期，我现在就躺在平板床上呢。这就是为什么埃尔西在打这封信并且由她署名的缘故。

请将有关修改的意见告我。

致以我们所有的爱。

一九六四年六月五日
于北京（37[1]）外文大楼


* 爱泼斯坦在此信稿上注：修改过的那一页6月6日寄出。

注释：

1. 37，外文大楼所在地的邮政编码为 100037。

# 宋庆龄致爱泼斯坦

（一九六四年六月九日）

亲爱的艾培：

我同意你在我的文章第四页上所作的改动。显然改了比不改好。原来那个句子太拗口，现在读起来好多了。

我仍在治疗中，因为我的腕骨伤痛还不见好，我的右肩也在那次摔跤中受了伤，所以在做按摩和药液敷治。对于你的坐骨神经痛我可以说是同病相怜，因为我的腿也有这种病。唉，真是年纪不饶人呀！

科伦坡[1]百花盛开，但会引起像我这样体弱的人的过敏反应。在那儿的四天里，我的两眼变得红肿。你在电影片里可能已经注意到，我讲话的时候，脖子变得越来越粗，这也是过敏反应引起的水肿。所以，你们如果去热带国家访问，要注意避开那里的花草。

匆匆草此。对你和埃尔西总是怀有深深的爱。

永远是你们的 SCL

六月九日

注释：

　　1.科伦坡,斯里兰卡首都。印度洋重要港口,世界著名的人工海港。位于斯里兰卡岛西南岸,濒临印度洋。

2月27日,宋庆龄和锡兰总理班达拉奈克夫人在科伦坡市郊。

1964 年

# 宋庆龄致邱茉莉

（一九六四年六月十七日）

亲爱的埃尔西：

我在信中附上了李约瑟[1]博士的一封信。对于他提出的问题，我不知道该怎样答复，因为我对领养问题不太了解。我想你曾领养过两个中国孩子，并把他们带到了国外，不知你是否能替我起草一封回信，或者帮我打听一下，我将十分感谢。

我不认识珍妮特·斯普林霍尔，事实上，我从来没有听说过她，因此感到很为难。

向你和艾培顺致爱意。

永远是你的 SCL

六月十七日

注释：

1. 李约瑟，即约瑟夫·尼达姆（Joseph Needham, 1900—1995），英国科学家、中国科技史研究专家、胚胎生物化学创始人。1924 年获剑桥大学博士学位。英国皇家学会会员、英国学术院院士、中科院外籍院士。一生中八次访华，实地考察、研究中国古代科技史料，著有《中国科学技术史》。建立剑桥东亚科技图书馆、李约瑟研究所，是世界研究中国科技文化的中心。

# 爱泼斯坦、邱茉莉致宋庆龄

（一九六四年六月二十九日）

亲爱的朋友：

十分感谢你的来信。遗憾的是，你也被卷入斯普林霍尔的麻烦了。一年多来，这件事使外文局的同志们很伤脑筋，不胜其烦。

经与外文局的有关人员商量并核对事实以后，我为你草拟了一封致李约瑟博士的信和一份情况说明，供参考。如果你同意的话，情况说明也可以附在信里。我怀疑李约瑟博士是否认识珍妮特·斯普林霍尔。从他的来信中可以看出，他是应第三者的请求才进行斡旋的。而且，他听到的情况显然是不真实的。从我的函稿中你就可以了解这一点。

在致李约瑟博士的信中，用附件的形式，告诉他消息来自一些外国朋友。这种作法是这里的同志建议的。他们认为这也许是把该说的话都说了的最佳选择，既可以避免将来的麻烦，又不使你过多地陷入这件事。我们在其中没有谈到你的任何想法，也没有表示你愿意像他们所要求的那样会见李约瑟。但是如果你同意会见的话，可以在最后一段就此做一点儿补充。

我俩向你问好！

一九六四年六月二十九日

于北京（37）外文大楼

据我所知，李约瑟博士很快就要于 7 月初来访，是否可以把这封信寄给接待他的中国科学院转交？ 这也许是个好主意。又及

附件一：（信稿）

亲爱的李约瑟博士：

谢谢你的来信。据我所知，在你来信之前，珍妮特·斯普林霍尔的问题已经在 5 月份得到解决，她被批准将那个女孩肖平带回英国。她去英国不再是休假，因为早在 1963 年 7 月 11 日她就从外文出版社辞职，说她不再来上班了。

你提到的这个问题不属于"官僚主义态度"的问题，而是事关我们的法律。

我被告知，关于收养这个女孩的事实是，这个孩子迄今仍然是中国公民，而被收养的中国公民不经政府允许是不能离开中国的。对此，包括珍妮特·斯普林霍尔在内的所有人都是认同的。1954 年的一份官方文件规定：外国人不得擅自把中国孩子带出中国。在这件事情上，外文局竭尽所能，最终上级作为个案批准了此事。

虽然我对这件事并不了解，也不认识斯普林霍尔女士，但一些外国朋友对斯普林霍尔和事情的经过都很了解。就我从他们那里听说的情况来看，在有些问题上你似乎多少被一面之词误导了。

信内附件中所述的事实是他们经过核实后提供的。我很高兴你和你的夫人即将来访，希望你们此访获得丰硕成果。你在英国所做的工作我早有耳闻，很欣赏你没有被甚嚣尘上的反华宣传所左右。你们来到中国后，便可通过亲眼目睹的真相，证实他们的欺骗和谎言。

祝好！

## 附件二：关于珍妮特·斯普林霍尔从外文出版局辞职、返回英国的经过

1952 年珍妮特·斯普林霍尔（她的丈夫于 1953 年去世）收养了一个名叫肖平的女婴。当时还没有关于收养的官方文件。

1956 年珍妮特·斯普林霍尔通过外文出版局一位同志的介绍，认识了一个家庭，收养了一个男婴，取名大卫。这被认为是个人私事，外文出版局的办公室没有进行干预。

1959 年，斯普林霍尔女士要求外文出版局的一位同志陪她去公证处办理这两个孩子的收养文件。她获得了收养肖平的文件，因为肖平的父母下落不明；但是没有获得收养大卫的文件，因为他的父母不同意。收养那个女婴的条款规定，她仍然是中国公民，没有政府的允许，不得离开中国。（包括珍妮特·斯普林霍尔女士在内的所有人都认为，情况就是这样。）

1963 年 6 月，当她要求回英国度假一年的申请被拒绝（只准 4 个月）的时候，她也被告知，她不能携带两个孩子出国，因为 1954 年已经颁布官方文件，规定外国人不能把中国的孩子带到国外。

1963 年 7 月 11 日，她递交辞呈，提出两个理由：

一、她必须回英国，以便获得她的养老金；

二、最好让两个孩子在中国人的家庭中长大。（她有一次对一个中国同志说，她知道她和这两个孩子在观念上的差距越来越大，最好还是早点儿分开。）

在辞职的时候，她说，只要对肖平做出妥善的安排，她就会离开。后来，外文局征求了那个男孩的父母的意见，他们也要求抚养肖平，以免像兄妹一样生活了一段时期的两个孩子分离开来。斯普林霍尔女士似乎非常满意地说："我们终于找到了一个解决办法。"根据斯普林霍尔女士的要求，外文局还把两个孩子安排到一所非常好的，周一至周六寄宿的学校去读书，他们从 1963 年 9 月开始，就上这个学校了。

到 1963 年 9 月，斯普林霍尔女士改变了主意，提出新的申请，要把肖平带到英国去。外文局费了很大周折，花了很多费用，从国外聘请了一位携带家眷的人来接替斯普林霍尔女士的工作。尽管她提出了辞呈，外文局还是允许她在中国停留期间继续她原来的工作。

最后，在那一年的 5 月，外文局通知斯普林霍尔女士，肖平事件将作为一个特殊案例来处理，只要肖平本人愿意，她可以去英国，并发给她中国护照。

现在谈谈斯普林霍尔女士在这里的工作和生活。

她不是外文局的"高级编辑"，而是英文处的文字改稿人之一。待遇上，她一直受到最大的照顾。但是，在许多方面，她滥用了这种照顾。

早在收养儿童问题出现之前，几年来，在她接触的每一个人面前，她都大肆攻击中国的观点和政策。她甚至不惜为此破坏她与一起工作的其他英国同志的关系，凡是不同意她敌视中国的观点的人，她都斥之为"叛徒"。同时，她也是在待遇上要求比较特殊而且苛刻的人之一。

之所以需要澄清这些是非，是因为斯普林霍尔女士回到英国以后，很可能像有些人所做的那样，继续歪曲事实，也可能被利用来攻击中国和它的政策。斯普林霍尔女士不同意中国的这些政策，不应该成为她消极怠工的理由。在这里的外国人从来没有发生过这样的事。在这方面，我们唯一的要求是，雇员应当完成他们份内的工作，即做好分配给他们的手稿中的文字修正工作。甚至当斯普林霍尔女士未能完成这个起码的要求（拒绝为有关阿尔巴尼亚的旅游手册改稿）时，我们也还是给了她很多时间来考虑这件事。最后她与为这些事情访华的英国共产党的领导人谈话之后，才为她以前拒绝完成日常工作一事表示了歉意。后来，她对中国同志说，她欣赏他们的宽容。所以，根本不存在中国把自己的观点强加于人的问题。但是，中国的同志很难对付像她这样一个会突然改变态度、反复无常、不友好的人，她甚至把中国同志称作"托派"或冠以其他一些诽谤性的称谓。

在有关收养肖平的问题上，我们之所以对斯普林霍尔女士作了破例的处理，是考虑到她来中国时的情况，而且已经在中国呆了很长时间，她的性格又极端古怪和反复无常，这点凡认识她的人都是深有体会的。所有在这里的英国同志也都清楚这一点。其中有些人还认为对她迁就得太多了。

## 宋庆龄致邱茉莉

（一九六四年七月九日）

最亲爱的埃尔西：

你的短信连同信稿以及有关珍妮特的背景材料等附件均已收到。你在这样难以忍受的天气里还得为此工作，我真是十分感激。我相信李约瑟博士看后会对这个问题有所了解。我想我大概不能和他见面了，因为我的腕关节和手臂仍在接受按摩和中药热敷的治疗。

七月底或九月初我准备返回北京参加人代会。如果你需要在这里买任何东西，请告诉我。

向你和艾培致以热烈的问候。

永远是你们的 SCL

七月九日

希望你们喜欢这些明信片。

# 爱泼斯坦、邱茉莉致宋庆龄

（一九六四年八月十五日）

亲爱的朋友：

差不多一年前的现在我们正好到达英国。离京前在 5 号那天还与你一起度过了一个夜晚。今年我们在海边度假两个星期，一周前才回来。今晚我们又要出发前往内蒙古旅行两周，很高兴能摆脱这里的暑热，尽管北京的天气没有南方那么糟糕。因为人们正从广州、武汉、上海逃到北京来避暑。

我们至今还没有收到我在前一封信中提及的那篇"今日马克思主义"的文章。有关这方面或其他方面的情况我们一点儿也没有听说过。我不知道你是否已经收到了我给你的那封信。我们是想看看人们对这个问题有些什么评论，为的是作进一步的回击。但是常规订阅的报刊来得很晚，通过一家航邮图书馆订阅又很麻烦，所以我们几乎还没有人看到过。

当我们旅行回来的时候，想必全城都在为十月一日庆祝建国 15 周年的筹备工作忙碌着。眼下，我们都在为即将举行的科学研讨会做准备，许多最近在日本参加国际会议的代表也将来访。

顺致我们最诚挚的祝福。

你的

一九六四年八月十五日

于北京（37）外文大楼

艾培让我问问你，是否有可能追查一下他遗留在英国的那部彩色电影片现在在哪里？又及

我们回来的那天，这儿的体育场正在举行群众大会。当我们开车经长安街回家的时候，从扩音器里传来演讲人的声音，坐在人行道上的每个人都聚精会神地听着。

我认为新华社的报道非常出色，特别是关于外国媒体——日本、柬埔寨、英国和美国报刊的报道的综述。我不知道你是否注意到《基督教科学箴言报》关于赫鲁晓夫的报道，很有趣，也很辛辣。

路易刚从东京回来，那里的会议开得很成功。他们举行了一次有 700 人出席的大会。反对修正主义的那次会议，则有 1,000 人参加。不过在要求

美国佬从越南撤出这件事情上，由于美国中央情报局的代表反对，甚至连一个决议都没能通过。

在北京，人们都忙于为科学大会做准备。我们回来的时候，正当 15 周年国庆的前夕，参观的人流已经开始从四面八方涌来了。

希望我们很快能再见到你。如有时间，请写信给我们，我会更加及时地给你回信！如果你需要一些书或其他的东西，请告知我们。

顺致我们最美好的祝福。

# 宋庆龄致爱泼斯坦、邱茉莉

（一九六四年九月十一日）

亲爱的埃尔西和艾培：

　　这是一个自控的电咖啡壶，是我从国外给你们带回来的。希望它能为你们煮出一杯杯浓香的咖啡。

　　匆匆草此并顺致爱意。

SCL

九月十一日

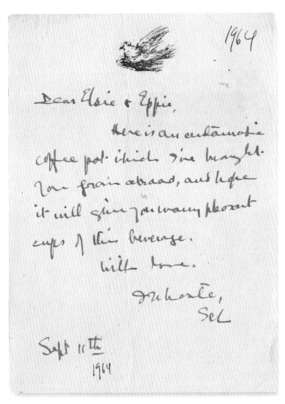

1964 年 9 月 11 日宋庆龄致爱泼斯坦、邱茉莉（黄浣碧 捐）

# 爱泼斯坦、邱茉莉致宋庆龄

（一九六四年九月十四日）

亲爱的朋友：

非常感谢你送的咖啡壶！你不应该总是给我们东西，但是很高兴知道你想着我们。

整个夏天你感觉如何？听说上海热极了。我们在内蒙古草原呆了半个月，两星期前回来的。那里好极了，特别是老百姓。那里的畜牧业和地方工业的发展，尤其是民族政策方面的成就，确实值得一看。和国内其它各条战线一样，你不仅能感到进步的迅速，而且进步是空前巨大的、全面的、扎实的。我们成长起来了，社会结构紧密牢固，没有任何力量能够动摇我们。赫鲁晓夫不是总在强调"榜样的力量"吗？那我们就毫无愧色地与他们比一比！如果说曾经有一段时间，我们有些夸大我们的成就，现在我反而感到我们有些低估了我们的成就——这倒真是事实胜于雄辩了。

我们将把这些情况都写出来。

孩子们都很好，像这个国家一样，他们在我们不知不觉中长大了。

我俩向你问好。

九月十四日

# 爱泼斯坦致宋庆龄

（一九六四年十月二十四日）*

亲爱的朋友：

　　寄上新版的《从鸦片战争到解放》一书。这次我补充了一些材料，希望有所改进。许多修改和补充都在最后一章里，也希望能有良好的反修效果。

　　世界上发生了一系列多么振奋人心的变化呀。现在，人民的炸弹和那个硕大的反人民大众的气球都爆炸了。我感到，现在帝国主义陷于困惑，修正主义也乱作一团，有明确革命目标的坚强队伍则正在壮大。在这种形势下，这两颗炸弹将成为走向团结的转折点，虽然过程会漫长而曲折，修正主义毒草的根需要很长时间才能完全铲除。总之，很久以来我对形势的感觉都没有现在这么好。这不正是有力地证明不是"合二而一"[1]，而是"一分为二"[2]所取得的进步吗？英国的《经济学家》几个星期前（也就是腊斯克[3]第一次做出有关炸弹的"预言"[4]的时候）写道：爆炸后具体的散落物不一定有多么重要，但值得关注的是其政治散落物。这话无疑说得很好，因为这正是他们所害怕的，而我们则为此感到高兴并且为了人民的利益要很好地加以利用。

　　爆炸时机的选择又是多么妙啊！遗憾的是，这会使一些有关赫鲁晓夫的很好的笑话不再出现，可是我们真正所赢得的却要多得多。顺便说说，我一定要和你分享一个你可能没有听到过的有趣的短笑话。说的是已经有了三个孩子的阿朱别伊不敢再生第四个了，因为他[5]听说世界上凡是出生的第四个孩子，都必定是中国的孩子！这样的时候将要到来了，到那时，不是每第四个孩子，而是每一个孩子注定会是革命者。当然，这个时刻不会很容易来到，但是我相信会来得更快些了。

　　致以爱。

十月二十四日

注释：

　　1. "合二而一"，指当时人民日报等报刊片面的批判中央党校校长杨献珍主张的"合二而一"的哲学观点，认为这是阶级调和论。

　　2. "一分为二"，辩证唯物主义认为，任何事物都是矛盾的对立统一。

　　3. 腊斯克（David Dean Rusk，1909—1994），二战期间任中印缅战区副参谋长。1950年3月任负责远东事务的助理国务卿，支持朝鲜战争，但不同意把战事扩大到中国。1961年任肯尼迪政府的国务卿。坚决反对承认中华人民共和国。

　　4. 有关炸弹的"预言"，1964年9月29日，美国国务卿腊斯克代表美国政府发表了一个特别声明，称："中国将在最近进行一次核爆炸试验。"

　　5. 他，阿朱别伊是赫鲁晓夫的外甥女。"他"疑为"她"之误。

撰写《从鸦片战争到解放》

# 宋庆龄致爱泼斯坦

（一九六四年十月二十六日）

亲爱的艾培：

　　那是一封多么令人高兴的信和一个多么巨大的惊喜！就在我给你写信的这会儿，回想起前不久你在我们"双喜"[1]临门时说的话，我至今还是喜不自禁。至于你最近出版的那本手册，对于那些想了解新中国的人来说的确是提供了许多事实。虽然我昨晚才收到，可是我已经沉醉其中了。我准备送几本到国外去，因为各方面的朋友都向我打听介绍中国的最好书籍。

　　是的，我听说埃德加·斯诺正在这里，准备出版另一部"惊险小说"，他已经拉着路易和他一起去周游全中国了。如果我再见到他，我要求必须有一个证人在场，以保证我的话不再被错误地引用。

　　在庆祝建国十五周年期间，克劳迪娅·琼斯[2]来我这里喝茶，我很欣赏她的风姿和坦诚，我本希望没有翻译人员在场，这样我们可以自由地交谈。

　　阿朱别伊的笑话真精彩。一九五七年毛主席和我见到拉达时，我们就注意到她的嘴边长了很多毛。这使我想到她一定是试用了口服避孕药。据《美国新闻与世界报导》说，这种药品已在市场出售，一些妇女吃了这种药片后开始长出胡子来了！

　　你是否也听说老尼基塔[3]现在正在写他的自我批评？对此我很怀疑，因为他不是那种肯承认错误的人，除非苏俄国家政治保卫总局要他这么做。

　　向你和埃尔西致以最热烈深情的问候。

永远属于你们的 SCL

十月二十六日

注释：

　　1. "双喜"，指 1964 年 10 月 14 日前苏联部长会议主席苏共中央第一书记赫鲁晓夫被解除党内外一切职务和 1964 年 10 月 16 日我国在新疆罗布泊地区成功地爆炸第一颗原子弹。当时戏称后者是为前者"送行的礼炮"。

　　2. 克劳迪娅·琼斯，时任《西印度公报》主编。

　　3. 老尼基塔，指赫鲁晓夫。

1964 年 12 月 18 日，宋庆龄会见埃德加·斯诺。左起：廖承志、邱茉莉、宋庆龄、爱泼斯坦、埃德加·斯诺。

1964 年 10 月 26 日宋庆龄致爱泼斯坦（黄浣碧 捐）

# 宋庆龄致爱泼斯坦、邱茉莉

（一九六四年）*

亲爱的朋友们：

　　请原谅我用铅笔潦草地写了这几句。即使有一千零一件事情要做，我也必须尽快地把这件东西送给你们，并向你们问好。

　　在我到访的三个国家里，要想找到一条尼龙或塑料彩带简直不可能。《中国建设》办公室的那位女士可以作证，她就是我派去找过的人之一。不过，我在这里找到了一条用过的，但只有一条，所以非常抱歉！我不能按我原来的计划把东西包扎好。小包裹里是开心果糖果，上面包有真的银箔，但可以食用，送给你们尝尝。

爱你们的 SCL

# 宋庆龄致邱茉莉

（一九六五年三月五日）

亲爱的朋友：

非常感谢让我有机会看到《伤残的树》[1]这本书。韩素音[2]对她的童年肯定拥有各种令人印象深刻的词汇和不同凡响的记忆。凭她精湛的描述，她想像这本书定能引人入胜，尤其是她的令人厌恶的母亲，使我至今一想起来，还不寒而栗，我感到不解的是为什么她的父亲不离开她的母亲呢？

去年她要龚澎[3]安排一次对我的采访。但另外一个人向我汇报说她同情修正主义者，所以我没有见她。现在我才明白这是个错误。我听说她在新加坡和一个英国警察结婚，但由于男方令人讨厌的行为而导致离婚。后来她与一个印度人结了婚，不知道是否确实。

一个朋友送给我四个大梨，我送两个给你和艾培尝尝。

你知道耿丽淑明天将是"芳龄"七十了吗？中国福利会将为她举行一个有蛋糕和蜡烛的聚会。

时刻想念你和艾培，并感谢你送给我《伤残的树》。

永远属于你们的　SCL

一九六五年三月五日

注释：

1.《伤残的树》，英籍女作家韩素音自传之一。写她的中国父亲在欧洲留学时与她的比利时母亲恋爱结合的故事，以及她在童年时期的生活见闻。自传生动地描绘了她的父母在回到中国后，由于东西方历史文化传统的截然不同，家庭关系中的种种矛盾与冲突，痛苦与不幸。

2. 韩素音（1917—　），生于河南。父亲祖籍四川，母亲是比利时人。幼时在北京上学。1933 年考入燕京大学医学科。1935 年赴比利时学医。卢沟桥事变后，投身抗战。1956 年后多次来中国，致力于中国革命的研究。

3. 龚澎（1914—1970），安徽合肥人。1935 年参加一二九运动。1936 年加入中国共产党。次年毕业于燕京大学历史系。曾任八路军总司令部秘书、重庆《新华日报》记者、中共驻重庆代表团秘书、中共香港工委外事组副组长、北平军事调处执行部中共方面新闻组组长。建国后，历任外交新闻司司长、部长助理。

# 爱泼斯坦致宋庆龄

（一九六五年四月十九日）

亲爱的朋友：

你送来的鸡蛋使孩子们兴奋得要命。色彩如此鲜艳，个头儿又这么大。起初我们以为是鸭蛋，但是吃起来是鸡蛋的味道。我们奇怪这么大的鸡是在什么地方养的。

十分感谢你的文章。这里的人们非常喜欢，将刊登在下一期上。我希望一两天里能够对它稍作润色。目前急需处理的事情很多，因为我们星期四晚上就要离京去郑州参观城市公社，去洛阳参观拖拉机厂等等，而后去参观三门峡的黄河大坝，29 号回来。你会在北京过五一节吗？如果在，那么我也许可以在那时把文章交给你，而不必现在给你。（这一期今天或明天开始付印，下一期是在三四个星期以后，所以仍有足够的时间。）你想在文章中配什么照片吗？我们会设法去找最好的照片，但是如果你手头上有与主题相关的照片，那就太好了。

我正在突击我的书的最后部分（关于近年来中国的外交政策），其实早就该写完了。但是过去几个月世事瞬息万变，我既感到身处急流而抓不住要害，又不想不把这些事件写进书里去，因为这些事件中有如此丰富的材料能帮助对形势的理解。不过，现在我的头脑似乎跟上了形势的发展，所以正在埋头苦干呢。

听说埃德加·斯诺肯定要来了，但是五月底以前不会来。去年收到过他几封信，也看了几封他写给路易的信，感到他似乎太沉缅在诸如与罗斯福等人亲切交谈的"昔日美好时光"的回忆中。他仍然陷在垂死的社会中而不能自拔，我看他是永远不能自拔了。我怀疑他是否真的想在中国和美国人民之间架起一座桥梁。这本是件好事（他的来访将是一块试金石），问题是他自己想站在"华盛顿"和"北京"中间。他曾一度是反映伟大事件的镜子，但他至今也没弄清楚什么是镜子，什么是镜子所反映的东西。现在，在某些问题上他不是反映，而是制造了这些事件。（当然，他在《西行漫记》中的形象是非常好的，而且也确实起过很大的作用，但是如果没有那里客观存在的事实供他反映，他今天还不知道在什么地方呢。）那时他有着一个记者的雄心，要努力做一面较好的镜子，因而有了好的结果。但是现在他更多的是一个政治家的雄心（如何摆好镜子的角度，为的是没有人会怀疑它的偏差，同时为埃德加的个人世界开辟新的前景）。因此，我觉得他想达到这个目标会有一点儿困难。但如果能把二十年前的埃德加的那个火种重新拨旺起来，烧掉他后来结起来的那层硬痂，也许他会有一个较好的转机。

埃尔西在夜以继日地学汉字，她拼命地开了许多夜车，准备考试，结果几天前考完就病倒了。现在身体已经复原，又去上学了。

祝你一切安好。如果你一定要在一两天内看到我修改后的文章，就请让人给我打个电话，号码是89-0951，我的分机号是370。否则我将努力在这几天里把它弄出来。（此刻文章还不在我手里，昨天有些同志把文章拿去看了，今早他们出去开会了。）如果你不急着要回去，我将在五一前交卷。

致以爱。

一九六五年四月十九日

# 宋庆龄致爱泼斯坦

（一九六五年六月二十七日）

亲爱的艾培：

匆匆写几句话，是想告诉你我收到了唐明照同志的一封信，要我为我们的《中国建设》俄文版创刊号写一篇文章。我将尽力把它写好，因为当前有必要强调，所有进步力量必须在一个真正革命的方略的基础上团结起来。

你对阿尔及利亚的"事态"[1]怎么看？本·贝拉是一个铁托式的人物，还是什么别的？我刚听到这个消息时，心里相当乱，但想到我们的总理和外长[2]在那里就多少放心些了。

匆匆草此。向你和埃尔西致最良好的祝愿。

SCL

一九六五年六月二十七日

注释：

1. 阿尔及利亚的"事态"，1965年6月19日，阿尔及利亚首任总统穆罕默德·本·贝拉在副总统兼国防部长胡阿里·布迈丁发动的不流血军事政变中被逮捕、免职。

2. 外长，指时任中国外交部部长陈毅（1901—1972），四川乐至人。1919年赴法国勤工俭学。1923年加入中国共产党。1927年8月1日参加发动南昌起义。1928年4月与朱德率部上井冈山与毛泽东领导的部队会师。皖南事变后任新四军代军长。抗战胜利后任华东野战军司令员兼政委。1948年任第三野战军司令员兼政委。解放上海后任上海市市长。建国后任国务院副总理兼外交部部长、全国政协副主席、中央军委副主席、中央政治局委员等职。1955年被授予元帅军衔。

1952 年 1 月《中国建设》创刊号出版，以后陆续出版了各语种版本。

# 宋庆龄致邱茉莉

（一九六五年六月二十九日）

亲爱的埃尔西：

仅用片言只字告诉你，我多么想念你，因为十四日那天我未能见到你，真希望你的感冒已经痊愈？我那天在庆祝会[1]上也没有待很久，因为神经痛我甚至不能和好朋友们握手。总理和他的夫人坚持要我回去睡觉，并答应接替我来照料大家。可是他们还要去参加另外一个聚会，所以我听说他们在晚上九点钟就离开了！我的手颤动得太厉害了，下次再多写些。

爱你和艾培。

永远属于你们的 SCL

六月二十九日

注释：

1. 庆祝会，指为中国福利会成立 27 周年所举办的庆祝会。

# 爱泼斯坦致宋庆龄

（一九六五年七月七日）

亲爱的朋友：

　　你的非常受欢迎的短信寄到的时候，正赶上我们办公室组织一年一度的旅游。这次是去太原、西安和延安。知道你在写作，出俄文版的工作也已启动，这太好了。非常有必要让那些人看到这本刊物。虽然我不知道他们在经历了这一切的混乱和欺骗之后心里是怎么想的，但我认为自己有资格做出一些也许并不十分离谱的猜测。我认为，在年纪较大的比较好的一些人之中，特别是那些生活在普通水准的大多数人，他们对于领导层所说的话不怎么相信或尊重，但对"十月革命"和它的意义却是相信和尊重的。因为对他们来说，"十月革命"意味着他们为建设社会主义而奋斗，甚至作出了牺牲的大半辈子，他们不愿意使自己的所有心血都付之东流。我记得，几年前当我路过那里的时候，我的一个年迈的亲戚、一个退休教师告诉我说，在赫鲁晓夫之流于1956 至 1957 年散布胡言乱语时，像她这样的老人是如何珍惜我们的"无产阶级专政的历史经验"。她并不为过去许多无疑是错误的事情辩护，但是她从来自中国的经验中看到了希望，因为她相信，要纠正这些错误，只能通过肯定和发展革命的正确主流，而不能通过诬蔑和排斥来达到目的。作为教师，她在对青年持续观察几十年后做出的评论也很有意思。她说他们中许多人得了"怀疑主义的败血症"（这是她巧妙地造出来的一个字，用"败血症"和"怀疑主义"两字合成的）。但是她也说，他们中最优秀者并不满足于无休止地成为一个"怀疑主义败血症"患者。当自己的处境迫使他们去寻求真理的时候，他们还是要从十月革命的价值中去寻找，因为她不相信他们能够从任何别的地方找到真理。她的一个年轻的侄女对许多事情都是从"怀疑主义败血症"患者的角度去看的。然而，在 1960 年[1] 肯尼迪制造入侵猪湾事件[2] 后，她却希望作为志愿者到古巴去战斗。（很多人都有此愿望，虽然没有一个人被派遣。）即使在美国，青年人也在觉醒之中，我确信苏联的优秀青年也在觉醒，他们必需与约翰逊在苏联的帮凶作斗争，打开一条生路。这肯定是一个漫长的曲折的过程，和一切事物一样，主要取决于内因，但是来自中国的指导思想和实际行动的光芒一定会成为促进变化的外因。至于蜕变，那是深入而严重的，毒害特别大，因为它披着"恢复列宁主义准则"的外衣。但在我看来，它的影响主要在当权者那里，并没有真正渗透到人民的思想中去。因此我认为它最终会被清除掉。事实是那些堕落的家伙是如此不堪，他们出于策略上的考虑，可以像机会主义者那样，"革命"喊得最响，但与此同时，却像在过去几个星期中那样，拥抱着铁托和伊朗的国王[3]。这一事实会使事情最终变得更加清晰，而不是更加模糊。我注意到，在试图洗刷赫鲁晓夫的一些过于明显的污点的过程中，再次出现了大量褒扬斯大林的回忆，例如：他在军事上的成就，他为巩固苏维埃政权和在雅尔塔会议[4]上为人类进步的利益而进行的斗争（一两个月前在苏联《内部事务通报》中公布了会议记录），等等。愚弄斯大林不会给他们带来多大的好处。这位老人的错误已经成为历史，不幸的是，其中一些错误导致了赫鲁晓夫们的上台。但是他在反对形形色色的反革命和社会民主党的势力中，无疑是一位极其果断而坚强的斗士，以至于他的幽灵都有坚硬的利齿，一旦他们开始施展骗术时，他就会狠狠地咬这些东西一口。他们玩弄斯大林的结果将使斯大林的功绩显得比他的错误更加突出，而如果纠正这些错误的是革命者，也许他的错误反而会得到更多人的关注，这将是历史对修正主义者开的一个残酷的玩笑。这是现实展示给人们的极其美妙的辩证法。愿这个辩证法能够带给赫鲁晓夫的后裔们完全应得的无穷无尽的烦恼。

关于阿尔及利亚，你写信的时候事情刚刚发生，我还不十分清楚，还没有听到任何知道内情的人说起此事，因此主要依靠公开的消息。似乎本·贝拉和接替他的人都是资产阶级革命者。但是本·贝拉更像潜在的尼赫鲁，有着更多世界主义的光环，与阿尔及利亚人民群众的联系相对较少。而新的一伙是从山区打出来的，不太可能被铁托分子和修正主义分子的谎言所迷惑。换句话说，有着更强烈的民族主义，而今天在他们的国度里这是积极的。至于他们是否会在其它方面使事情向更进步的方向发展，那就要看胡阿里·布迈丁[5]的了，只有等实践来证明。有一件事情是肯定的，那就是阿尔及利亚的革命，和所有为民族解放而进行的革命一样，会通过其内部的需要和阶级的态势向前发展，但是这一过程最后会通过什么人实现是无法预言的。修正主义者们显然不喜欢这个变化，这可以从他们所有的横行霸道中看出来。……尽管历史的主线是清楚的，而细节却包含着各式各样的令人惊奇的意外。……但可以肯定的是，反映出弱点的倾向会败下阵来，而反映出优势的倾向会逐渐占上风。在中国曾是如此，在任何别的地方也会是如此。但是以何种具体的形式、通过怎样曲折的道路则是一连串的问号。重要的是不要在向东走的时候突然调转头向西走，至于那个具体的人是往东走或是往西走，还是尚未定向，那又是一连串的问号。至少我，活了许多年才有了这么一点儿有限的智慧。请原谅我向你啰嗦了这么多，你有着比我多得多的经历，我只是在没有多少根据的情况下，听任打字机打下去而已。

我们此行确实很有趣，令人鼓舞。我们到了大寨，在那里以及别的地方，看到了许多自力更生的奇迹。重回延安，使我想到在那里形成的精神是怎样成为解决一切问题的可靠力量，而且这种精神又传播得那么广泛。我们需要时间去思考以及借鉴反面的教训，包括国际上的，才能全面地看清其价值。现在这精神绽放得更加绚丽多彩了，我相信即便是我们的元帅们也会欣慰地摘下肩章[6]，继续尽职尽责，而不需要再操心把军装送去熨烫，或者担心他们的戎装会束之高阁，需要防止虫蛀和改腰围。（我没有军装，但是关于最后的那一点体会，则是我痛楚的经验之谈！）

一个小秘密——到目前为止是个秘密，当然对你不用保密。《人民日报》正在组织一些记者在本月末至八月初到西藏进行一次短暂的访问（坐飞机去），如果能够成行，我也在其中。希望能够为杂志写出两三篇文章来。

我俩向你致爱。

一九六五年七月七日

注释：

1. 1960 年，应是 1961 年之误。

2. 猪湾事件，古巴革命胜利后，美国纠集古巴流亡分子，经训练组成 1500 多人的雇佣军。1961 年 4 月 17 日在美国飞机和军舰的掩护下突袭古巴，占领了长滩和吉隆滩。在菲德尔·卡斯特罗领导下，古巴军民经过 72 小时的战斗，全歼了美国雇佣军。这场震惊世界的吉隆滩之战，在美国被称为"猪湾事件"。

3. 伊朗的国王，穆罕默德·礼萨·巴列维（1919—1980），曾在英、美等国接受西方教育。1941 年登基。1951 年摩萨台出任首相后，被软禁。1953 年 8 月在美国的支持下夺回权力。1965 年后进行了"白色革命"。1979 年 1 月被伊斯兰革命推翻，逃亡美国。

4. 雅尔塔会议，苏、美、英三国首脑斯大林、罗斯福、丘吉尔于 1945 年 2 月 4 日—11 日在克里米亚半岛的雅尔塔举行的会议。讨论了击败法西斯德国，铲除德国军国主义和纳粹主义，分区占领德国和柏林，苏联对日作战以及战后世界的安排等问题，签订了《雅尔塔协定》，发表了《克里米亚声明》。

5. 胡阿里·布迈丁（Houari Boumedienne，1927—1978），1960 年任阿尔及利亚解放民族阵线总参谋长。1962 年建立共和国后，任副总统兼国防部长。1965 年 6 月，发动政变推翻本·贝拉，出任总统。1976 年颁布新宪法。为不结盟运动的领袖。

6. 肩章，1965 年 5 月 22 日中国决定取消军衔制，同年 6 月 1 日起，人民解放军改用新的帽徽领章。

# 宋庆龄致爱泼斯坦、邱茉莉

（一九六五年七月八日）

亲爱的朋友们：

你们好吗？

感谢艾培润色我的文章，感谢埃尔西今天写给我的便条。

随同我的爱心，送去一些桃子，希望你们能回想起我们的"重庆鸭子"。

SCL

七月八日

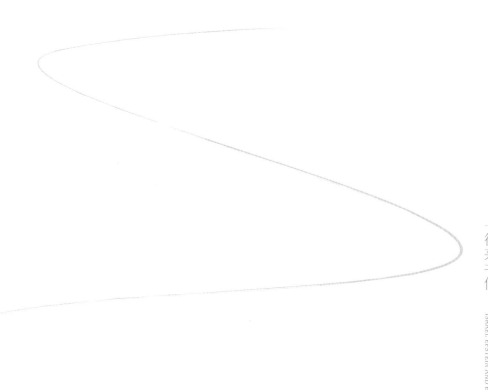

# 宋庆龄致爱泼斯坦

（一九六五年八月十日）

亲爱的艾培：

　　首先，感谢你那封最受欢迎的来信，澄清了我对苏联老百姓当前有什么想法的疑虑。

　　前些时候我曾写信告诉过你，唐明照同志要我写一篇文章，准备刊登在我们即将出版的《中国建设》俄文版上。我花了九牛二虎之力终于写了一篇，请你为我改错、删节和润色。在第八页第一行我留了一个空白，因为我不知道有多少国家承认了我国。我只记得总理在上次人代会上说："现在承认我国的国家又增加了五十多个。"如果你不知道，请叫鲁平或其他人核实这一数字并填入空白之处，好吗？

　　我早早地把这篇文章送给你，因为我希望它能包括在年底前就要出版的我的文集中。

　　谨表深深的谢意。

宋庆龄

一九六五年八月十日

于上海

　　爱你和埃尔西并向你们问候！

# 邱茉莉致宋庆龄

（一九六五年八月十二日）

亲爱的朋友：

写这封信是为了告诉你，你给艾培的文章和信已经收到了。艾培将在一周以后回到北京。他和党报的一些记者去西藏了，要给《中国建设》写几篇文章（我想是三篇）。他打算试着找他十年前去的时候访谈过的一些人，记叙他们生活中的变化以及总的情况。我刚刚读了《新闻周刊》中有关西藏"暴乱"的报道，说是派了五千名解放军去协助镇压人民！（在友谊宾馆，谣传派了十五万军队！）这些传闻会增加他们这次访问的时间，特别是据报道"暴乱"的中心是拉萨。

我收到艾培从成都寄来的信。他说，当飞机在北京起飞的时候，女乘务员说："这是北京飞往拉萨的航班，飞行时间六个半小时。"然后发口香糖和糖果，就这么简单。了不起的探险历程原来不过如此！

我们的太原、西安和延安之行（两个星期）非常好，在各个方面都十分令人鼓舞。当然其中延安具有特别的意义。这是艾培首次到延安的二十周年纪念，对于我则是等待了二十年的胜利。我永远不会忘记在重庆和国民党人的斗争，结果是我没有能够去成延安。在延安的最后那天的下午，我们和一对老夫妻作了交谈，他们过去是四川的贫农，参加过长征。男的参加过腊子口战役，头部受了重伤。遗憾的是，直到我们匆匆离开去赶飞回西安的飞机时才发现了这一点。我简直要发疯了，因为我去之前正为《中国建设》润色一篇关于腊子口战役的故事，里面有些事情我弄不明白，没有能够搞清楚！

在这次旅行中，我们了解到苏联专家从工厂撤走所造成的许多损失的详情，以及他们制造的这些困难是如何被克服的，还有学习毛主席著作是如何具体运用到实践中去的情况，特别是我们去参观了大寨。

希望夏天没有让你烦心，祝身体健康。

致以爱。

一九六五年八月十二日
于北京外文大楼

# 宋庆龄致邱茉莉

（一九六五年八月十九日）

亲爱的埃尔西：

十分感谢你的来信。我很高兴，这次你终于达到了访问云南等地的目的。我敢肯定，你一定听到许多关于"老大哥"用各种方式欺侮中国的事情。一个社会主义国家（至少是一个在口头上称自己为社会主义的国家）能做出这样的事来，真是令人发指！在我看来，这样的事应该广为宣扬，因为它让人们看到了苏联领导层的极端腐化。我从短波广播中听到，苏联又遭歉收，不得不向加拿大和澳大利亚购买600万吨小麦。

一条好消息是哥伦比亚共产党全国代表大会已撤换了修正主义的领导，重组为一个马克思列宁主义的政党。

美国的情况也很有意思——洛杉矶的黑人向警察开了火。

"秋老虎"已经到了这里，我们都是汗流浃背。希望你们那边会好一些。

深深地爱你。

> 你的 SCL
> 八月十九日
> 于上海

耿丽淑还没有回来。又及

# 宋庆龄致爱泼斯坦、邱茉莉

（一九六五年九月十日）

亲爱的朋友们：

　　这个圆球形的奶酪是我的一个好朋友送给我的，他说这是欧洲"最好"的奶酪。所以与这瓶雀巢咖啡一起，代我享用罢。我几天前才回来，正忙于打开随身行李，设法安顿下来。当我的住处不那么乱糟糟时，我希望你们俩能来这儿见见面。

　　顺致最热烈的问候和爱意。

永远属于你们的 SCL

九月十日

# 爱泼斯坦致宋庆龄

（一九六五年九月十二日）

亲爱的朋友：

感谢你的短信。现在当我们坐在这里工作的时候能够有速溶咖啡喝了。（近来他们也用速溶茶。大家开玩笑说，下一个伟大的发明将是"速溶水"了。）我们非常盼望你在北京期间能够有机会见到你。

我蛰居"深闺"，写我西藏之行的书，现在刚刚钻出来。西藏确实了不起，简直是以喷气式的推进速度发展着，其动力当然是来自欢欣鼓舞和充满活力的前奴隶和农奴，是他们的人类原子裂变的结果。这是党如此精湛地掌握神奇的火箭学艺术的又一个例子。正如在物理学中一样，在政治上和思想上把过去推入过去的后坐力，会产生等同的向前推进的力量，推动现在进入将来。在西藏，农奴制社会被推到了一千年之前它所属的历史时代。（我不知道那个流亡印度的愚蠢的达赖，是否知道他是多么彻底地完蛋了。）人们在谈论着从互助组直接进入公社，也谈论着发展电力。事实上，在用来灌溉并促进规模较大的集体化运动中，电力在西藏也将起到与在内地省份同样的作用。西藏目前主要的燃料仍然是牦牛粪。似乎周围没有多少煤炭，但是到处都有湍急的大大小小的山间溪流，能为涡轮机提供水力资源。顺便提一句，现在拉萨不仅照明用电，而且很多人家做饭也用电，已经有了几个完全由西藏年轻人经营的农村小电站。

我就安娜·路易斯·斯特朗的信写了一篇相当详尽的文章，将很快给你寄去。还有一篇为《中国建设》写的特写，这是两三篇中的第一篇。

非常高兴，我的身体在西藏经受住了考验。通常50岁以上的人是不鼓励到西藏去的，但是我感到和上次去的时候一样充满着活力。我干了许多活，发现在海拔5，300米，等于17，000英尺的高度，仍然能够拿着照相机到处跑来跑去，等等。而且总的来说，感觉比在这里伏案写作还要好。就高山反应来说，也或多或少比上次轻微。之所以好些，是因为从成都去的飞行时间只有两个半小时，比起1955年坐在吉普车里叽里嘎啦地开两个星期，减少了许多疲劳。但是因为没有逐渐适应的过程，感觉上却不如过去舒服，高度的变化确实使人感到如同被打了一闷棍，有一段不很舒服的减压过程。幸运的是，我的这个过程只延续了一两天，而别人不舒服的时间要长得多。

已经读了你为俄文版写的文章。毫无疑问，文章在最为重要的问题上说了该说的话，而且是以正面的方式表达的。应该会使某些人害怕得战栗，使其他人的心中感到温暖，而这正是这两部分人所需要的。

　　在医院里摔断了胳膊，这事发生在廖梦醒身上太糟了！我们去看过她几次。尽管出了这事，她情绪仍很好，而且由于被迫休息，看上去精神比以前还好，虽说以这种方式得到休息似乎有点儿难以接受。

　　最良好的祝愿。

一九六五年九月十二日

爱泼斯坦穿藏袍留影

# 宋庆龄致爱泼斯坦

（一九六五年十一月十七日）

亲爱的艾培：

非常感谢你花了那么多时间不厌其烦地为我那篇长文章¹润色和作编辑加工！我希望正在编辑我的文集的委员会能把这篇文章收录进去。

是的，廖梦醒现在看起来好多了。我们两人对各自进入老年而"增长"的病痛都有许多话要相互倾诉。我刚从一位牙医那里得到一次痛苦的经验，他的专业技能同他的政治觉悟不相称。我右边牙床发炎已一个月了，他做了两次切开手术，但每次伤口一愈合，牙床就又肿起来。于是他决定在我那颗毫无问题的智齿上钻两个洞，打算从洞里注射药液去消肿。但他钻洞的时候，那颗牙齿裂了，他不得不把它拔掉。他给我打了四针，这样他可以"安全地"弄松那颗牙齿，把它整个儿拔掉！我不想再细说他是怎样用手术刀把这颗牙四周的牙床豁开的。这一切都证明，不但要有很高的政治觉悟，而且还要有很高的专业技能，这是何等重要！

我得悄悄地上床去了，因为医生马上要来给我量血压。

送给你、鲁平、林德彬夫妇和李伯悌一些家乡来的豆豉，如果炖鱼和豆腐时加一点儿，味道不错。

深深地爱你和埃尔西。

永远的 SCL

十一月十七日

注释：

1. 长文章，指《解放十六年》。1965 年 12 月 31 日发表于《人民日报》。

# 爱泼斯坦致宋庆龄

（一九六五年十一月十九日）

亲爱的朋友：

非常感谢你的短信和美味的豆豉（我发现生吃很好吃，味儿很正）。但是我也很难过地得知你在牙医那里遇到的麻烦。怎么会发生这种事情呢！希望现在一切都过去了。

你知道，一月份我们要出俄文版了。虽然最初对是否要出有些犹豫不决，因为要把相关的干部集中起来有困难。我们希望它的出版会引起反响。不管他们那边的上层会有什么看法，下面对此肯定是有亲切感的。我和一些不久前去过那里的人谈过，他们说他们遇到的许多事情都证明情况确实如此。

美国发生的事情使我非常兴奋。紧跟着黑人运动兴起的学生运动，烧兵役应征卡，在广度和激烈程度上都很有新气象。自焚的人们（虽说更希望他们烧的是敌人）至少表明，人们不愿死在越南战场上，而宁愿为反对这个战争而死。这种反战精神不会局限在自杀上，这些和平主义者以自己的方式反战，但是更多的人将受到鼓舞（不是被他们的做法，而是被他们的勇气所鼓舞），以同样的自我牺牲精神投入到真正的斗争中去。无疑，美国的左派正在新生，这个左派势力不是从请愿、抗议和施压的泥沼开始的（这样做就是承认美国标榜的资产阶级民主，其实只是指责或斥骂统治者没有按他们嘴上说的去做而已），而是以抵制统治者的伪善和采取对抗的手段开始的。虽然还有许多东西需要学习，还有更多的事情需要去做，至少他们不再从"我们"和"我们的政府（即使是个坏政府）"的观点出发去看问题，而是从"我们（人民）"和"他们（美国人民以及所有其它人民的敌人）"这个明确的立场来看问题。因而在国际团结中也出现了新的声音——不只是"我们"（幸运地生活在富有国家里的，等等，等等的人）"帮助"生活在不如我们幸运的国家里的贫困的、斗争着的革命者，而是我们必须与所有的人民一样和敌人作斗争，不再趾高气扬地以恩施者自居。

一个在真正意义上的马克思列宁主义的政党尚未出现，这是个严重的问题，但是战斗精神一定会加速它的诞生。（目前正在坚持斗争的几个小组中，有的已经表现出了极大的可能性。）

路易刚从印度尼西亚回来（在广州附近的从化休息了一段时间）。我们的人民肯定要经受一段困难，虽然还需要取得武装斗争的经验，但是他们也是从战斗的、反修正主义的立场出发的。因此我认为，那里的形势——使我回想起 1927 年时中国的形势——会较快地出现有利的局面。换句话说，我确信，他们的"1927"到他们的"1949"之间的距离会短得多，虽然他们的斗争也将是持久的、起伏的。

越南南方的战士们干得真漂亮，而且就在华盛顿刚刚大吹大擂地宣布"形势已经彻底改变了"等等不久。想必约翰逊会气得把胆汁都吐尽了！

我们俩向你致以爱。

一九六五年十一月十九日

# 宋庆龄致爱泼斯坦

(一九六六年二月二十三日)

亲爱的艾培：

请帮我一个大忙！我一直在用心写我那篇为孙中山纪念日用的文章[1]，但感到需要你的大力帮助。因为这是手稿，我要鲁平同志把它打出来，以方便你阅读。我提早交给你，是因为我想把它包括在我那本将要出版的集子里。

我回忆了孙中山的几次公开声明，但难以分清时间顺序。虽然文章已经够长的了，但我还想引用一九二四年九月他在英文《粤报》上发表的最后一个声明。那是在他北上同冯玉祥及其他军阀会谈之前（这一会谈最终也没有举行），最后一次接见记者。他说："帝国主义……不仅是我们走向独立自由道路上的主要障碍，而且是我国的反革命中最强有力的因素。"也许你能把这句话放到本文中的什么地方，因为这很有价值。我想你会同意我的想法。

多谢你的帮助。

你的 宋庆龄
二月二十三日

注释：

1. 文章，指 1966 年 11 月 12 日在北京纪念孙中山先生诞辰一百周年大会上宋庆龄发表的题为《孙中山——坚定不移、白折不挠的革命家》讲话。

# 爱泼斯坦致宋庆龄

（一九六六年二月二十五日）

亲爱的朋友：

我岂敢说帮了你一个大忙，能够给你所需要的任何一点儿帮助，都是我的荣幸和快乐。我已经把文章很快地看了一遍，打算下周动手。改完后会寄一份给你，请你审阅。

我会加进你提到的引文，这无疑是重要的。如果你认为还有其它需要引用的请寄来。

几个星期以来，世界上多么动荡不安啊。加纳、叙利亚都出事了。印度尼西亚的矛盾再度升级，那里的"决定性"的反动政变看上去不再具有那样的决定性了。美国的头头们互相撕扯，而人民在他们脚下架起了火堆。从表面上看，事态好像是同时在朝着各个方向发展，但所有现象都表明，基本上只有一个不可"遏制"的方向，这就是在每一次被"击退"后，人们都会找到办法重新再来；如果不是这样百折不挠地冲击，反动势力也就不会如此拼命地、不惜血流成河地去击退它们了。

我正在写一本关于我最近西藏之行的书。我边写边想，那里发生了多么重大的变化啊。这些事情我本来零散地有所了解，但当把这一切汇集到一起的时候，就每时每刻都更加清晰地激动着我的心。

致以爱，埃尔西同此不另。

一九六六年二月二十五日

# 爱泼斯坦致宋庆龄

(一九六六年三月十五日)*

亲爱的朋友：

　　送上那篇文章，此外还有我在文字及其他方面提出的一些建议。

　　文章的结构，包括导语在内，仍然保持原样。只是在这个文本中的第二页删节号以后开始的那一段落和第七页删节号以后开始的那一段落的开头，加了两句承上启下的话。我认为这样改可能有好处，因为当我们在第七页回到叙述孙中山先生童年生活时，这两句话可以使前后的意思贯穿起来。请你判断一下，这两句话跟它们后面引出的那些章节的意思是否协调。

　　你讲到他有认真、好学习惯的那些特别的细节，加到了第六页的末尾。

　　他在接受《广州日报》采访时发表的谈话，插到了第18页第一段的末尾。

　　在其他地方，只是为了读起来顺畅些，在文字上稍加润色而已。

　　祝好！

三月十五日

# 宋庆龄致爱泼斯坦

（一九六六年三月十七日）

亲爱的艾培：

万分感激你对我的这篇重要文章所做的修改、研究和润色，也为给你带来了这么多的麻烦而深表歉意。这篇文章现在读来逻辑性强了。

我记得在伦敦的中国公使馆给孙中山送水的是一个打杂的女工而不是一个男人。也许鲁平能找到孙中山在伦敦遭绑架[1]时他自己的说法。

我将请鲁平复制一份经你修改过的文章并翻译成中文。

同时我还必须感谢你及时地来信告诉我关于韩素音的情况。由于我在家里有许多公务干扰，所以未能更早地处理此事。

现在我要去看神经性的毛病了。

向你和埃尔西表达我无限的爱意

你的 SCL

一九六六年三月十七日

注释：

1. 遭绑架，1896 年孙中山流亡英国时曾遭清政府驻英国公使馆阴谋绑架，险遭杀害；后经孙中山在香港西医书院学习时的英国老师康德黎先生等人的全力营救，终于脱险获得释放。

# 宋庆龄致爱泼斯坦

（一九六六年四月一日）*

亲爱的艾培：

　　非常感谢你在看过马里安诺·庞塞所写的关于孙中山的那本书后所提的建议。我自己昨天花了一个晚上读了他的书，是他的女儿译成英文并在两星期前送给我的。我认为很有必要增加一点儿篇幅，写一写孙中山同印度以及朝鲜、菲律宾、安南（现称越南）的革命者，甚至还有法国、比利时社会主义者的合作与交往。他们绝大多数聚集在日本。印度的布斯、穆克其、罗伊、莫吉姆巴和查特其，常常到我们在东京青山的家里来。有时他们借钱给我们；有时我们还他们钱，或者也借钱给他们。孙中山和我谈过他在美国遇到的菲律宾的阿奎纳多[1]，他们讨论过解放菲律宾的革命。孙还同许多法国社会主义者交往，他们之中有著名的法国社会主义者——就是第一次世界大战期间在巴黎一家路旁咖啡馆被暗杀的那一位[2]（这会儿我想不起他的名字了！），另一位法国社会主义者布扎贝也是孙中山的好朋友，孙曾派廖仲恺[3]到西贡去会见他，讨论运送军火弹药的事。孙中山还常同安南以及缅甸、印度尼西亚的民族革命者接触。太平天国[4]革命失败后，许多中国人逃亡海外，其中有一位就是太平天国主管财务的大员名叫黄奕柱。太平天国难民中有一些同印度尼西亚人通婚，因此在雅加达、三宝垄、爪哇各地有许多中国人和印尼人通婚的后裔，他们都愿意帮助我们的革命工作。苏加诺亲口告诉我，他曾把孙的《三民主义》译成印度尼西亚文。就是这样，孙中山的接触面几乎遍及全世界，甚至远到澳大利亚和西印度群岛。

　　一九二四年他最后一次去日本时，在神户会见了许多老朋友。在两次欢迎大会上，有不少来自东京、京都、横滨等地的老朋友。他对他们宣讲"一切亚洲国家联合起来、反对外国帝国主义"的重要性。他呼吁日本人维护他们的民族尊严。当时，美国国会刚刚通过了排斥日本人的移民法案，所以日本听众备受感动，我看见许多男人情不自禁地流下悲愤的泪水。

　　现在再说说庞塞书中另一件关于孙中山的不实的事情。作者称孙是一个"虔诚的基督徒"。我见到孙中山时，他曾告诉我，他对于在《伦敦蒙难记》[5]一书中写道：是"上帝拯救了他"，很觉遗憾。他当时是在詹姆斯·康德黎大夫和夫人的影响之下，他们都是虔诚的基督徒。他们尽了最大的努力说服当时的英国外交大臣对清使馆秘密绑架孙中山的行动进行干预，救了孙的命。

坚持要在协和医院小教堂举行一次基督教追思礼拜，借以证明孙中山不是一个布尔什维克。

孙中山明确地告诉我，他从来不信什么上帝，他也不相信传教士（他们不是"伪善者"就是"受了误导"）。他这些话是在听我讲到我在美国上学时的情形时说的。我说一到星期天学生们就被赶到教堂去做礼拜，我总是躲进衣橱里，藏在衣服后面，等女舍监带着姑娘们走了之后才出来给家里写信。他听后开心地大笑着说："所以我们两个都该进地狱啦！"

我回忆起来的上述的一些事情，如果你觉得有用，请补充进我那篇文章中去。稿子现在在鲁平那里，因为稿子里有一个打字员造成的严重错误，所以我退给他了。

再次感谢你的帮助。你把上面说的新增加的那一页写好后，请转给鲁平，以便译出后补入中文稿内。

感谢你的 SCL

附上一瓶酒，请你和埃尔西在你过生日时（七日还是八日？）喝，还有两听特制的沙丁鱼。

根据庞塞的书，孙中山是"东方青年协会"最热心的赞助者之一。这个团体是由朝鲜、中国、日本、印度、暹罗[6]、菲律宾和印度尼西亚等国在东京的学生组成的。这是在我认识孙中山以前很久的事，所以我没有提到，请补入。附上庞塞的书，以便你需要时用。又及

注释：

1. 阿奎纳多（Emilio Aguinaldo,1869—1964），华人和加禄人后裔。1899 年 1 月，当选为菲律宾共和国总统。1901 年 3 月被迫隐退。晚年主要从事退伍军人工作，并致力于改善菲美关系。

2. 那一位，指让·饶勒（Jean Jaures,1859—1914），法国著名社会主义者、历史学家、哲学教授。多次当选议员。反对第一次世界大战和军国主义，反对殖民扩张。1902 年组建法国社会党，1904 年创办该党机关报《人道报》。著有《社会主义法国革命史》等。后因反对帝国主义战争而被暗杀。

3. 廖仲恺（1877—1925），原名恩煦，广东惠阳人。出身于旅美华侨家庭。1893 年回国。1902 年赴日本留学。1905 年，与妻子何香凝在日本参加同盟会。辛亥革命后，任广东都督府总参议，监理财政。1921 年任广东财政厅厅长。1922 年，为推动国民革命运动的发展，积极协助孙中山确定联俄、联共、扶助农工的三大政策。1924 年国民党改组后，被推选为中央执行委员

会常务委员，并任农民部部长、黄埔军官学校党代表、广东省省长、财务部部长、军需总监等职。孙中山逝世后，坚决执行三大政策。1925 年 8 月 20 日，在广州被国民党右派暗杀。

4. 太平天国，清朝后期由洪秀全建立的农民政权。前身为 1843 年创立的秘密的反清组织"拜上帝会"。1851 年 1 月 11 日洪秀全等发动金田起义。1853 年建都天京（今南京），曾占领长江中下游地区。全盛时期兵力超过一百万人，1856 年发生内讧，逐渐衰败。1864 年天京陷落，太平天国运动失败。

5.《伦敦蒙难记》，1896 年孙中山伦敦蒙难获释后用英文写的一篇关于蒙难的自述。

6. 暹罗，泰国旧称。

11 月 24 日，孙中山、宋庆龄在日本神户与前来欢迎的日本朋友合影。

# 宋庆龄致爱泼斯坦

（一九六六年四月二日）

亲爱的艾培：

在昨天给你的便条里，忘记提到我文章中有关宗教的部分应该略去。因为那将极大地冒犯信教人士，他们肯定将参加这次的一百周年庆祝会或纪念会。对于另外一些人，如廖承志来讲，保留将会好些，不过他已经知道要删去了。

我们的一些日本同情者和同仁们的后代前来这里商量在日本举行一个纪念会的事情。我必须在他们离开之前会见他们中的一些人。

荨麻疹闹得我日夜不得安宁，甚至通宵不眠。因此，我这么早给你写信。

万分感谢你，请原谅写得很匆忙。

SCL

于四月二日凌晨四时

昨天我给鲁平写了一个条子，请他马上把我的文本转交给你。又及

# 爱泼斯坦致宋庆龄

（一九六六年四月十二日）

亲爱的朋友：

以下是我的建议。上个星期我未能系统地提出来，因为没有时间思考，脑子里塞满了别的东西。我想有个比较从容的时间来理清自己的思路。

为了避免破坏文章的主线，不能放进太多的具体人名和事件等内容。我的建议是相当简短地插进两点内容。（其实，这方面的情况，即孙中山先生与国际上的种种联系，以及这些联系对中国革命与其他运动之间相互促进的情况，以后可以写成一篇单独的文章。）建议插进的两点是：

1. （我认为是主要的一点。）只作概括地说明，另加两个具体的例子，放在 19 页上（接在现在的第二段的结尾之后，构成第二段的后半部分）。这段文字不长，但是占有重要的地位，因为这一部分是阐明我们应该从孙中山先生那里继承些什么。

2. （供选择，但是我认为还是可取的。）引用庞塞的话（实际上是引他书中好几处的话，其间用省略号连接），放在第 7 页那一部分的结尾之前。作为对孙博士人品的具体例证和回忆。这将作为第 19 页上所概括的观点的背景材料。对于引用那本小册子中的话，我开始是心存疑虑的，因为小册子是由杭立武[1]等人资助出版的。但是继而一想，资助的是重版，而这本书是由孙博士的同时代人在当时写的，在某种程度上讲是个有价值的历史记载。这还可以提醒菲律宾人，他们是一个亚洲国家，而且具有革命传统，这一点特别在当前是有好处的。我认为引用这些参照材料十分重要。

1914 年被杀害的法国社会主义者是让·饶勒。我猜你想到的人一定是他。

非常感谢你的"香槟酒"和美味的辣味沙丁鱼，特别感谢你的好意。

我俩向你致以爱。

一九六六年四月十二日

---

注释：

1. 杭立武 (1904—1991)，安徽滁县人。1923 年毕业于金陵大学，1929 年获英国伦敦大学博士学位。归国后受聘为中央大学政治系教授兼系主任。1931 年转任中英庚款董事会总干事达十数年。其间并创立中国政治学会及中英文协会。抗战期间任国民参政会参议员、美国联合援华会会长。1944 年任国民政府教育部常务次长。1946 年调政务次长。1949 年任教育部部长。

# 宋庆龄致爱泼斯坦

（一九六六年四月十三日）

亲爱的艾培：

你为我不惜花费这么多的时间和心血，请接受我最诚挚的谢意和赞赏。我正要求鲁平将这篇重新定稿的文章打印一份给我，以便核实中译本中是否确实把后来选出来的那些文字都加进去了。

感谢你的 SCL

四月十三日

刚刚收到这箱荔枝干。你和埃尔西可能喜欢吃。

收到后不用回信。又及

# 宋庆龄致爱泼斯坦

（一九六六年八月二十七日）

亲爱的艾培：

多谢你的来信和明智的忠告。对那些诽谤，我不得不闭上眼睛。外面的锣鼓声实在闹得人心烦意乱。我想你那里离外面很远，大概听不到。

爱你们俩。

很高兴埃尔西很快就要回来了。

永远属于你们的 SCL

八月二十七日

爱泼斯坦、邱茉莉在"文革"时读毛主席语录

August 27th 1966

Dear Suzy:

Thank you so much for your letter and judicious advice. I suppose I have to shut my eyes to these mud-slinging - the drums & gongs outside are distracting enough. I hope that you are too far away to hear them.

With love to you both.
Glad Elsie will be back soon.

As ever, SCL

1966 年 8 月 27 日宋庆龄致爱泼斯坦（黄浣碧 捐）

# 宋庆龄致爱泼斯坦、邱茉莉

（一九六六年十一月十五日）

亲爱的艾培和埃尔西：

随信附上两枚纪念章，因为你们中只有一个人参加了 12 日的活动。我也非常想邀请为我的讲稿和书出过力的那些人吃饭，聊聊过去的时光，可是发现现在不是时候。因此，给你们送去些糕点和三明治，以便在办公室工间"喝咖啡时间"大家一起喝茶品尝。

万分感谢！

你的 SCL

十一月十五日

1966 <sup>年</sup>

11 月 12 日，宋庆龄在孙中山先生诞辰一百周年纪念大会上，发表题为《孙中山——坚定不移、百折不挠的革命家》的演说。

Nov. 15th

Dear Epps, Elsie:

I am enclosing 2 souvenir badges for you as only one of you was able to be present on the 12th. Also I wanted very much to ask those "who helped with my speech & book" to dinner & an old time chat, but found this is not the time for it. Hence here are some cakes & sandwiches for you to have tea together at the office during "coffee break".

All my thanks & gratitude.

Yours ever, SCL

1966 年 11 月 15 日宋庆龄致爱泼斯坦、邱茉莉（黄浣碧 捐）

# 爱泼斯坦致宋庆龄

（一九六六年十一月十五日）

亲爱的朋友：

　　非常谢谢你精心安排的晚宴。东西是那么可口，来的正是时候（或许是错误的时候）。因为三天前我刚从附近的公社回来，在那里我劳动了 10 天，食量大增，从一开始只吃农村那种大碗的一碗饭到最后吃两碗半。现在每天没有这么多的体力劳动了，但我还想吃同样多的东西。如果我再不控制食量的话，其后果将是灾难性的。

　　我们两个现在都在开会。我认为这个会开得很好，很新颖且有意义。或许你会看到埃尔西高高的个头鹤立鸡群，盖过了我的矮个子。

　　公社的工作取得了突破性进展，主要是由欣顿家的寒春[1]、她的丈夫和嫂子等外国人发起的大字报[2]发挥了作用——我给你寄了一份。这是外籍工作人员第一次走出去同这里的农民同吃、同住、同劳动、同学习。第一批总共 60 人，分到 3 个公社。我现在已经学会了收割圆白菜、去掉外帮后装车；拔各种萝卜，加以整理后储存；挖菠菜和芹菜，还要捆扎好；拔莴笋，去掉根叶，在白色根茎的上端留点儿嫩叶，为了好上市等等。但是我们了解更多的是农民本身发生了巨大的变化。他们都自觉地为人民劳动，为社会主义劳动，而不是为工分劳动。我们每晚都开会（这是他们的例会，我们也参加——安排生产，算工分，学习毛泽东思想，就宣传工作和每周一次的文化晚会交换意见等等），给我们很大的启示和教育。他们真称得上是新农民，尤其是年轻人，给我们的印象最深。学习大寨的工作方法——他们现在实行的工分制不再像以前那样以天为单位评议和计算每个人加工或搬运的蔬菜量，而是以月为单位，由小队民主评议每个人的工作量和工作态度。以共同的意愿为基础的民主制度给人印象很深：每个大队下的小队（大概 20 人）讨论和确定他们的生产计划和报酬。在地里，不需要有人指挥。工间休息时，人们不是讨论工分，而是学习，或读报，或唱歌。政治、生产、文化相结合，大家互相鼓励，这种情景只有亲眼所见才会相信。这是一段非凡的经历，同任何文章上读到的，同先前到各地去正式参观时所见到的或在报告中所听到的那些情况完全不同。我敢说，帝国主义和修正主义在当今的中国是无机可乘的；即使在我们的小村庄里也没有可能得逞。我们中的几个人正在就此为《中国建设》写报道稿。

宋庆龄与爱泼斯坦、邱茉莉
往来书信
SOONG CHING LING'S CORRESPONDENCE WITH
ISRAEL EPSTEIN AND ELSIE CHOLMELEY

我们曾与老莫里斯共进晚餐，尽管他已经 80 岁了（介于 79 岁到 80 岁之间），但还同以前一样精神。他看到街上的人这么多，有些害怕，所以我们陪着他转转，他想去哪儿我们就陪他去哪儿，以便打消他的顾虑。有大约一千位来自四面八方的年轻人住在我们外文出版社。这对他们是个多么好的机会！他们可以看看这个国家，并为将来保卫和建设这个国家充实自己。中国员工和外国员工之间的关系也有了某种突破。国际主义有了新的发展，因为外国的孩子和他们的长辈对于这场革命了解的更多了。我们办公室新西兰专家雷克的三个女儿、卡玛丽塔·欣顿（比尔的女儿）还有其他几个人请了假，与他们的同学一起到全国各地去进行各种各样的"长征"了。

祝好！

一九六六年十一月十五日

注释：

1. 寒春，即琼·欣顿（Joan Hinton，1921—2010），威廉·欣顿（韩丁）的妹妹。出生于美国知识分子家庭。是当时为数不多的女核物理研究人员，参加过原子弹的研究制造工作。美国在日本广岛、长崎扔下两颗原子弹造成的后果，使她的良心深受震动。1948 年她来到中国，投身革命。建国后，任中国农业机械化科学院禽畜机械研究所所长。

2. 大字报，指 1966 年 8 月 29 日在北京的外国人所写的一份大字报《为什么在世界革命心脏工作的外国人被推上修正主义道路？？？》。这份大字报上由 4 人签名，分别是史克（即寒春的嫂子，韩丁的前妻）、寒春、阳早（寒春的丈夫）、汤反帝。

1965 年

爱泼斯坦在农村劳动

# 宋庆龄致爱泼斯坦、邱茉莉 *

（一九六七年末）

亲爱的埃尔西和艾培：

祝你们一九六八年非常快乐！我没有能找到一张更像样的贺卡，你们能明白这一点。我日常都在种花养草，还喂鸽子！"非常抱歉"！

爱你们的 SCL

* 此信是写在中山故居纪念邮政明信片上的。

1973-1981

无论如何，我请求你在我死后为我写传记。因为我对别人不像对你这样信任。

——宋庆龄

　　我深深地被你的友情和对我的信任感动了，真是思绪千万，百感交集。尤其是我知道曾有多少人要替你作传。
　　首先，我非常乐意做这件事，我会把我的能力和精力都无保留地投入其中。

——爱泼斯坦

　　我终于可以写信告诉你，我是多么骄傲和高兴，因为我最信任的朋友和同志同意为我写传记了。

——宋庆龄

# 宋庆龄致爱泼斯坦

（一九七三年一月九日）

亲爱的艾培：

感谢你的忠告。本应早点给你写信，但是由于剧烈的坐骨神经痛加上那次严重的事故——摔了一跤，背部着地，正好摔在一个闹钟上，以致背部的一些肌肉被撕裂，"尾巴骨"内凹。这样，九月以后我必须穿上钢制背心才能站起来。十二月份我还被迫举办了两次"礼节"性的晚宴，每次都长达七小时。为此，路易评论说，我不仅拥有一件钢背心，还有着钢铁的意志！显然，这个老小孩还拿人家的痛苦寻开心！家里的工作人员五个月没看电影了，他们抓住家宴的机会，选了一些太长的电影片作为饭后消遣！我真是太傻，把事情全交给他们去办！

感谢你关于为美中友协即将出版的杂志写一篇贺词的建议。我想这篇贺词应该可以两用，它同时也可以刊登在《中国建设》上，因为现在有许多美国人在阅读我们的杂志。我完全同意你说的："今天杂志需要的语调是一种有助于建立信心和树立一种精神的语调。这种信心和精神不仅在国家关系风和日丽时能坚持，而且在逆风劲吹时也能坚持。"我认为，我们应该教育这个协会的成员更加深入地彼此了解，使他们懂得在曲折的历史进程中，友谊将是永恒的。大多数友协都有一个缺点，它们习惯于组织一些活动，仅仅介绍一些改变了的中国的表面现象，而不是着重介绍为什么要改变以及如何改变的。也没有深入地讨论和了解友好工作的基本政策。友协的领导人应该开阔视野去拓展和深化工作。除了做中国的朋友的工作以外，他们还应该做学者、医生、律师、商贸人员、少数民族的工作。他们都有代表访问过中国，签订了商业和工业方面的协议，而我们对这些协议却没有深入研究。这本杂志必须是有实际经济价值的，给美国的商贸公司提供中国的经济和其它方面的信息，探讨许多我们共有的问题。在中华人民共和国，医生和其他专家定期离开城市，到农村和群众同吃同住同劳动，了解普通老百姓的思想、感情和需求。公共卫生措施不是光靠高端领导发号施令，而要有广大群众参与。1950 年向苍蝇、蚊子、臭虫和老鼠宣战[1]，全部人力都动员起来了。医疗服务覆盖了中国人口的 70%—75%。当然，边远地区还没有包括进来，还不是十全十美。我们的家庭医疗状况正在改善。每个家庭是需要付一点儿钱，但只占他们年收入的 1%。美国朋友也有许多问题要解决，就像我们中国人一样。

我们肯定能解决这些问题，我们应该互相学习。这才是真正的友谊！

有些想法，不一定包括在贺词中，请你拟定一个短一些的，但是正如你所建议的，是一个更加热情的贺词。

假日期间，我真应该让你休息，可是又给你添了这么多麻烦，真是感激不尽。

向你和埃尔西致以亲切的问候。

永远属于你们的 SCL
一九七三年一月九日

就写到这里，因为我的腰受不了了。

希望你喜欢这些雪茄，品质是很好的。

另：我从萨米尔·罗森[2]处得到了一张美中人民友好协会的照片。

现在，美国各地的美中友协如雨后春笋般地涌现。

罗森夫妇几年前就热衷于这种友谊组织，正计划成立一个全国性的机构。上次来访的代表团中有两个黑人，一个是波多黎各人，有一些意大利背景。一个是天主教神父！

艾培，希望你为我起草一份贺词，删除不必要的内容，加上你的有价值的意见，如为人民服务的思想，发展卫生事业，计划生育，关心失足者（吸毒人员），禁止娼妓，以及开展学术研究及其实际的物质保障。

---

注释：

1.1950 年向苍蝇、蚊子、臭虫和老鼠宣战，指当时发起的全民爱国卫生运动。新中国成立初期，人民的健康水平十分低下。在死亡人群中，有一多半是死于可预防的传染病。面对这一情况，举国上下开展了以"除四害"为主要内容的卫生领域的"人民战争"。

2.萨米尔·罗森（Samuel Rosen），美国外科医生，潜心研究治疗儿童神经性耳聋，取得世所公认的成就。罗森和他的夫人海伦·罗森都是宋庆龄的好友。

# 爱泼斯坦致宋庆龄

（一九七三年一月二十三日）

亲爱的朋友：

请原谅我拖了这么久才办这件事。我一直忙于繁重的日常工作，除此之外，还有如埃尔西所说的"意想不到的事情"。我还有点儿感冒。尽管如此，我还是拟了一个初稿，也许有助于最后定稿。请把你的意见和下一步怎么做告诉我。

在起草过程中，我遇到了一些困难，对某些问题琢磨不透。正如以前信中提到过的那样。首先，我对形势不像以前了解得那样透彻了。其次，我还是不很清楚你所说的一稿两用的意图，既可用作贺词，又可刊登在《中国建设》上。（现在基本上是按贺词起草的，也许倾向性太明显了。不过只要主要内容合适的话，其他用途是可以在文字上做调整的。）再次，我对美中友协要办成什么样的刊物也不太了解。

自从上次给你写信之后，我听到了一些消息。一些人想办一本大的、体面的、昂贵的杂志，将其作为一项"形象"工程。另一些人则认为这是一个错误的方向，且不说需要编辑方面提供的稿源问题，仅在集资方面就会消耗太多的精力，很难维持下去。除了这些困难外，还有一个读者对象的问题，我们的刊物是在中上层阶级的少数人中发行呢，还是在工人阶级和中产阶级的中、下层多数人中去发行。关于这方面的情况，柯如思[1]从她收到的柯弗兰[2]弟弟的来信中已经有所了解。（我没有看到他的来信，只是听柯如思说起过。）如果你想了解这方面的情况可以问问她。我收到了休·迪恩的一封信，他目前在《通讯》的编辑上花了很大力气，并且将来也有可能继续从事杂志的编辑工作。他在来信中说：

"我们协会的工作，肯定会越来越繁重，而且眼下的情况也正是如此。因为我们正一步步形成一个全国性的协会，出版一本全国性的杂志。但是前进的路上充满了分歧和斗争，这种分歧和斗争也许比过去任何时候都更加激烈。其中一件困扰我们的事情是，我们应该出版一本什么样的杂志。一种观点是，由基金会出资办一本比较体面的季刊；另一种观点是，办一本较节俭的杂志，定价低一些，发行量可大些。我支持后一种观点。我不想罗列太多的理由，只是认为如果我们的出版物价格较便宜，就可以让更多的人了解在中国发生的事情。"

在夏威夷的有吉幸治显然对此事也很不满意，因为这些问题都没有同各地分会充分协商，包括他所在的分会。详细的情况我不太清楚，只是间接听说的。

尽管如此，在我起草这篇文稿时，也只是把这些事情记在心里而没有诉诸笔端，否则它将成为他们相互争论中的弹药。我想，这些事情应该由他们自主解决。

根据自身的经历，我个人的观点是：美国人，尤其是有宣传鼓动经验的美国人，善于发动大规模的群众运动，能够在短时间内从一个小的地方扩大到全国。不过这种运动持续的时间较短，其失败的原因正是因为招摇太多（发起人的名单、一系列的运动和会议等等），而没有足够坚强的组织。华莱士[3]进步运动的兴衰就是一个例子，此外也还有其他的事例。当然，运动需要不断扩大，逐渐形成一个广泛的网络等等，这些都是有必要的。但是要使运动产生实际的效果，就必须不断巩固基础，这一点也同样适用于他们目前的情况。因为不了解情况，所以我很难对此提出确定的见解。但我坚信扎实的基础工作同样适用于他们。

希望你的身体比上次你给我写信时更好了。

我们期待着路易从手术中尽快康复。

再次感谢你送的雪茄。实际上，我们已经戒烟了，过去是烟不离嘴，现在是限量吸烟，饭后才点上一支。这些雪茄确实很好！但是为了坚定我们的意志，请不要更多地诱惑我们了。

赶着要把信寄出，为的是使你在春节前能收到。

顺此致爱。

一月二十三日

注释：

1. 柯如思（Ruth Coe），与她的丈夫柯弗兰都是宋庆龄的好友。

2. 柯弗兰（Frank Coe），著名经济学家、美国进步人士。曾在美国政府和国际货币基金组织中担任高级职务。新中国成立后，积极呼吁美国政府予以承认。受到"麦卡锡主义"迫害被驱逐出美国。1958 年到中国定居。参加了《毛泽东选集》英译本的改稿工作。为中美两国人民之间的友谊作出了重要贡献。

3. 华莱士（Henry Wallace，1888—1965），曾任美国副总统（1941—1945），1948 年参选总统，成立进步党。

## 宋庆龄致爱泼斯坦、邱茉莉

（一九七三年六月二十五日）

亲爱的朋友们：

我刚从上海的家里回来，在那儿待了七个月，遭受着神经性皮炎的折磨，涂敷一种最疼的和腻烦人的皮肤软膏，但也无济于事。所以，我很晚才得知你们的好消息。我希望今后在作出判断之前先进行调查研究。（我本人后来也曾经历过一些意想不到的不愉快的事情。）

顺致祝福和爱意。

永远属于你们的 SCL

一九七三年六月二十五日

于北京

这里的尘土给我添加了另外的麻烦——我的眼睛得了轻度的结膜炎。所以，请原谅只写寥寥几句。又及

# 爱泼斯坦、邱茉莉致宋庆龄

（一九七三年七月一日）

亲爱的朋友：

又能看到你的来信并能重新开始与你通信，真是高兴极了。十分感谢你向我们表示问候和欢迎的短信。

我们一月底就出来了，花了几周时间来跟上形势、安家和处理家务。三月下旬去河南参观红旗渠[1]。使我们十分满意的是 4 月份我们就重新回到了工作岗位。我们身体很好（说"好"也许用词不当，因为我们两人都发胖了，体重超标）。精神上，我们向前看，希望还能再干二三十年有益的工作。至于过去那段时期，得失是多方面的。积极的一面是，我们比成天工作的时候有了更多的时间来读书、研究和思考，这会有助于现在的实际工作。我们回来后，发现家里的孩子们都长大了不少。女儿妹妹差不多 21 岁了，她已经开了大约 3 年的拖拉机。18 岁的弟弟起初也开了一阵子拖拉机，后来回来上中学了。通过他们，我们看到年轻一代的许多进步，当然也存在一些问题。

听说你身体欠佳，我们很不安。希望你很快就能康复。在过去那段日子里，每当我们在报纸上看到你的照片、有关你活动的新闻，读到你写的文章（发表在《中国建设》上）时，我们就非常高兴，因为知道你还是那么健康和精力充沛。

当你身体好些而且有时间时，我们将十分高兴能去拜访你！

我们两人向你致以最诚挚的问候！

艾培、埃尔西

一九七三年七月一日

注释：

1. 红旗渠，上世纪 60 年代，河南林县人民用 10 年时间修建的引漳河水入林县的大型水利灌溉工程。总长 2000 多公里。在太行山盘山开渠，劈开山头 1250 座，凿通隧洞 180 个，渡槽 150 座，中小水库 50 座，塘坝 343 座，总库容 1 亿立方米，灌溉面积达 360 平方公里。被誉为"人造天河"。

爱泼斯坦与抚养的两个中国孩子——女儿艾颂雅、
儿子艾颂平

1973 年 7 月 1 日爱泼斯坦、邱茉莉致
宋庆龄（底稿）（黄浣碧 捐）

1973 年 7 月 1 日爱泼斯坦、邱茉莉致
宋庆龄（中国宋庆龄基金会 藏）

# 爱泼斯坦致宋庆龄

（一九七三年十二月五日）

亲爱的朋友：

　　从报纸上看到你的健康状况有了好转，又能摆脱病榻重新出来参加活动了，我们十分高兴。现在天气渐冷，已经进入冬季，我们希望你安然度过这个寒冬。

　　你是否收到了我们上次给你的信？是我们很早之前邮寄给你的。后来我们听说你身体不好，不见任何人，而且还摔了一跤。我们感到很不安，所以没有再给你写信，以免加重你的负担。

　　现在，我们即将出去旅行三周，先去上海，然后去南昌、井冈山、长沙、韶山和桂林。我们两人以前都没有去过井冈山，很想去那里看看，亲身感受一下当年革命斗争的情况。我们将暂时离开文字工作，去呼吸一下新鲜空气，接触活生生的社会实际和人民群众。

　　我们两人身体很好，都很忙，埃尔西忙于教学，艾培独自一人担负《中国建设》的改稿工作，因为另外两个改稿人回家度假（其中一人现在回来了）。我们的女儿已进外语学院上学，开始能用英语表达一些令人惊奇的意思。儿子即将初中毕业，他不大愿意继续坐在书桌前，而是急于去学习开机器或从事与机器有关的工作。我们两人也在充实自己，尽量多了解一些世界上已经发生的事情，免得成了瑞普·凡·温克尔[1]。

　　当得知我们的旅行路线要经过上海时，我们以为你会在那里。但是从新闻报道中才知道你在这儿，我们不想不辞而别，所以在出发前，给你写这封信。

　　只要你想起有什么事情需要我们去办，就请随时告诉我们。

敬爱你的

一九七三年十二月五日

于北京（37）外文大楼

注释：

　　1. 瑞普·凡·温克尔，美国作家华盛顿·欧文 (Washington Irving，1783—1859) 创作的同名小说中的主人公。其在野外喝下一种神奇的酒，一睡 20 年，回到家中后一切都已物是人非。此处比喻跟不上时代的老古董。爱泼斯坦夫妇在"文革"中遭诬陷，于 1968—1972 年被捕入狱长达 5 年。1973 年平反。

## 宋庆龄致爱泼斯坦、邱茉莉

（一九七三年十二月十日）

亲爱的朋友们：

在这些特殊的年份里，我一直很挂念你们。我很高兴现在能这么经常地收到你们的来信！

由于医生处方时不小心，我在过去的三年中一直忍受着过敏反应的痛苦。政府多次派医生到上海配合当地医疗组进行诊治，这才使我能于六月间回到北方来。

正当我从日夜发痒的折磨中被解救出来而兴高采烈时，在去年九月份我脚底打滑，摔了一跤，背部正好摔在一个闹钟上。这一不幸事故使我背部肌肉撕裂，至今还在遭受痛苦和接受治疗。由于在床上躺了一个多月，腿部肌肉萎缩，使我不能正常走路并且现在还隐隐作痛。

我常常不得不会见一些国外来访的客人，这并不意味着我完全康复了。希望你们旅行回来时，我能健康如常。

爱你们两人。

永远是你们的 SCL

一九七三年十二月十日

于北京后海北河沿 46 号

信封上的中文字非常漂亮，我猜想是"邱茉莉教授"写的。

# 爱泼斯坦致宋庆龄

（一九七三年十二月三十日）

亲爱的朋友：

　　你的来信几天前在长沙追上了我们（这是第一封在转寄过程中未遇风险或没有丢失的信），使我们非常高兴。我们现已返京（是昨晚乘火车抵达的），因此写信向你问候。

　　很高兴听到你的皮肤病和跌伤已有好转的消息，希望这些都留给过去的一年，迎来的 1974 年你会更加健康和平安。

　　是的，我们确实听说了美中人民友好协会正在计划出版一本全国性刊物。到目前为止，他们只在纽约及其他几个城市出版地方性的《通讯》。看来这个团体还是相当不错的。团体的几个核心人物是中国人民的老朋友，他们不是因为赶时髦而加入的，他们也不是排他主义者或者摆出一副"老资格"的架势。不过所有这些都只是凭印象而已，而不是近距离了解到的，这方面我们还差得很远，虽然我们在努力了解当前的情况。尼克·昂格尔上次带他们到这里旅游时，耿丽淑等几个人同他见了面，我们没见到他。据说，他的父亲阿布·昂格尔是美共的一个律师，在美共蜕变为修正主义之前，积极地为美共案件辩护，之后就没有他的消息了。当时美共的确是遭镇压的对象，内部也有一些斗争。在旅游团中我们见到的吉姆·内西，曾经是驻中国的一个美国军人（二战结束前很短一个时期),40 年代后半期回到美国，在原来的美国争取远东民主政策委员会里做过一些有益的工作。他告诉我们，对于新杂志，究竟是出版成针对中产阶级的华而不实的读物，还是出版成适合劳动人民和学生等阶层，较为便宜的大众化的读物，还存在争议。但是他没有透露这个问题是否已经或多或少地得到了解决。你和其他人见过他们那边更多的人，可能了解到最新的情况。

　　不管结果如何，在我看来，杂志的基调应该是较广泛地反映两国人民之间的友谊，但是要能从其中听到显然是来自一个革命的社会主义国家的声音。这是你过去经常强调的非常正确而且很容易记住的一个原则。我记得你在解放后给中国福利呼吁会的最后一封信中特别强调：过去，美国人民曾经帮助过中国人民，而现在应该是中国人民帮助美国和其他国家人民的时候了。当然，现在形势不同于以前了，那时的工作还是局限于福利工作，但是，即使是在当时，你也指出，就其实质而言，已超越了福利的范围，而是指向了未来。

宋庆龄与爱泼斯坦、邱茉莉往来书信　SOONG CHING LING'S CORRESPONDENCE WITH ISRAEL EPSTEIN AND ELSIE CHOLMELEY

现在，未来终于到来了，而且有了巨大的发展，但是在这个特殊的历史时刻，情况仍是相当复杂的。不过无论事情如何变化，有一点是不会变的，那就是人民的共同利益永远是核心问题。今天，中国人民站起来了，美国人民也从事实和他们自身的经历中得到教育，而且比以往任何时候都更加觉醒，这正是需要强化之处。我想，今天美国人民应该知道，中国人民是可以信赖的。他们既是未来世界的支柱力量，同时也不会成为国际"大国游戏"中的玩家。正如我曾说过的，我坚信美国人民革命的潜力正在迅速发展。不过，我同时也说过，眼下这个特殊的历史时刻不是一个波峰期，而是一个波谷期。正如波浪法则所揭示的，波谷后紧跟着的是一个更高的波峰。因此，今天杂志需要的语调是一种有助于建立信心和树立一种精神的语调。这种信心和精神不仅在国家关系风和日丽时能坚持，而且在逆风劲吹时也能坚持。换句话说，要充分利用晴天的条件，并在这个基础上来建立更加牢固的人民之间的友谊。

本想给你写封短信，可是又啰嗦了一大篇。也许这些想法会有点用处。我想现在你对情况已经了解得差不多了，如果你还有些专门的事情需要我去做的话，请写信告诉我。

信封上的汉字不是埃尔西写的。名字是你真诚的朋友写的，地址是由办公室同志添加后交给文件交换处发出的。显然，信封上的书法为我这封信增光了。

在上海的时候，我们到耿丽淑的新住处（对我们来说是新的）去看望过她一次。她陪着我们外出参观了几个地方，其中包括一个船坞，她灵活地爬上高高的舷梯，跨越一艘正在建造的船上的一些障碍物。

这次旅行，使我们对20世纪30年代中期以前毛主席的早期活动以及党和革命的历史有了更生动的了解，真是受益匪浅。说到我们新的印象，那就是近几年所修筑的巨大的水利工程和公路，不管从空中还是从地面上看去，都是最引人注目的。虽然还只是一些分散的点线，路面也还没有硬化，也还没有看到各种具有规模的工业，但是建设已经普遍启动了。在我看来，这个国家就像一架飞机，解放以后发动机就已经启动了，开始滑向跑道，并不断地加速滑行，现在正停在起飞点上，必须果断地加大推力。起飞以后面对着的，将是一个很长航程，而且还会遇到很多的气流，但是哪里会有不遇到气流的航行呢？

祝你来年一切顺利。

一九七三年十二月三十日

# 宋庆龄致爱泼斯坦

（一九七四年一月九日）

艾培：

我希望你和埃尔西能帮我消耗这些雪茄烟，我另外还有一盒。

爱你们俩。

SCL

一九七四年一月九日下午

# 宋庆龄致爱泼斯坦

（一九七四年一月二十七日）

亲爱的艾培：

你虽然得了感冒，还要处理一些临时冒出来的事情，可还是为我草拟了那份贺词，对我你真是有求必应。我本想把这篇文章一式两用，看来不太现实。现在这篇文章，只能作为给美中友好协会的贺词，当然是很得体的。我本该早一点给你回信，但因背疼，又躺了几天，把会见朋友等事情都耽误了。

你能否找人把稿子重新打一份，这样我本周即可寄出。多谢了！

马海德的短信上说："路易正在康复，也从烦人的静脉输液中解放出来了，只是他看上去两颊内凹，有点儿苍白，但高兴的是最难熬的阶段已经过去了。"

我还只能一瘸一拐地在屋里走动走动，为的是保持血液正常流通——卧床太久，腿部肌肉萎缩了。最终他们还是给了我一块木床板睡觉，这样可以减轻一点儿背疼。不幸的遭遇和年迈使我的模样改变了许多，但我很高兴在纪念斯诺的图片展上看到你一点儿也没有变化。希望不久就能见到你和埃尔西。

向你们致以一如既往的热情问候。

SCL

一月二十七日

# 爱泼斯坦致宋庆龄

（一九七四年二月四日）

亲爱的朋友：

这是一份重新打字过的文本，我希望比原稿有所改进。拖了一些时间，再次表示歉意。我在短时间内又得了一次感冒。这可能是因为我一动不动地坐在办公室里熟悉那些大量的旧杂志所致，其他人都去参加一个群众大会了，而我却忘记暖气已经关闭，因此冻得我透心凉。没有关系，就感冒而言，我就像一个底座注了铅的不倒翁一样，按下去，马上又会坐起来的。或许我现在的模样也和那些不倒翁大同小异（忘掉这种联想吧）！

下面是关于文字修改的几点说明：

1、贺信的第一段，"50 年代中国福利呼吁会 [1]"那一句，从文字的结构看，可以放在句子的末尾，并改为"纽约中国福利呼吁会"。我想没有必要过于具体。因为现在的关系已经大大超出福利机构的概念。（尽管这是一个为同旧机构决裂而独立出来的机构。）

2、我试着在总的语气上更拓宽些，不局限于一个机构和一件事，而是着重于人民友谊这个主题。当然也不能脱离具体的祝贺对象和具体的场合。我考虑到两点:（一）我想，这封贺信还可以用于另外一个目的，如果愿意的话，也可以把它刊登在《中国建设》上。这两个用途虽不互相排斥，但也较难兼顾。（二）有关各方似乎对他们这份新刊物的形式、出版时机等问题还在争论不休，那么在这些问题上，我们最好不要给他们带有倾向性的暗示，而是要鼓励他们团结在一个全国性的机构内，出版一份全国性的刊物。

3、原稿中关于中国的部分，有点儿轻重失衡，有些地方显得太单薄，有些地方相对而言则过于厚重，如医学方面。因此，我想对前者增加一些实质性内容，但不削减后者。

关于美国友好组织的任务一节，材料取自《中国和我们》5—8 月份汇编资料（第二卷，第三期）第八页上的东海岸地区组织的"原则声明"一文。

与唐明照同志在这里的时候不同，那时我们可以彼此交流意见。现在不知道哪些同志还了解这方面情况。因此我以上的印象是有局限性的。我希望你不要误以为这些印象是在对政策有深入理解，或者对有关背景和事实有充分了解的基础上得出的。

希望以上写的这些对你有用，也希望你现在身体好些了。当然盼望我们不久就能见面。

我没有去看纪念斯诺的图片展，不过的确看到了相关的电视报道。瞥见了埃尔西在其中的镜头，当然完全没有看到我的影子，只是听到我们的女儿叫喊："那不是我爸爸的光头吗！"

不过我们很高兴你看到了我们，而且我们的确看上去和以前差不多，没有太大的变化。

永远爱你的

一九七四年二月四日

我要再次强调，由于长时期没有工作，我对这一领域的总体情况并不熟悉。

注释：

1. 中国福利呼吁会，1949 年美国友人建立的援华组织。抗战初期，同情中国人民的美国友人成立了美国援华会，将募集的资金与物品支援宋庆龄领导的保盟，用于支持中国人民的抗日斗争。太平洋战争爆发后，美国政府为统一管理援华资金，组成包括美国援华会在内的美国援华联合会。抗战胜利后，美国援华联合会日益成为反共、干涉中国内政的工具。耿丽淑、爱泼斯坦等毅然脱离美国援华联合会，于 1949 年春成立一个新的独立机构——中国福利呼吁会。会址在纽约，并在其它城市设立有分会，耿丽淑任主席。

# 宋庆龄致爱泼斯坦

（一九七四年二月十日）

亲爱的朋友：

　　我要感谢你对我的帮助。我很喜欢文章的内容。有一些想不到的客人在出国前要住到我这所房子里来，我们都正忙于为接待他们做准备。

　　等我有空时再和你联系，因为我很想再次见到你和埃尔西！

　　顺致最美好的祝愿。

SCL

一九七四年二月十日

# 宋庆龄致爱泼斯坦

（一九七四年四月九日）

亲爱的艾培：

听说洛伊斯·斯诺[1]在哥伦比亚发表演讲前，曼赖斯·沃陶对她作了介绍，还听说你可能认识他，因为一九四四年他和你以及新闻记者斯坦一起去了延安。

我的邻居马海德向我提出见面的要求。（我没让他知道我们见过面了。事实上从去年十二月以后，我与他和路易就没有见过面。）这个要求最初是格雷·戴蒙德大夫提出来的，我不认识他。

希望你和埃尔西就像"上上"星期天我见到你们时那样，非常非常健康。

关爱你的 SCL

一九七四年四月九日

注释：

　　1. 洛伊斯·斯诺，埃德加·斯诺的第二位夫人。

1944 年

爱泼斯坦作为美国记者参加中外记者团访问延安。在延安抗日根据地晋西北采访时，身着八路军军装。

# 爱泼斯坦致宋庆龄

（一九七四年四月十二日）

亲爱的朋友：

关于你问到的沃陶这个人，我当然记得。他是一个带点儿老女人气的中年单身汉。抗日战争以前，他在上海圣约翰大学教新闻学，当时已经与董显光打得火热。在战争期间，董把他拉入国民党的对外宣传机构，并把一些圣约翰大学学生也带了过去。在重庆的时候，他是国民党对外宣传机构出版物的英文主编。我们经常把他看作国民党的一个花瓶。当我们组团赴延安采访的时候，董把他也作为记者塞了进来，其实多年来他从没有当过记者，只是为了这个目的临时搞了一个记者的名义，我记得是《巴尔的摩太阳报》。我们其他人都认为他可能是被安插进来监视我们的。不过，他似乎也被他所见所闻的一些事情感动了，他写的那些东西比人们预想的要好。后来，我离开了中国，也没有再关心他的行踪，不知道他在抗战胜利后究竟是重返圣约翰大学，还是继续留在国民党的宣传机构里。除了一两篇关于延安的不坏的报道外，我再也没有看到过他有其他什么正面的言论。在许多人谴责美国干涉中国的政策时，我也没有看到他的名字。不过像许多人一样，他可能最终也会承认客观现实，不会死抱住正在穷途末路中下沉的国民党那条船。此前，他可能同埃德加·斯诺有过一些接触，因为他原先在密苏里大学读过书，而且他也是密苏里州的人。这可能是他同洛伊斯有联系的一条线索，当然他不会同意埃德加·斯诺关于中国的观点。不知道他是在密苏里州的哥伦比亚市 [1] 还是在纽约的哥伦比亚大学把她引见的？如果是前者，那么他们也算是校友了。他也许可以从他在中国多年，还跟埃德加·斯诺有某种联系的经历中沾点光，从而羞答答地向一些听众或其他的人显示一点儿受人尊重的姿态。他现在大概早已退休了吧，因为在战争期间他已经五十来岁了。就任何方面的威望而言，他一直是一个微不足道的小人物，不在"名人"之列。

听说你感冒得很厉害，我们深感不安，望你多保重。

我们似乎仍然处在度假的状态中，下个月我可能去旅行，不是这个月。埃尔西则晚些时候才走。

敬重你的

一九七四年四月十二日

注释：

1. 哥伦比亚大学在哥伦比亚市。

# 宋庆龄致邱茉莉

（一九七四年五月十九日）

亲爱的埃尔西：

多谢你为我找来奶酪干炸鸡的烹调法，给你添麻烦了！我不清楚应当怎么做，在我的厨房里也没有那些外国香料，如月桂叶、胡椒粒等等。不过我想按你妹妹的做法来试一试。以往我就是简单地做白斩鸡来就米饭吃。很快我就将得到范妮·法默[1]的烹饪书了！

那天只是一个闪电式的茶话会！我得端着点儿架子。我觉得肥仔不希望我那天在李兆焕[2]面前表态太多，这使我如履薄冰，因为在这种场合被认为是应该表现出夫人应有的矜持。对吧？

希望艾培有一个愉快的旅行。

爱你们俩。

SCL

一九七四年五月十九日

注释：

1. 范妮·法默，美国烹饪专家，任教于美国波士顿烹饪学校。

2. 李兆焕，即艾伯特·李 (Albert Lee)，美籍华人。1937 年七七事变后走上美国街头宣传，反对日军侵华，号召群众为中国抗战捐款。捐款通过保盟转给八路军、新四军。1956 年又将其仅有的全部现金 8.6 万港元献给中国人民。上世纪 30—70 年代与宋庆龄保持通信联系。建国后曾多次访华。

## 宋庆龄致邱茉莉

（一九七四年六月二十四日）

亲爱的埃尔西：

多谢你的便笺。我希望我已说清楚了我的要求。我要一把能夹碎坚果的钳子和挖果仁的扦子，而不仅仅是其中的一件。要用的时间是我能吃到螃蟹的时候，现在恐怕还不是季节。希望今年秋天，我能为你和艾培举行一次螃蟹宴，我们在饭桌上想谈多久就谈多久。

深深爱你和艾培。

SCL

一九七四年六月二十四日

告诉你一个坏消息，昨天永清[1]突然推门进我房间时，我向后一仰，摔倒在地，屁股和头部都受了伤。又一次多么不幸的事故。现在大夫在照管着，因此，请不必为我担心。

注释：

1. 永清，即隋永清，宋庆龄警卫秘书隋学芳的长女。

24 VI '74

Dear Elsie,

Many thanks for note. But I hope that I made it clear that the request was for <u>Nut-Crackers</u> plus <u>the nut-picks</u>, not only the latter. Time was when I could use my teeth to crack the crabs, but am afraid to now. Let's hope I shall be able to give you + Eppy a crab dinner this autumn where we can linger and chat at the table as long as we please.

Lots of love to you, Elsie.

S.C.L

*Bad News — Yesterday I fell down backwards — luckily, of course, & DR. Au threaded me & am attended by doctor again. Concern. What a freak accident — as I was going forward & fell down backwards.*

1974 年 6 月 24 日宋庆龄致邱茉莉（黄浣碧 捐）

宋庆龄与爱泼斯坦、邱茉莉 往来书信 SOONG CHING LING'S CORRESPONDENCE WITH ISRAEL EPSTEIN AND ELSIE CHOLMELEY

## 宋庆龄致邱茉莉

（一九七四年六月二十六日）

亲爱的埃尔西：

　　一件精美的物品真的会给人带来永久的愉悦。每当我静坐并凝视着你送给我的那件晶莹剔透的瓷瓶时，我总是如痴如醉。眼下我把它放在我卧室的钢琴上，因为我空闲的时间大都是在那里度过的。等我一回到家，就会给客厅里放置古玩的橱柜安装一个灯泡，这样灯光就会直接照着它，使它熠熠生辉，显示出优美的线条和诱人的设计。这是我收藏品中最精致的一件。你是从天涯海角什么地方找到它的呀！

　　亲爱的埃尔西，谢谢你总是想着我。

感激你的 SCL

六月二十六日

　　希望你喜欢上海的这些花生糖和我家乡海南岛的咖啡。

# 宋庆龄致爱泼斯坦、邱茉莉

（一九七四年八月二十三日）

亲爱的艾培和埃尔西：

　　请读一读随信附上的剪报。你们作为我的好朋友，请告诉我对这些有关我的诽谤性文字，我该如何应对。关于我的这些无中生有的捏造竟然不时地被允许刊登出来，我真是感到极端的厌恶和愤慨。我没有钱请律师来起诉这个斯坦利·卡诺，但是能否有一位朋友写篇文章来制止这些谎言的流传。因为，不断重复的谎言在许多人的脑子里就成了事实。

非常感激你们的 SCL

八月二十三日

1974 年 8 月 23 日宋庆龄致爱泼斯坦、邱茉莉（黄浣碧 捐）

# 宋庆龄致爱泼斯坦

（一九七四年十月二十二日）

亲爱的艾培：

欢迎你们回家来。我刚才还在猜想，你和埃尔西是否已经回来了，因为又到了吃螃蟹的季节！而且我还想："到 11 月 3 日上午 11 时他们一定会精神饱满地回来的。"因为那是个星期天，你们俩肯定都会来我这里的，是吧？你们现在这么忙，就给张珏[1]打个电话好了，以省去写信的麻烦。你就说：你们俩在 3 日上午 11 时会到的。这就够了。

经过六个星期的打针、热敷和每天按摩的精心治疗，我面部的偏瘫已经治好。10 月[2]30 日我被"硬拉"去参加一次宴会，当时我的眼睑还肿着呢。在宴会上，我见到了总理。他很憔悴而且面带倦容，但他以高亢的声音，发表了一篇精彩的演讲。当然他是做出了巨大的努力，表现他身体健康。但是他现在仍然在住院治疗。

我期待着见到你们。请接受我的爱和敬意。

永远爱你们的 SCL

一九七四年十月二十二日

另：陈乙明[3]说他很想念你。7 月 11 日他带全家及五个孙子来访。大约五岁的那个孙子喝了一杯红酒就醉了，整个晚餐期间一直在睡觉。埃尔西肯定也记得这件事。

我正在给上海的家里写信，如有可能请他们弄点阳澄湖最好的螃蟹来。那里的螃蟹最棒！

请包扎好后送至住在附近的马海德的儿子幼马处转交。

《美中友好》的朋友对那封贺信反映很好。不过令我感到惊讶的是：谭宁邦和吉姆·内西在编辑这份新杂志！

注释：

1. 张珏，宋庆龄的秘书。

2. 10 月，应是 9 月之误。

3. 陈乙明（J. M. Tan，? —1976），印尼华侨，香港注册会计师，保盟的最早参加者。曾任中国工业合作协会国际委员会司库。宋庆龄的好友。

# 宋庆龄致爱泼斯坦

（一九七四年十月二十二日）

亲爱的艾培：

　　廖承志到海南休养去了，我想一个星期后他就会回来的。我把他家的住址附在后面（他最近搬到另外的地方去了）。我上次忘记附在信中了。

你的朋友　苏西

一九七四年十月二十二日

# 爱泼斯坦致宋庆龄

（一九七四年十月二十四日）

亲爱的朋友：

谢谢你的欢迎和邀请。埃尔西回来了（前天回来的），她很好，我们都非常期待着去看你。

我写信是因为我手头没有电话号码，同时也解释一下幼马来串门时，我还没有收到你的几封来信。

出版这本杂志的整个情形很复杂。谭宁邦竟然也是杂志的编委，我也感到很意外。我作为编辑之一，也没弄明白其中的奥妙，所以也就置身于争吵之外。谭宁邦参加编委会，这只是他工作的一部分，他似乎已经把自己抬高到发起人的位置了。我好像记得，他在纽约主持了一次聚会，还分发了杂志的试刊。我没有参加，也没有卷入到这些事情中去。

有一次，我偶然在韩丁[1]的农场里碰见他，问他在干嘛时，得到了一个相当傲慢的回答："在四所（如果我没有记错）美国大学任教。"他还染指于几本学术性的出版物。

重要的是友好运动正在发展，现在地方上大约已成立了 40 个友好协会。人们希望不会因在全国友协这个层面上的矛盾而使积极性受到影响。

十月二十四日

注释：

1. 韩丁，即威廉·欣顿（William Hinton），美国人。1945 年在驻重庆的美国战时新闻办事处任职。通过宋庆龄介绍结识了中共的龚澎，后认识了周恩来。两次在重庆会见毛泽东。1947年 1 月，受联合国善后救济总署的派遣，带着两台拖拉机到中国恢复生产。同年 7 月，到冀南解放区垦荒。1948 年参加河北张庄土地改革，认为不了解土地问题就不能了解中国革命，而中国的革命对世界有重要借鉴作用。1953 年回美国写作以张庄为背景的巨著《翻身》。1966 年出版后轰动美国。不久，在英、德、法、加拿大等 8 个国家出版。1971 年后多次访华，先后会见周恩来、邓小平，并重返张庄。

# 宋庆龄致爱泼斯坦

（一九七四年十一月七日）

亲爱的艾培：

收到这封来自海伦·罗森夫人的信，我感到很惊讶，希望你告诉我如何作复才好，因为我确信她和她的丈夫都是中国的真心朋友。

她是不是想说，韩素音认为他们不是中国的朋友，或者曾流露出这里的其他人对他们为人的正直有所怀疑？

请代我给她写封回信，因为我想告诉她，我没有听到过任何人对她的任何批评。

如你能草拟回信，我将很感激。只要一页即可，我连复印件都不会留。

感谢你的 SCL

一九七四年十一月七日

# 爱泼斯坦致宋庆龄

（一九七四年十一月十一日）*

亲爱的朋友：

我一直在思考如何处理才是最好的办法。很遗憾我确实对处理这些事不是很有把握。但就我目前所知，大致情况如下：

那里的情况是派性在作祟。在观点上的确存在分歧，但在我看来，这些不同观点不是目前争吵不休的原因，特别是在一个友好团体中更不能成为其理由。在友协内部，他们争论的焦点不是关于如何办杂志的问题，不是这样办好，还是那样办好的问题，而是反映出背后存在的问题：即谁是未来美国的马克思列宁主义政党，跟谁联合，团结在谁的周围，等等。两派或辩论双方中，许多人都是很好、很真诚的人，他们没有理由不在一个共同的组织内一起工作、讨论，本应以更大的诚意去团结对方，而不是站在各自的立场上去中伤对方。

从海伦的信中可以看出，她似乎不仅卷入派性之中，而且还受到那种不良风气的影响，即把最可鄙的动机安到不同观点的人们身上。

因此，我的意见是按照你所建议的精神，用类似以下的语气给她写封信：

"我相信你是一位真诚的朋友，我也没有从任何人那里听到过任何相反的看法。我还认为，对于在友好工作中哪种方式方法最好，可能看法各不相同，但是无论持哪种观点，他们中绝大多数都是好朋友。而且在许多问题上，从他们长期的表现来看，一直是友善的。我希望更加包容的团结精神能够占上风。至于这个人或者那个人可能说了些什么，最好不要去计较。我的态度也不会基于这些传闻而有所改变。"

换句话说，我觉得我们不能介入任何一方，因为我们并不了解他们有什么原则分歧，即便我们有自己的看法。我们应该促使他们冷静下来。

我这封信中没有把韩素音给海伦的信中说了些什么牵涉进去。（你原来是不是想把海伦的来信送我看看？）不管怎么说，韩素音毕竟是友协的外人，友协的问题还得由他们自己在美国去解决。根据海伦忧心忡忡的情况来判断，她可能已经陷入其中而不能自拔。

这是我到目前为止的一些想法，希望对你有点儿用处。

伊迪丝 [1] 寄来的菜谱刚收到。我将给你送过去。

我们俩向你问好。

艾培

十一月十一日

注释：

1. 伊迪丝，爱泼斯坦的前妻。1934 年与爱泼斯坦结婚。后因爱泼斯坦坚持留在中国抗战，而伊迪丝希望在美国生活，于 1942 年协议离婚。

1934 年，爱泼斯坦与第一位妻子伊迪丝结婚。

## 宋庆龄致爱泼斯坦

（一九七四年十一月十三日）

亲爱的艾培：

多谢你的帮助！希望你还没有把那本昂贵的烹调书送给别人，而是让埃尔西保管着。我们的厨师是广东人，不会外国烹调，所以我没有相应的厨具和必要的调料试着做这些美食。

希望有朝一日埃尔西有空时至少教教我如何做意大利馅饼！

如果还能弄到螃蟹的话，我会告诉你的。上次我们时间不够，而且也没有酒！吃这种海鲜应当有酒。

向你们俩表达我无限的爱意。

永远爱你们的 SCL
一九七四年十一月十三日

# 宋庆龄致爱泼斯坦

（一九七五年五月六日）

亲爱的艾培：

　　我是那样经常地想念你和埃尔西！希望在最近能够见到你们，因为我的左脚踝靠着拐杖的支撑能慢慢走动了。

　　我已经见过谢伟思了。他的头发全白了，三十年的时间肯定会把一个小伙子变成一个老头子！对于女人来说当然也是如此。但是……

　　不过，曼尼[1]倒正好相反，他看上去比过去还要年轻得多。他满面红光，两眼炯炯有神，走路也不再有点儿驼背了！这或许是他新结婚的夫人精心照料的结果。她叫伯莎，看上去有五十了，体态丰满。

　　送给你俩一盒樱桃酒心巧克力庆祝胜利[2]！

爱你们的 SCL

一九七五年五月六日

注释：

　　1. 曼尼，即马克斯·格兰尼奇 (Max Granich) 的昵称。与其妻子格雷斯·格兰尼奇（Grace Granich）都是美国共产党党员，于 1935 年来华，在上海编辑出版英文《中国呼声》（The Voice of China），支持中国的民主进步运动。当时宋庆龄的文章在中文报刊经常被禁止刊登，英文稿则多在《中国呼声》上发表。1972 年格雷斯·格兰尼奇不幸死于车祸。马克斯·格兰尼奇于 1975 年前后与第二位夫人伯莎·格兰尼奇结婚。

　　2. 庆祝胜利，指庆祝越南南方、柬埔寨在抗美救国战争中取得的胜利。

# 宋庆龄致爱泼斯坦

（一九七五年五月十五日）

亲爱的艾培：

祝你福寿绵长！下次再见面时，我们要干一杯！眼下风湿性关节炎给我造成了很大麻烦，还有高血压，所以今天早上医生要我静养几天。但我必须告诉你们，读到你们的信和你们对越南和柬埔寨胜利的反应，我是多么高兴！我仿佛能听到老福特、基辛格这帮人的长吁短叹！

李伯悌一定记得我曾建议我们发表一篇关于中国在外科方面的神奇成就的文章。我喜欢《中国建设》中的两篇文章。她知道是哪两篇。

原谅我的匆忙。向你们致热情问候。

永远的 SCL

一九七五年五月十五日

# 邱茉莉致宋庆龄

（一九七五年五月二十五日）

亲爱的朋友：

　　艾培已经写信告诉你，当听说你又遭遇不幸时，我们是多么担心。希望你现在已完全康复并能自如地走动了。

　　写这封短信是想告诉你，我听这里的一个名叫鲍勃·弗兰德的美国人说，谭宁邦正在写一部关于你的"传记"。尽管谭宁邦知道你是不会同意的，但他仍然在这么做。我不知道更多的细节，也无法确定这种传说是否属实。但是如果你没有听说过，我想你也许想知道。

　　我们参加了戴夫·德鲁克的招待会，米尔德里德也参加了。参加招待会的一些人，包括她在内，都是自麦卡锡[1]时期以后，就一直居住在墨西哥的美国人。米尔德里德已经老了，走路蹒跚，脑子也有点儿糊涂了。好在她还能认识到当时给她影响最大的那个人，现在是个彻头彻尾的叛徒。这个人就是菲利普·詹弗，当时是白劳德[2]的信徒。米尔德里德说好多年前就已经完全中断了与他的所有联系。我们没有做任何暗示，是她自己认识到她犯了如此大的错误，以及为什么我们、耿丽淑还有其他一些人当时那么坚决地和她断绝了关系。（那时中国福利呼吁会与美国援华会正在对着干。）我们同她交谈的时间太短，只得到了一个初步的印象。她个人倒没有表露出任何怨恨。也许此行多少打消了一点儿她的积怨。她似乎已经从社会活动中完全淡出了，不再对社会有任何影响。过去那个独断专行的米尔德里德，现在实际上已经相当凄凉，所剩的也只是一些修正主义的残留而已。

　　艾培和我向你问好。

一九七五年五月二十五日<br>
于北京（37）外文大楼

注释：

　　1. 麦卡锡，指约瑟夫·麦卡锡（Joseph McCarthy，1908-1957），美国共和党人。1950年2月9日，时任美国参议员的他在西弗吉尼亚州惠林市的一次演说中宣布：他掌握有在国务院工作的205名共产党员的名单。据此，美国当局对这些人进行了大规模的政治迫害。这个时代被称为麦卡锡时代。

　　2. 白劳德（Earl Russell Browder，1891—1973），美国共产党总书记（1934—1944）。1919—1920年因反对美国参加第一次世界大战被监禁。1920年担任美国国际工会教育联盟出版的《劳工先驱报》主编。1921年任美共中央委员。1926年受红色工会国际派遣到中国，在汉口和上海协助组织泛太平洋产业工会书记处，并担任书记处书记。1930—1944年任美共中央执行书记、总书记。1935—1940年任第三国际执行委员会委员。1946年被开除出党。

# 宋庆龄致爱泼斯坦

（一九七五年五月二十八日）

亲爱的朋友：

　　读了你的短信很感欣慰。一些出版社负责人和作家曾和我联系，他们甚至还派代表到我这里来，劝我让他们来写我的传记。这些人我都拒绝会见，并向他们说明"我要自己写回忆录"，以此作挡箭牌。

　　我只信任艾培来做这件事，因为你比别人更了解我。

　　等我们有时间，我会写信约你单独来谈谈。

　　向你致以爱意。

你永远的 SCL

一九七五年五月二十八日

# 宋庆龄致邱茉莉

（一九七五年六月二十二日）

亲爱的埃尔西：

我刚收到马海德和艾黎的来信。信中说，他们曾同鲍勃·弗兰德议论到谭宁邦否认要撰写关于我的传记的事。谭宁邦坚决不承认这个消息是从他那里传出去的，而且表示他对此毫不知情。

我现在有病在床，一些痛苦是难以忍受的，待我身体好些时再说给你听吧。

爱你和艾培。

SCL

一九七五年六月二十二日

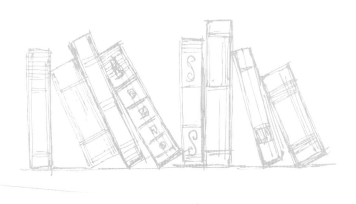

# 爱泼斯坦致宋庆龄

（一九七五年七月五日）

亲爱的朋友：

我们在大庆及东北其他地方参观了两个星期，回来后就看到你的短信。这次参观中，我们见到了很多令人鼓舞的事情，学到了很多东西，使人感到越活越年轻。参观团中的耿丽淑，做什么事情都是那么认真和努力。令我们每个人都感到惊奇和羡慕的是，她看上去每天都充满着活力。

关于你讲的事情，尽管没有听弗兰德亲口说起过，但是我们可以百分之九十九的肯定，是他说的。有时弗兰德会在不同的场合说不同的话。然而，最重要的不是追究消息的来源，而是事实究竟是怎样的。这件事到底是在策划中还是在写作中？我们会尽力设法去核实。有一些出版商会随洛伊丝·斯诺一同来访，他们可能会知道业内在鼓捣着什么事情。

衷心希望你身体好起来，并期待能有机会见面。我们计划 8 月 2 号去北戴河，休假两周，然后返回。

谨表挚爱。

一九七五年七月五日
于北京（37）外文大楼

# 爱泼斯坦致宋庆龄

（一九七五年九月九日）

亲爱的朋友：

听说你摔了一跤，我们非常不安。希望暑天过后，你能完全恢复正常，重新工作。前些时候我们之所以没有给你写信，是不想让你因回信而受到打扰，以使你有充分的时间早日康复。

我们去北戴河度假两周，在 8 月份的第三周回到北京，工作积攒了一大堆。我们的形象大有改观，不仅健康有所改善，而且体形也显得苗条了。正像马海德和柯如思那样，我们采用著名的"阿特金"食谱[1]，在不到两个月的时间内，我们两人的体重都减少了 20 英磅以上，腰围缩小了好几英寸。

关于谭宁邦的那件事，没有进一步的消息。尽管鲍勃·弗兰德加以否认，但是，他肯定对克艾文讲了这件事（我又再次向她核对了一下），但没有进一步的情况表明弗兰德的话是否真实，或者在多大程度上是准确的。

不过，我看到了美中友好协会（纽约伊撒卡区）的一份《简讯》，表明谭宁邦和他的妻子是如何吹嘘自己，也可以说是让别人来吹捧他们。随函附上这份《简讯》，你可以在第二页找到这个报道。这份《简讯》的原件不是我们的，过几天请退还我们。为方便起见，我们随函给你寄了一份复印件。

至于为什么会发生这种情况，当然有可能与谭宁邦在伊撒卡区的演讲有关，是那些鼓吹者的狂热所造成的，可以说他们的狂热程度比纽约市麦迪逊大街的那种狂热气氛有过之而无不及。可是又不太像。伊撒卡区是康乃尔大学的所在地，谭宁邦的姻亲陈依范[2]夫妇住在那里，他们在友好协会的分支机构中非常活跃。因此，这不太可能是某个人的无知再加上某个鼓吹者想借题发挥的结果。我们给耿丽淑寄了一份《简讯》的复印件，请她看看。（同时也给中国福利会寄了一份。）她给我们写了回信。虽然她与谭宁邦似有书信来往，但她信中没暗示她自己对此事的看法。她表示不赞成我们的分析。她说："……我猜想是谭宁邦或者元珠[3]提供了谭的履历材料。而履历本身就足以反应出谭对目前中国的社会、政治变革，持有截然不同的看法。"（最后一句话是《简讯》中对他们演讲主题的评价。）

我还听说一件事，尽管谭宁邦到处作报告等，他还没有固定的收入，所以他正在千方百计争取《新中国》杂志聘他为有工资的编辑。（这本杂志的头几期主要是依靠志愿工作者出力，现在正在建立自己的工作班子。）在正常情况下，很难想象谭会受聘。友协的理事们都知道，中国同志对他的印象并不好，而普通会员对他没有任何了解。但由于友协内部的宗派主义问题，一派可能支持另一派反对的任何事情。这样就会忽视事情真正的是非曲直。有不同观点是很正常的，如果听任其发展为宗派斗争，即使不涉及根本的原则问题，也常常会被野心家所利用，甚至招致失败。在正常的情况下，恐怕哪一派也不愿意与那些野心家打交道。

友协正在快速发展壮大，已拥有大约 70 个分会，这是非常好的事情。但是宗派主义使他们分散了精力，失去了正常的理智。（其实在我看来，争论双方都是相当正直的人。）正因为他们是正直的，结果往往使那些善于讨好别人的内部野心家得以施展拉一派打一派的伎俩。

如你所知，陈乙明身患病因不明的重症，十分虚弱，在香港未能确诊，来这里诊治。幸而在这里做出了正确的诊断，正在治疗中。原来的主要症状是每到下午就发烧，现在已趋正常。我们最初见到他时，他脸色相当苍白、全身无力，现在已基本上恢复到原来那种充满活力的样子。他和露丝都很高兴来到这里。医院方面要再给他做一些检查，大约还需要留住一周。他希望到那时能出院，急着想去北京的餐馆品尝美味，庆祝一下。

就写到这里吧。

此致敬礼！

九月九日

注释：

1. "阿特金"食谱，针对追求苗条身材的人群设计的食谱，由美国已故医生阿特金在上世纪 70 年代推出。建议饮食中的蛋白质含量要达到 25%，同时要求降低碳水化合物的摄入。该食谱在西方具有较大影响。

2. 陈依范（Jack Chen，1908—1995），广东中山人，现代画家。中国著名外交家陈友仁先生的儿子。早年在英国受教育。1927 年回国，在武汉《人民论坛》英文版任漫画编辑。后到莫斯科学习绘画。毕业后先后在苏联和英国工作。1937—1938 年，在欧美与亚洲二十个城市展出中国画家作品，向世界介绍中国抗战。1946 年回国，以记者身份访问毛泽东和蒋介石。1948 年接受毛泽东建议，在伦敦建立新华社的分支机构。建国后来北京，参加国际新闻局工作。协助创办《人民中国》、《北京周报》。

3. 元珠，即陈元珠，谭宁邦的妻子。

# 宋庆龄致爱泼斯坦

（一九七五年九月十二日）

亲爱的艾培：

万分感谢你的来信及附寄的材料（我现在将附件退回）。由于皮肤感染，我好长时间没有写信了。似乎没有什么药物能够治好这种病。几个月来那种不分昼夜浑身刺痒的折磨真是难以忍受！现在我正缠着纱布，浑身散发着难闻的中药膏的味道。昨天有四位皮肤科医生来会诊过，因此我希望今天晚上刺痒能减轻些，也能使我得到一点儿休息。

谈到谭宁邦，他不断给他称之为"伪善的基督徒"的耿丽淑写信，为的是要她为他的"宣传中国的工作"提供材料。我希望耿丽淑能看清这个人，不再做他的工具。

海伦·罗森将在26日到来。她受谭宁邦的蒙蔽，站在韩丁一边，对有吉幸治有意见。因为有吉幸治对韩丁发表同我们总理座谈的情况提出了批评。

待我身体好些时，我再多写些。真的很抱歉，我到现在还没有能同你和埃尔西会面。请原谅我字迹潦草。

向你表示最良好的爱意。

SCL

一九七五年九月十二日

# 爱泼斯坦致宋庆龄

（一九七五年十一月十九日）*

亲爱的朋友：

我们非常不安地听说你这段时期以来一直生病，希望南方温暖湿润的气候有助于你皮肤病的好转。很抱歉，我无法立即放下缠身的事情来考虑和着手写你建议的文章，所以拖了两天才给你写信。

首先谈谈《虎报》的文章。（这实际上是合众国际社的一篇特写，不仅发给香港的用户，发给美国的用户，而且发给了其他所有地方的用户。还不知道究竟有多少地方刊登了这篇文章。据我所知，如果没有特殊情况，它会卖给许多城市，但每个城市只卖给一家报社。）这确实是一篇卑鄙的文章，先说一些听起来相当友好的话，然后再含沙射影地对你进行诽谤。虽然这是伪造的，而且还避免声称这是真实的原话，避免指名道姓地说出"消息来源"，但这却恰恰符合他们通常的宣传"总路线"。例如说，"无可否认"新中国取得了巨大成就，但是"请你看看为此所付出的代价"，等等。他们采用老掉牙的惯用手法：说甲或乙对国内现状不满意，以此证明他们的这种"估计"是多么正确。还有一种伎俩也是他们挑衅性的锦囊妙计的一部分：他们会暗示说，是据"消息灵通人士"告知的。这样他们自己则可不承担责任了。这种写作手法可以追溯到资产阶级报刊诞生的那一天，只要他们的社会有这需要，这种做法就会长期存在下去。这是令人气愤的，但却是他们的行规。

其次，我也同意，反驳的办法不是跟他们进行直接的争论。因为正如俗话所说，"秀才遇上兵，有理说不清"。我认为，解决这个问题的办法应当是正面说理。目前开展的伟大的学大寨运动肯定是个好办法，我对此充满信心。因为它证明了我们已经取得的成就和正在满怀信心地争取新的胜利。你提出的我们需要应对的每一个问题我都考虑了一番，这些问题正好为我们发表强有力的、有说服力的文章提供了契机。我们刚从大寨访问回来，材料有的是。除了物质方面的成就、正确的路线和保证取得物质成就的继续革命的精神之外，它还表明了人的潜力、人权、首创精神等方面都得到了极大的扩展和发挥。而那个查尔斯·史密斯正是为这些成就而悲泣，请想想陈永贵和大寨的广大群众以及千百万中国农民以往过的是什么样的生活，现在过的是什么样的日子，以及他们对未来的憧憬吧！这仅仅是我们收集到的材料的一部分，还有更多的东西可供选择。

关于由我来写采访你的报道，我认为这可能不是最好的办法。其结果或者是人家根本不予刊登，或者人家会用别的方法进行攻击，例如在文章前面加一个恶意的大字标题或者编者按等等。（请看《虎报》的做法：他们只用史密斯的文章中几句话来作标题，就把文章的其他内容都变成他们最想渲染的东西的附属品，标题的作用甚至比史密斯的文章本身还要大。虽然，他们在处理我们的文章时所遇到的问题会有所不同，因为他们不可能引用文章本身的内容来作标题，但他们也许会给文章设计出一个"框框"来加以限制。）再就我们这边而言，给《虎报》那样一家在境外出版的、微不足道的、而且是反动的报纸投稿，特别是考虑到你的地位，那更是非同寻常的。而且按照他们的惯例，这种文章很难在多家报纸转载，因为每家报纸都要求"独家版权"，除非是通讯社的稿件。至于人身攻击，即使他们不再沉迷于损害你的声誉，他们也会抓住选定的"撰稿人"（我自己）不放。他们会说，瞧，这家伙曾经身陷囹圄（这是众所周知的）。即使不这么说，他们也会说："他在中国官方出版机构工作了一、二十年"，自然是"有偏见的"、"不可能是客观的"等等。或者他们不妨就抓住这个契机，写信给我说："什么情况使你（指我）突然给我们写起稿子来了，也许你还可以再写点儿别的东西吧？"或者"好的，你向被采访人提出了你的一些问题，你是否可以在你的采访中补充一些我们将要提出的问题？"或者"我们是否也可以派一名记者去采访？"我是一个记者和撰稿人，这是客观的事实。但是，从他们的观点来看，我给资产阶级报刊写稿已经是很久以前的事了，已成为历史，甚至成了古代史了。那么，我作为记者和撰稿人的事实就不再存在了。

因此，及时地在同类的栏目里发表间接的反击文章，虽然也会以另一种形式付出代价，但利大于弊。从日报读者的观点来看，即使我们的文章刊登了，也是昙花一现（日报的读者很少有人记得一周以前的事情），而且，还存在被歪曲的风险。所以我认为，对这类事情进行反驳，不管事情是刚过去的或者是将来发生的，最好的形式仍然是通过我们自己的杂志，尽管时间上可能慢一些。我们自己的刊物我们有较多的版面，没有外国的框框，比日报更具有保存价值，在地理概念上说也发行得更广，更有可能被我们的其他媒体和雨后春笋般的友好出版物全文转载或者摘要刊登。读者看了这些文章，把自己的头脑武装起来，一旦碰到当地报刊上刊登歪曲事实的报导，他们就会像过去经常处理那种歪曲报道的事件那样，及时而主动地引用我们文章中的话来进行辩论（诸如给编辑部写读者来信等）。

我本打算与你面谈这件事。在你身体康复了，又不急于准备旅行的时候，也许仍然能有这样一个机会。我把所想到的都写下来了，供你参考，也许我写的太长了。你有什么想法，今后如何做，请告诉我。

我们俩热切地希望你的皮肤病尽早痊愈。

此致敬礼！

十一月十九日

爱泼斯坦（右二）、邱茉莉（右一）在大寨参观，左一为陈永贵。

# 宋庆龄致爱泼斯坦

（一九七五年十一月二十八日）

亲爱的艾培：

我认真研究了你在信中附寄的那篇文章。文章从头至尾都写得很好，确是一篇精心之作。它使人读后得到教益并受到鼓舞，不是一篇简单的公式化的作品。我还从中学了几个新创造的词——"群众造反"、"超产"等等。

我只提四点建议：

第一页第八行和第一页倒数第八行，"磕头"最好改为"低头"。第二页倒数第八行，"在他们处理地主时"最好改为"当佃农和长工处理地主时……"。

第五页第一行：最好把大寨会议召开的时间加上，我记得是在今年九月份。

我希望《中国建设》尽快刊登这篇文章，而且要通过个人渠道将清样送给香港《虎报》星期日版。

向你表示我的感激。

永远爱你的 SCL

一九七五年十一月二十八日

如果来得及的话，我建议下期《中国建设》就能提前登载这篇文章。又及

# 爱泼斯坦致宋庆龄

（一九七五年十二月六日）*

亲爱的朋友：

我很抱歉没有早些得到消息。所有处理过那篇文章的人都喜欢它，除了个别细节或者用词之外，我提不出任何修改的意见，但是工作的进度的确相当缓慢。（其复杂的原因之一是：在这过程中，有一个人病了几天。）现在大家的意见似乎又调转回来，觉得《中国建设》仍是发表这篇文章最合适的地方。其间，我曾一再说明，你希望此文早于《中国建设》规定的出版时间发表。

星期一或星期二，会有一份这篇文章的中文译稿送审。这是通常的送审程序。我希望审批的时间不要拖得太长。这样你就可以批准这个文本交付印刷了。

下星期我会再同你联系。那时也许你还有别的事情要让我去处理，或者直接由我去做。《中国建设》的工作节奏确实较慢，但是读者的反响将会是很好的。

祝好！

艾培
十二月六日星期六

# 宋庆龄致爱泼斯坦

（一九七五年十二月二十四日）

亲爱的艾培：

  万分感激你的好意和友谊！我有病卧床，左眼又长了两个麦粒肿，因此只能在擦掉涂抹的药膏后才能阅读你的大作。

  同时向你表示我最诚挚的爱意。

苏西

一九七五年十二月二十四日

  今年全年都卧病在床！

# 宋庆龄致爱泼斯坦

（一九七五年十二月二十九日）

亲爱的艾培：

对于你就何时刊登这篇文章提出的建议以及你为此文付出的种种辛劳，表示深深的谢意。

麦粒肿小了些，但是目前还不适宜阅读书报。

不管你信不信，昨天，我又在两年中第五次发生了"事故"。我再次滑倒了，现正在治疗中，（虽然我不想像某人那样成为"××女皇"[1]）不过我还是希望能活着再次见到你们。

希望你们假日愉快并向你们表示深深的爱意。

苏西

一九七五年十二月二十九日

我从不介意粗茶淡饭！一块巧克力就能有助于提振精神。

---

注释：

1. "××女皇"，指江青。美国《妇女》杂志记者罗克珊·威特克（Roxane Wittke）1972年来华访问，经在北京和广州两地长时间采访江青，写成《红都女皇》一书。

# 爱泼斯坦致宋庆龄

（一九七六年一月十三日）

亲爱的朋友：

我们日夜思念总理，我们知道你也是一样。所以我们写信给你，共同悼念这位伟人。他的去世对于中国乃至世界来说都是一个莫大的损失。他是一个共产主义战士，毫无畏惧，任劳任怨，经常担负起最危险、最艰巨、最复杂的任务。他是一个勇敢的人、睿智的人、不知疲倦的人、风度翩翩的人。他把自己的一生无私地奉献给了劳动人民的解放事业。他的丰功伟绩永垂史册。他总是那么神采奕奕，以至人们无法相信他已经离我们而去。

他紧紧把握着毛主席的政策的核心，几十年来，无论是在工作的数量上，还是在多样性上，也无论其所涉及的范围之广，或是对每一件事过细地关注，他所付出的巨大的辛劳都是令人震惊的。讣告中的字字句句无不证明他一生的伟大功绩。

对于我俩来说，之所以感到亲切，还因为他赞成我们回来投入到中国的革命事业中来。后来，他又以令人难忘的热情，帮助我们重返工作岗位。我们的生活没有比这更有意义、更充实的了。就如千千万万的人一样，我们要化悲痛为力量，发扬总理的精神，继续前进。

这些天我们一直都很惦记你，愿意在思念总理中与你分享我们的回忆。

衷心希望你身体健康。

我们多么想你。

一九七六年一月十三日

# 爱泼斯坦致宋庆龄

（一九七六年一月）＊

亲爱的朋友：

　　几天前，我们就总理去世给你写了封信。此刻需要赶着去参加许多活动，所以打字都打得乱七八糟。虽然这样做很不礼貌，但我还是先寄给你，现在就寄出。

　　一并寄出的还有那篇文章的复印件，以备你存档。文章已经付印了。

　　很高兴得知你的眼睛恢复良好。昨天埃尔西在街上不幸摔了一跤，一只脚的踝骨扭伤骨折了。打了石膏，得过一段时间才能去掉。但未伤及她的身体，精神状况也很好。

　　顺致爱意。

# 宋庆龄致爱泼斯坦

（一九七六年一月十九日）

亲爱的艾培：

听到埃尔西的不幸，我非常非常难过。希望她从病痛中摆脱出来，很快康复。

你或许已听说总理留有遗嘱，要求把他的骨灰撒到长江、黄河和祖国大地上。痛哭流涕的人们不让灵车前进，因此途中耽搁了四个小时。到了八宝山，工人们拒绝火化他的遗体，最后主席不得不通过电话进行劝说：因为是总理自己的遗言，要遵照执行。

你工作很忙，对你给予的帮忙，我由衷地表示感谢。

请原谅我潦草的字迹，它们也开始抖动了。

向你和埃尔西表示爱意。

永远爱你们的 苏西

一九七六年一月十九日下午 3 时

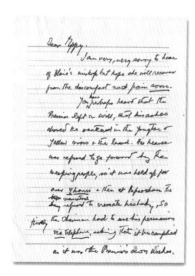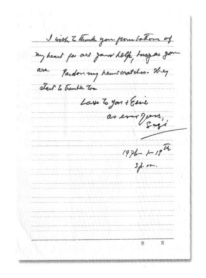

1976 年 1 月 19 日宋庆龄致爱泼斯坦（黄浣碧 捐）

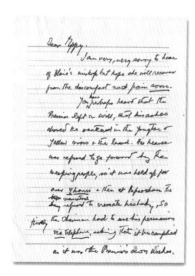

# 宋庆龄致爱泼斯坦

（一九七六年二月二十四日）

亲爱的艾培：

　　写这封信是为了告诉你，我必须回上海去住一段时间，因为那里有一件紧急的事需要我去处理，更不用说我迫切需要从我们最近遭受的打击和痛苦[1]中解脱出来，还有我没告诉过你的其他麻烦事。不必去打扰你，因为你也不能帮助我解决那些问题。

　　如果你或者埃尔西需要从上海带什么东西，请按以下地址写信给我：上海淮海中路 1843 号　林泰[2]收。

　　向你俩致以最诚挚的深切的爱意。

永远爱你们的　苏西

一九七六年二月二十四日

注释：

　　1. 打击和痛苦，指周恩来总理于 1976 年 1 月 8 日在北京逝世。

　　2. 林泰，宋庆龄使用的化名之一。

# 宋庆龄致爱泼斯坦

（一九七六年三月十三日）

亲爱的艾培：

《中国建设》杂志已收到。文章写得极好，我相信，在海外会受到十分热烈的欢迎。我虽然不能当面向你致谢，但是你知道，我的确深深地感谢你至诚的帮助。

此刻，我想你已经听到了我的朋友陈乙明几天前在香港去世的消息了。有吉幸治也刚刚因为得了夺去我们周总理生命的同样的病而动了手术。鉴于有吉总是那样辛劳地工作着，从来没有在午夜前上床休息过，为做对中国友好的工作，他总是来去匆匆，奔走于檀香山和芝加哥以及南方之间。我非常担心他难以战胜这种致命的癌症。

自从摔倒以后，我一直在对我的关节炎进行理疗。你也许对这件事感兴趣：一位朋友告诉我说，她参加了一位英国医生举办的讲座。医生说，关节炎已经不是不可治愈的疾病了，他还展示一种叫做波利聚酯（polyreer）的药物，讲解如何把它注射到关节炎患者和老年关节病人的关节中去，据说人们真的很神奇地看到这些瘫痪多年的人竟然站立起来，能走了！其效果就像是给生锈的钥匙和锁孔上点油一样。

或许有朝一日你的那位老朋友也可以尝试一下这种被称为波利聚酯的新疗法。他要防止营养不良，特别是防止缺少维生素 C 和复合维生素 B！由于我的右手腕严重骨折——是一个愚蠢的医生接上的，而不是一位外科医生，接得很糟糕，所以我的字迹有了变化。但我希望你能识别我蹩脚的笔迹。

正像人们建议的那样，我现在想过平静的生活，回避各种使人心烦的事。我很高兴告诉你们，这里的湿润的天气治好了我的皮肤病。

向你和埃尔西表示我最良好的祝愿。

苏西

一九七六年三月十三日

于上海淮海路 1843 号

# 宋庆龄致爱泼斯坦、邱茉莉

（一九七六年三月二十二日）

亲爱的艾培、埃尔西：

　　路易把他写的纪念陈乙明的文章送来了。陈是因患癌症于本月九日在香港逝世的。如果可能，请在《中国建设》上刊登这篇文章，因为我想海外许多友人都知道陈乙明。如果不便刊用，也许我们可以把它转寄给香港的《东方地平线》上去发表。

　　有吉刚刚在檀香山做了胰腺癌的手术。令人悲伤的是：这样的好朋友一个接一个地去世。有吉一生致力于构建中美友谊。他有一个年轻的儿子，名叫罗杰[1]。有吉希望他这个儿子能继续从事他的工作和活动。

　　希望你们俩都十分健康。

深深地爱你们的 SCL

一九七六年三月二十二日

于上海

---

注释：

　　1. 罗杰（？—2008），有吉幸治之子。继承其父遗志，始终致力于中美人民之间的交流。1979 年 6 月 19 日，宋庆龄在北京寓所会见以其为团长的美国夏威夷各界领导人访华团。

# 爱泼斯坦致宋庆龄

（一九七六年四月十三日）

亲爱的朋友：

谢谢你的两封来信，没有及时回复，请谅解。

乙明的逝世真是个坏消息，我们深感遗憾。离开这里的时候，他还是那么高兴、那么自信。我们一收到你的来信，埃尔西就给露丝[1]写信，表达我们的同情。乙明是一个正直且爱国的人。他不虚伪、不炫耀，没有华丽的词藻，只有朴实的行动，又是那么的善良，以至被别人利用时，他似乎还不知道，更不介意。我听说，有一千多人参加了在香港举行的他的追悼会，其中许多都是他以这样或那样的方式帮助过的年轻人。

有吉幸治的病情很严重，这也使我们非常震惊。他给我们的印象是果断、踏实、谦虚、勤奋，好似内心有一团火在燃烧。这些好的品德都是来自抚养他成长的日本劳动人民。他一向工作努力，倘能留给他更多的岁月，他还会继续如此。即使病重的时候，他也还在坚持做《简讯》的工作。这就是有吉的性格。看来，他在夏威夷所做的大量的友好工作，已在那个多民族的许多阶层中真正扎下了根，正如他自己也深深地扎根在那里一样。我们刚刚也给他写了封信。

让有吉幸治来这里也许不一定妥当。虽然他在这里得到的照料可能会好得多，并且可以减轻财政和其他方面的负担，以免在抗争疾病以外消耗他更多的精力，但如果他患的确实是胰腺癌的话，这里也没什么更好的治疗办法。

关于路易悼念乙明的诗，我跟杂志社谈了，觉得刊登在这本杂志上不太合适。而你提到的《东方地平线》，倒是刊登这类个人诗作的最合适的地方，因为它的读者群中有相当一部分人认识乙明。

路易的心脏病又发作了一次，或者说好像发作了一次，因为幸亏很轻。他住院做了次检查，现已出院，又回到他的打字机前了。你也一定知道，马海德的前列腺手术很成功，而且更重要的是，结论是良性肿瘤，不是恶性的。不过手术过程是非常痛苦的，术后几天也很难受。现在他的心情很好，虽然仍在康复中。

确切地说，埃尔西又能重新站立起来了。医生允许她那只受伤的脚着地了，虽然还不能太用力。明天，也就是周四，她有个复查，复查结果应该也是肯定的。踝关节恢复得很好，她正在练习走路。

听说你对上海的气候比较适应，我们很高兴。请好好休息！

向你致爱。

一九七六年四月十三日

注释：

1. 露丝，即陈黄露丝，陈乙明之妻。

## 宋庆龄致爱泼斯坦

（一九七六年四月十四日）

亲爱的艾培：

我南下后给你写过信，不知你是否收到。我现在又要麻烦你把附上的信件转寄给那位慷慨地送给我那本又大又漂亮的食谱的人，因为我不知道她的姓名和地址。我期待着再次见到这张美丽的"苹果脸"。希望她的来访不会推迟得太久。

回到南方后我觉得好多了。看来潮湿的空气对皮肤病有好处，但对膝关节炎和背痛的患者却不利。任何事情总有美中不足之处。

清新的空气令人心旷神怡，但是下雨使我不能出门，只能站在窗前，看盛开的樱桃花、杜鹃花和郁金香。我真想送给你和埃尔西一大束鲜花。

你还记得重庆时期史迪威的副官杨孟东吗？他计划来中国访问，同行的还有史迪威的两个女儿，她们来访是想更多地学习中国画。她们曾在齐白石和那位画马的大师（我忘了他的名字！大概是徐悲鸿）那里学习过绘画。

我回到这里虽然已有两个月了，却还没有见过耿丽淑。她常写信告诉我她不得不见的许许多多客人，总在没完没了地回答和解释问题，这肯定不是个好差使。不过正像我们都知道的那样，她很有耐心。

陈乙明因患癌症上个月去世了。尽管他一生充满艰辛，但仍为延续生命奋力拼搏。他的两个儿子都没有多大出息，给他带来许多麻烦。但对我们的事业，他总是尽心尽力的。

希望你们俩身体健康。我知道你们有多忙。

致以亲切的问候。

你的 SCL

一九七六年四月十四日

于上海

# 爱泼斯坦致宋庆龄

（一九七六年五月七日）

亲爱的朋友：

谢谢你 4 月 14 日的来信。这封信一定是跟我们前天发给你的那封信错开了。

我敢肯定，伊迪丝在收到你热情洋溢的信时，一定会惊喜不已和非常感激。现在她的姓改为巴林了。她有个女儿在教舞蹈，并且有三个孩子。她还有一个儿子在大学里做讲师。伊迪丝自己也做了多年的老师，后来成为一个社会工作者。虽然现在她的健康不像从前那么好了，但她还是在从事这项工作。几年前她做了一次癌症手术，幸运的是，术后没有复发，只是需要定期检查服药。但是她仍然充满活力，热情而愉快，就像你记忆中的一样。

知道你现在身体好多了，我们也就放心了。

史迪威的两个女儿在这儿有一段时间了，我在爱德乐 [1] 住的和平饭店里碰见过她们。她们相当友好，对政治不太感兴趣，只是对蒋介石和愚忠于这个老爹的一伙儿有些憎恨。

五一节那天，埃尔西拄着拐杖到中山公园走了一圈，这是她一次真正意义上的"外出活动"。平时她只靠一根拐杖到附近转转，在家时拐杖也可以不用了。现在剩下的只是训练问题了。踝关节愈合得很好，应该不会有什么后遗症。

你知道雪莉·格雷厄姆·杜波伊斯 [2] 是住在这儿的医院里吗？这是一个充满活力而且很有才华的人。

致以我俩对你的爱！

一九七六年五月七日

注释：

1. 爱德乐，即索尔·爱德乐（Sol Adler，1909—1994），英国人。二战时期来到中国支持抗战。20 世纪 50 年代因美国"麦卡锡主义"牵连而被迫离开中国。1962 年，来华定居，曾参加《毛泽东选集》等著作及党和国家重要文件的翻译工作。曾任中国社科院世界政治与经济研究所、外经贸部顾问。

2. 雪莉·格雷厄姆·杜波伊斯（Shirley Graham Du Bois），美国著名学者和黑人领袖杜波依斯的夫人。

1938 年

8 月 21 日，宋庆龄在伊迪丝（右二）、马坤（右三）等陪同下慰问伤员。

# 宋庆龄致爱泼斯坦

（一九七六年六月十一日）

亲爱的艾培：

    如果知道我再次成为地心引力的受害者的话，你会原谅我迟迟没有给你回信。这一次重力再度发威，破坏了我正常的平衡状态。我在浴室的踏板上滑倒，胸部重重地撞在了搪瓷浴缸上。这给我造成了极大的痛苦，也给朋友和医生添了许多麻烦。医生们不得不给我作各部位的X光检查，并尽力想办法减轻我的疼痛。我现在还活着，这真是个奇迹。我每天都要去接受治疗和服中药。我抚养的一个女孩（那个小的）要在九月份去北京外国语学院上学，因此我必须准备远行，在这个夏季结束时回到北京去，虽然仍希望能再次回到这个不使我遭受刺痒折磨的地方。真是神奇，故乡的气候对我非常友好。

    我们可怜的朋友有吉刚回美国去。经过东京一家肿瘤医院院长莲见大夫治疗后，他感觉好了些，计划十月间到中国来。这种情况与萨米尔·罗森医生的预测正好相反。有吉很执著，他打算再为我们，也就是为人民多做几年工作、组织一些活动。我答应他向我们的政府呼吁，给他必要的资金和帮助，因为他是一位真正的朋友和战士。

    等我能够长时间坐起来的时候，还有许多关于我家里的其他新闻要告诉你。

    向你和埃尔西致以我最良好的祝愿和深切的爱意。

SCL

一九七六年六月十一日

于上海

## 宋庆龄致爱泼斯坦

（一九七六年七月十四日）

亲爱的艾培：

我想此刻你已经把文章交给印厂发排了。在我背痛多日后，我想起文章的原稿还留在我的抽屉里。如果你不需要它的话，请允许我将其归档。

我们的总理悲剧性地去世，使我的精神几乎崩溃。我总想单独呆一会儿，但是每当我一人独处时，我就会失声痛哭。我们都热爱和敬仰这位最不寻常的人——因为他从不考虑自己。当我们单独见面时，我会告诉你他是如何的无私。

顺此问好。

你永远的 苏西

一九七六年七月十四日

# 宋庆龄致爱泼斯坦、邱茉莉

（一九七六年八月十二日）

最亲爱的艾培和埃尔西：

　　我一直在设法打听你们俩到哪儿去了，后来听说你们根本就没有离开。（多么希望你们俩会被疏散到上海来！虽然我的房子很小，但至少客厅足够接纳两个非常亲爱的朋友。）

　　我在等着天气凉快一点儿去住院检查一下，弄清我为什么会全身浮肿。一只眼睛里长的大麦粒肿越来越讨厌，必需切除或者灼烧掉。

　　上海热极了。一些珍贵的树将被砍掉，因为担心一旦这里发生地震，倒下来会危及房子。

　　希望你们安康，得到足够的休息。我打算寄给你们一个小包裹，你们需要什么？廖梦醒想要一个咖啡壶，但是都被疏散到这里来的外国人买光了，仿佛咖啡和咖啡壶是生活中不可或缺的东西似的。

　　如果你需要什么，请立即告诉我。我将给你们寄一小包奶酪之类的东西。

深爱你们的 SCL

一九七六年八月十二日

# 爱泼斯坦致宋庆龄

（一九七六年八月十七日）

亲爱的朋友，

非常感谢你的来信和你邮寄的包裹，最要感谢的还是你对我们的关怀。

听到你已经来北京准备参加朱德总司令葬礼的消息时，我们正打算给你回信呢。于是我们想，也许你会给我们信，约个时间聚一聚。之后就发生了地震。地震发生的那一会儿，我们确实很为你担心，因为此前你已经多次摔过跤了。但令我们很高兴的是，地震发生后不久，我们就从马海德那里听说了，你在震前参加完朱总司令的葬礼后就直接回上海去了。

接到你来信邀请我们去上海避一避的时候，我们真是从内心感到温暖，尽管我们没有去上海。

事实上，有几个外籍工作人员很快就南下了。其他人员（包括我们）被邀请去无锡和扬州。不过，我们一些人则要求留下来，一是因为工作离不开，二是因为还有孩子。除此之外，这样做我们确实会感到很别扭，因为我们的同事都留在这里继续工作，而我们却荡舟于太湖之上。好在随着余震的威胁逐渐减小，无锡之行的计划在没有成行之前就取消了，即使那些已经确定要走的人也不去了。

从自身的感受来说，我们感到很安全，就像99%的北京人的感觉一样。（在北京城内，实际上没有死人，受伤的也不多。尽管唐山损失惨重，天津次之，也比北京严重得多。）在我们工作和生活的地区，除了一些放在桌子边上和橱柜边上的东西掉了下来，还有室外烟囱顶部有几块砖头震落下来以外，几乎没有什么其他的东西掉下来。随后，我们同其他人一样，搭起了帐篷，周围环境都搞得井井有条，所以从头到尾我们甚至连一顿热饭都没有错过。从第三天开始，我们就在原地照常工作了，只是搬到了露天或是在塑料篷里而已。（如今塑料这个东西被证明确实是个好东西。每个人的窗帘、桌布，或者盖在铺盖卷上用来防水的被罩几乎都是塑料布。地震发生以后，国家就很快送来了一大卷一大卷的农用塑料薄膜，通常是建暖房用的，所以我们就像暖房里的西红柿和黄瓜那样欣欣向荣。）几天后，塑料棚就被军用帐篷替代了。尽管地震没有预测出来，但是地震发生以后，包括各家各户、集体、政府，各级都作出了十分积极而有效的反应。整个社会当然面临着考验，不过毛主席关于"备战备荒为人民"的教导，使精神极大地转化为物质。从这个意义上讲，这是一件了不起的事情，是教育的一部分，而且是一次伟大的教育运动。在任何地方、任何方面，我们都没有看到过惊慌、冷漠或迷茫。我们在城里乘公交车转了很多地方，包括乘地铁，从头到尾一切都是很正常的。

昨天，随着"大扫除"，所有的状况都立即恢复正常，就像地震发生时行动起来一样壮观，只用了一天的时间，帐篷城市就消失了。少数搭建得比较好的抗震棚留下来，作为紧急避难所用，或者给那些真正没有房子住的人们使用。商店、邮局等等从人行道上搬回到了大楼里去开张营业了。

由于我们迷恋于自己煮的咖啡，所以我们没有同他们一起跑到上海去。自从我们可以回到房子里去以后（尽管不能在里面睡觉和工作），我们就继续烘焙研磨咖啡豆了。战争时期的生活比起这个来要糟糕多了。

马海德可能已经告诉你，他的房子被震坏了些。但他的主要困难不在于地震，而是他在最近的一次手术中被感染，发了几天高烧。幼马则在沈阳摄影时，不幸从高梯上摔了下来，因此苏菲[1]不得不赶到那里去照顾他。不过很快他就会好的。

我们正在计划到西藏去一个月或五个星期，这将是我第三次去那里，而埃尔西则是第一次。我想写本书来叙述 20 年间三次到西藏所看到的变化，前两次分别是在 1955 年和 1965 年。我们本来计划后天（19 号）出发，但首先因为成都有地震预警，其次很多事情要重新安排，所以我们可能要推迟到月底才能启程。你送来的两瓶速溶咖啡等东西将成为我们旅途中最受欢迎的伴侣。如果一切都能按计划进行，那么我下次给你写信应该是在"世界屋脊"了。

希望上海的高温天气很快会结束，这样你待在医院的时间就不会太长，而且疗效也会好些。

你又收到有吉幸治的来信了吗？两个月前我们收到他的一封信，看上去他精神很好。自那时起，他的几本《通讯》表明他像往常一样工作着，但是没有关于他的直接的消息。

对你的关心和友谊，我们再次表示感谢。你还总是问我们需要什么东西，谢谢你，我们真的不需要什么。我们一切都很好。

全心全意爱你的 艾培
一九七六年八月十七日

雪莉·格雷厄姆·杜波伊斯是一个多星期前从地震中逃出来的病人，目前在上海华东医院住院。她精神很好，只是病得不轻。在中国期间，她最感激的事情之一，是总有朋友不时地送些自己家里做的西餐给她。她喜欢吃炖牛排、去刺的鱼片、味浓的汤和时令蔬菜等，可医院的食物太单调，不合她的口味。但是我们敢肯定，如果你能慰问她一下，写封信或写个便条，她一定会倍加感激。

再次感谢。又及

艾培

注释：

1. 苏菲，原名周素珍（1920— ）。1940 年与马海德在延安结婚。1949 年到北京从事电影工作。1992 年至今任中国宋庆龄基金会理事、名誉理事。

爱泼斯坦在外文局大院的地震棚写《西藏的转变》。

August 17, 1976

Dearest Friend,

Thank you ever so much for your letter and for the parcel, and most of all for your thoughts of us.

We were about to answer your last letter when we heard you had come here for the funeral of Com.Chu Teh, then thought we would be hearing from you and have a chance to get together -- and then came the earthquake and we were very worried indeed about you in the shake since you've had so many falls, but soon after heard from George Ma that you had gone directly back down to Shanghai before it happened, which made us glad.

It was most heart-warming to have your your invitation, even though we didn't go to S'hai.

In fact, what happened was that a few of the foreign workers went down there very quickly and others (including us, were invited to go to Wusih and Yangchow). But we were among those who suffkss asked to stay, having both work to do and the kids here, besides which we would have felt very queer indeed disporting ourselves on Taihu Lake with all our colleagues keeping going here -- and in any case, with the situation as to new shocks getting less menacing the entire Wusih project was cancelled before it eventuated, even for those who were set to go.

So far as our experience is concerned, we were all quite safe, as probably 99 per cent of people in Peking were (there were virtually no deaths in the city itself and not many injuries, though Tangshan was hit so terribly and Tientsin, while secondary, also had it far worse than Peking). In our work and living place nothing toppled except a few things on the edges of tables and cupboards indoors and some bricks off chimneys on top. Then we encamped, like everyone else, and in a very well organized milieu so from beginning to end we didn't even miss a single hot meal and by the third day were all working on the usual things at the usual pace, though under the sky or under plastic (the age of plastics has certainly proved a good thing, practically everyone had curtains or tablecloths or bedding-roll covers which could make a waterproof top, and very soon after the state came through xxx with xxxx huge rolls of agricultural plastics -- used for hothouses normally -- so we flourished like tomatoes or cucumbers.) And that, in turn, was succeeded after a few more days by army-type tents. Though the forecast simmed out, the response after the event on all levels -- individual, collective, governmental -- was tremendously positive and efficient. The whole society certainly met the test -and so far as Chairman Mao's teaching, "Prepare against war, prepare against calamities, do everything for the people", was concerned, xxx spirit turned into matter in a magnificent way. In this respect, it was a tremendous thing to be part of and a great education. Nowhere, in any respect, did we see panic, apathy or confusion, and we moved about a lot in the city as public transport, including subways, was normal from start to finish.

Yesterday, with the "all clear", everything went into reverse as spectacularly as it had gone into action, and within a day the entire tent city -- except for a few of the better shelters left against emergencies or for people

1976 年 8 月 17 日爱泼斯坦致宋庆龄（黄浣碧 捐）

-2-

with really unlivable houses -- vanished from the scene, the shops, post-offices etc. etc. shifted their operations back from the sidewalks into their buildings, and so on.

Since we stuck to our own coffeepot, we didn't join the run on them in Shanghai, and since we could go back into the house (though not sleep or work there) even continued to roast and grind our own beans. Wartime life was far, far worse.

Ma, as he has probably told you, had some damage to his house. But his chief troubles were not connected with the quake -- he ran a high fever briefly because of an infection at the site of his recent operation, and You Ma unfortunately fell from a high ladder in Shenyang while doing his photography, so Ma Fei had to rush there to take care of him. But he will be all right.

We ourselves are planning a month's or 5-week trip -- to Tibet, it being my third time and Elsie's first. I want to finish a book covering the changes seen on 3 visits in 20 years -- the last two were in 1955 and '65. We were set to leave day after tomorrow, 19th, but first there was the earthquake alert in Chengtu and then various re-arrangements, so it will probably be at the end of the month. That's where the two tins of instant coffee you sent will be most welcome travel companions, and if all goes on schedule, we'll write you next from the "roof of the world."

We hope the heat will let up soon in Shanghai and that your stay in hospital will be brief and efficacious.

Have you heard from Koji again? We had a very good and spirited letter from him a couple of months ago, and since then some copies of his newsletter showing that he is working as usual, but no xxx more direct news.

Again, many many thanks for your warm thoughts and constant friendship, and for asking if we want anything. We don't. We're fine.

With all love,

Ep

PS One of the sick people evacuated a xxxxxxxx week or more after the quake was Shirley Graham DuBois, who has been in hospital here. She is in Hutung Hosp., Shanghai. She is full of spirit but quite ill and one of the things she most appreciated here was having friends bring or send her a home-cooked foreign style dish from time to time; she likes beef stews, fish dishes without bones, thick soups -- and fairly seasoned, the hospital food was too bland to tempt her. Talitha knows and wrote she is doing something. But we are sure she'd appreciate it doubly if you sent her some token of attention -- in this form or just a note.

Love again,

E

宋庆龄与爱泼斯坦、邱茉莉——往来书信

SOONG CHING LING'S CORRESPONDENCE WITH ISRAEL EPSTEIN AND ELSIE CHOLMELEY

# 宋庆龄致爱泼斯坦

（一九七六年八月十九日）

亲爱的艾培：

　　这是一些送给你的特制的香烟，还有一块为埃尔西买的杭州丝绸，用以表达我的心意。我是最早听说你们已回来的。几个小时后我就要去上海了，因为气管炎越来越严重。希望我从上海回来后能见到你。

　　匆匆草此。

SCL

一九七六年八月十九日

# 爱泼斯坦致宋庆龄

（一九七六年九月十八日）

亲爱的朋友：

今天我们和全国人民一起收听了在天安门广场举行的毛主席追悼会的实况。我们知道你也在那儿，因为你前几天参加了守灵，同中国及世界的亿万人民一起缅怀这位伟大的领袖和导师。他在改变中国和世界人民的命运上发挥了无法估量的巨大作用。

我们最初听到这个噩耗时，是在遥远的雪域高原的一个牧民定居点里。所有牧民、干部和解放了的农奴，都围拢在能找到的半导体收音机旁，围拢在停在青藏公路上那个车站里的卡车和吉普车上的收音机旁。无处不在哭泣。很快，人们都戴上了黑箍和自制的白花。在卡车的车头上、在牧民们用黑色牦牛毛织成的帐篷上，都系有更大的白色纸花。但是，在这些饱经风霜、悲恸欲绝的脸上，还是清晰地显示出力量。毛主席给予这些在中国受压迫最深的苦难者的不仅仅是解放，还使他们认识自己、认识世界，为他们树立了自信和指明了方向。今天的西藏与 1955 年我访问时的西藏已经完全不同了。那时的西藏，农奴主还通过难以言喻的残忍手段和利用迷信制造难以想象的思想枷锁掌握当地的统治权力。现在的西藏同 1965 年的西藏也不同了。那时的西藏还刚刚解放，只是迈出了万里长征的第一步。现在的西藏，在藏民中涌现出能干的公社和大队的领导人、教师、军人、医生、兽医、技师、气象工作者、工人、矿工、党员和共青团员。广大群众因地制宜地开展学大寨运动，他们认识到，凭着自己的双手可以创造一切。如同其他的中国人民一样，在前进的道路上，毛主席永远活在他们心中，是无尽的力量源泉。现在我们才理解，为什么毛主席更愿意被人称为导师。但他不是在教室里授课，而是在斗争的实践中授课。他的学生们都没有辜负他。导师的去世犹如利剑穿心，但他们既没有被击垮，也没有灰心。既然没有任何力量能阻止毛主席去完成从当代（或者说从古代）一步步攀登未来高峰的任务，那么同样也没有任何力量能阻止他们这么做。

在地震中，广大人民群众也表现出同样的品格。所有事实都表明，毛主席教导得多么好啊！他激发了最普通的人民群众不可战胜的潜力去共同奋斗。尽管道路是曲折的，过去如此，今后也将如此，但我们坚信，创造未来的种子从来没有像现在这样深深地植根于世界各个角落，并将茁壮成长，因为它们赖以生长的土壤是亿万人民的心田。

现在的拉萨是座非常美丽的城市，不仅在于它的自然风光和古老建筑，更在于它的新貌。这里有一条条绿树成荫的新街道，新建筑已十倍于原有老建筑的总和。人民在肉体上和精神上受压迫的旧拉萨已一去不复返。各民族之间的平等和深厚友谊、对新中国及其成就和宏伟远景的认同，都通过民族区域自治的形式体现了出来。

我们觉得应该给你写封信了。

我们将于十月中旬回北京，那时也许我们能见到你。

希望你身体好些了，请保重为要。

顺致爱意。

一九七六年九月十八日
于拉萨

# 宋庆龄致爱泼斯坦 *

（一九七六年九月二十三日）

亲爱的艾培：

因为我的家在修缮，我在这家饭店的一个房间里已经住了十几天了。我是多么希望见到你和埃尔西。但他们告诉我，我是保密的客人，不便在这里接待友人。

此外，我的腿仍然没有力气，走路摇摇晃晃，两边都得有人搀扶才行（确实如此！）。

十号后我将去上海继续治疗。我的第二个养女要来北京外国语学院学习了，她叫隋永洁。那个老大刚从山西回来，在那儿她得靠西红柿、黄瓜和面食生活，因此她的模样变了，脖子很粗，不再像天鹅那样了。一个雨天她从楼梯上摔下来。那里没有外科医生，所以来这里照 X 光片什么的。看过 X 光片以后，医生说她必须动手术，我为此心情不好。

向你和埃尔西问好。告诉我你需要上海的什么东西。

苏西

一九七六年九月二十三日

* 此信写在"中国北京饭店"的信笺上。

## 爱泼斯坦致宋庆龄

（一九七六年十月二十八日）

亲爱的朋友：

　　我们已结束了长途旅行回来了，脑海里尽是生动而令人鼓舞的印象。

　　回来之后，我们发现这里发生了巨大的变化，人们欢欣鼓舞。我想你也一定如此。这些变化都说明了过去和现在沿着毛主席的道路所取得的进步。

　　有吉幸治的死讯对我们无论如何都是个打击，对于所有继续为未来而工作和奋斗的人来说也是个打击。很难相信这种可怕的疾病最终还是夺去了他的生命。

　　我们给他的妻子写了一封慰问信，随函附送给你一份。

　　非常希望能很快见到你。

一九七六年十月二十八日

于北京（37）外文大楼

# 宋庆龄致爱泼斯坦

（一九七六年十一月三日）

亲爱的艾培：

　　不用说，收到你的来信我有多高兴。我迟迟没有动笔回信，是因为很长一段时间以来我的心情很不好，听到了一些不愉快的事情。还有毛主席的去世，虽是无法避免的，但这件事使人难以承受。主席的一生实质上是革命斗争的一生，也是这一伟大时代的历史长卷。正如他本人曾说："人民英雄永垂不朽。"这也正是他的墓志铭。

　　长期以来的神经性疾患使我不能参加会议和别的活动。尽管神经科大夫一直在给我治疗，还做了按摩，但去年以来我已经不能自己行走了，必须有人搀扶。昨天又有七位神经科专家来给我作检查，除提醒我再也不要自己一个人走路外，还建议我多吃广柑和芒果，尽可能长期吃！可是，除非有朋友给我捎来些，这些东西在这里是买不到的！

　　我还有其他一些事情想告诉你，但要等以后了。或许你已经听说了这些事情。

　　我很高兴知道你同埃尔西作了一次很有收获的旅行。

　　快活起来吧，艾培！现在正是吃"横行夫人"[1]的最好时节！如果你和埃尔西这个时候能来，你们肯定能尝一尝我们南方螃蟹的不同滋味。设法放松一下吧！

　　向你俩致以深情的问候。

苏西

一九七六年十一月三日

　　听说谭宁邦的书终于出版了。又及

注释：

　　1. "横行夫人"，江青等"四人帮"垮台后，人们以横行的螃蟹来讥讽江青。

宋庆龄与爱泼斯坦、邱茉莉往来书信
SOONG CHING LING'S CORRESPONDENCE WITH ISRAEL EPSTEIN AND ELSIE CHOLMELEY

Nov. 3 1976

My dear Eppy,

Needless to say how most welcome your letter was to me. I delayed writing because I have been in a most unhappy mood for a long time, having been told some unpleasant facts and that Chairman Mao's death was inevitable — this very fact becomes crushing. The life of our Chairman is in essence the struggle of the Revolution and the history of this great period. As he said himself "The heroes of the people are immortals" and that is really his Epitaph.

By own long illness, nerve-trouble has prevented me from taking

part in meetings and so forth. Since last year I could not walk alone, must be supported, despite so long a treatment by nerve doctors and messengers. Yesterday since nerve specialists came to examine me, after auscultating me never to walk alone, approved the necessity for me to eat 柑橘 (khum ching oranges) and mangoes, eating and as much as possible! These cannot be had unless some friends bring them here!

There are other matters I'd like to share with you but this will have to wait. Or perhaps you have already heard them.

I am happy that you had

a rewarding trip with Elsie.

On a happier mood, Eppy! This is the best time for the "Madame crabs"! If you + Elsie could be here at this time, you will be sure to taste the difference of our southern ones. So try a relax a bit!

My affectionate greetings to you both.

Sun

PS.

Heard that Jerry has published his book at last.

1976 年 11 月 3 日宋庆龄致爱泼斯坦（黄浣碧 捐）

# 宋庆龄致爱泼斯坦、邱茉莉

（一九七六年十二月）*

亲爱的艾培和埃尔西：

我从上海给你们带来了一些家制的香肠，希望你们喜欢。

将香肠蒸一下，要比通常的香肠切得薄一点儿，这样味道更好些。

向你们表示亲切的问候。

SCL

这几天上下午和晚上我都得去开会，尽管已经身心疲惫。

# 爱泼斯坦致宋庆龄

（一九七六年十二月二十一日）

亲爱的朋友：

在"四人帮"连同他们臭名昭著的劣迹和伪善被肃清的今天，我们怀着特殊的希望和信心向你祝贺新年。希望新的一年对你、对全体人民和整个国家都将是美好的。一个多世纪的中国革命事业以及在毛主席领导下的人民历经半个世纪史诗般的斗争所取得的伟大成果，现在都可以不再被这些恶性膨胀的骗子和恶魔所扭曲，而继续向前推进。

很高兴在电视上看到你出席人大常委会会议，以及后来接见巴基斯坦使节的情景。你看上去身体健康、精神抖擞。

从李伯悌那里，我们知道了关于请你撰写纪念总理文章的事。这是《中国建设》和海内外人民众望所归的，也是杂志社同仁们的强烈愿望。不幸的是，这里冬天的气候使你的皮肤病复发了，致使你难以动笔。不过我们恳请你能再考虑一下，如果你感到身体好些了，有可能动笔的话，我们仍然非常希望你能满足我们的要求。好在从现在算起还有一个月的时间。如果你需要帮助的话，我会尽我所能。你可以口述一些回忆和你的构思，由我来执笔，然后再请你修改和定稿。这样也许可以减轻你体力上的消耗。

务必请你考虑一下。

全体同志向你问候。

一九七六年十二月二十一日

# 宋庆龄致爱泼斯坦、邱茉莉

（一九七六年十二月二十二日）

亲爱的朋友们：

我觉得你们的劝说很重要，我不想让你们俩失望，所以尽管得了重感冒，眼下身体很不好，我也还是决定试试。我知道你们会替我修改和润色的。请先不要告诉任何人，因为通常总是有太多的闲言碎语。

致以爱。

原谅我颤抖的手写的字！

深情的 苏西
一九七六年十二月二十二日

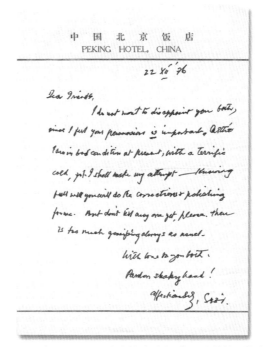

1976 年 12 月 22 日宋庆龄致爱泼斯坦、邱茉莉（黄浣碧 捐）

# 宋庆龄致爱泼斯坦、邱茉莉

（一九七六年十二月二十四日）

亲爱的艾培和埃尔西：

谢谢你们的问候。为了不使你们失望，我尝试写了我所知道的总理——其实别的一些人对他的了解要比我多得多，他们多年和他密切地生活在一起。我这里没有参考材料，所以你得从悼念他的文章中去选一些，我记得有些文章写得非常真诚感人。

请任意修改、增加和删节，我将十分感激！

唉，可惜我没有照片可以提供，否则会更有意思。

向你们致以最良好的问候。

永远怀着深情的 SCL

一九七六年十二月二十四日

附件：宋庆龄致李伯悌

（一九七六年十二月二十七日）

亲爱的伯悌：

根据你的要求，我已经送出了关于周恩来总理的文章。但是我忘记把他来社里时给《中国建设》所作的重要指示包括进去了。如有可能，请让艾培加进去，因为毕竟我们是在总理的指导下工作的。

祝身体健康。

深深爱你们的 SCL

一九七六年十二月二十七日

# 宋庆龄致爱泼斯坦

（一九七七年二月十九日）

亲爱的艾培：

我真高兴你能在节日期间休息，而不是让那些烦人的事压得喘不过气来！我在通读这篇稿件时想到，说"周恩来时常来看我"，这是否明智？尽管这是事实，但听起来好像我在吹嘘自己。

现在我把稿件寄还给你。给你添了那么多麻烦，真是感激不尽。除了上面说的那一点想法之外，我对稿件非常满意并极为赞赏。

是的，上海湿润和寒冷的天气解除了我皮肤瘙痒症的痛苦。但我在这里恐怕不能久住。

我发现人民十分拥护华[1]，说明毛主席和周的路线坚不可摧，这使我感到欣慰！他们两位都是如此具有远见，即使是"可怕的四人帮"也休想使我们转向，哪怕只有一天！当然，也还有因各种破坏造成的痕迹，但这些都只是暂时的。

回到北京后我一定会看伊文思[2]的影片。

生命不能永存，这是何等可悲！一年里，我所敬爱的四个朋友[3]都走了！

必须赶快把稿子寄出，今天就写到这里。

深深地爱你们，艾培和埃尔西。

SCL

一九七七年二月十九日

于上海淮海路 1843 号

那个"一母三公"（四只螃蟹）[4]甚至对中国福利会也造成了不少破坏。明年是中国福利会四十周年，我明天将同这里的新领导班子谈一谈这件事情。

注释：

1. 华，指华国锋（1921-2008），山西交城人。时任中共中央委员会主席，中央军委主席，国务院总理。

2. 伊文思，即约里斯·伊文思（Joris Ivens，1898—1989），荷兰纪录电影导演。早期作品受先锋派电影影响，追求画面形象的新奇。20 世纪 30 年代起创作题材具有很强的社会性，反映了世界反法西斯的斗争。第二次世界大战后拍摄了一系列反映社会主义国家面貌及世界和平题材的纪录片。曾多次访问中国，摄有纪录片《四万万人民》、《早春》和《愚公移山》。

3. 四个朋友，指毛泽东、朱德、周恩来、有吉幸治。

4. "一母三公"（四只螃蟹），指横行霸道的"四人帮"。

1950 年

12月，周恩来、刘少奇、蔡畅、曾宪植（左起）在北京方巾巷宋庆龄寓所做客。

# 爱泼斯坦致宋庆龄

（一九七七年二月二十三日）

亲爱的朋友：

　　写这封信是为了向你确认已收到了那篇文章，并谢谢你这么快就将稿子退回来了。按照你的指示，我们会删除"时常"一词，就简单地说"他有时来看我"。文章已交付印刷了。

　　知道你在上海身体好些了，特别从信上来看，你心情愉快，我们都很高兴。

　　中国福利会明年就要过她的 40 岁生日了。虽然那些日子至今还在我的记忆中，好像时间并不长，但却已经发生了翻天覆地的变化！我第一次见到你，到现在也已经 40 年了。那时你因上海遭轰炸而来到广州，我们打算在广州成立保卫中国同盟的一个分支机构。当时我 23 岁，刚过 40 的一半。现在我自我感觉还没有比那时老多少，当然从椅子上猛地站起来不行了。体力也似乎跟从前差不多，只是跑步的速度慢了些。虽然是怀着一种鉴赏的心情回忆着曲折的进程，但总的趋势是在向前进，因此也更加有信心。

　　现在我正忙于西藏之行的写作。希望下次你来北京时能够见到你。我们盼望着在六、七月间再去美国和英国探亲一次，国庆节之前回来。

永远爱你的

一九七七年二月二十三日

## 宋庆龄致爱泼斯坦

（一九七七年三月三十日）

亲爱的艾培和埃尔西：

　　那天司机去你们那里时我就想送给你们这个电池闹钟，但因忙乱之中我的行李还没有统统打开。希望你们接受它，作为我们悠久而忠诚的友谊的纪念。这个闹钟可以使用国产电池。

　　我的眼睛还肿着，荨麻疹也还在折磨我，所以请你们原谅我只草草写几句。

　　顺致我的爱意。

你们永远的 SCL

一九七七年三月三十日

# 宋庆龄致爱泼斯坦

（一九七七年四月九日）

亲爱的艾培：

不知你是否读过我的上一封信，其中提到中国福利会的领导班子将有一个变动。我已要求市政府的苏振华[1]担任我们执委会的头头。你可能知道，"四人帮"在那里做了好多坏事。

我希望你和埃尔西能在九月份来这里。我们可以好好用上你们送给我的那些小玩意儿。

我正在看大量材料，发现了许多美国有关中国的报道，其中有回忆毛主席和周总理的很好的文章。

向你和埃尔西致以良好的祝愿和爱意。

SCL

一九七七年四月九日

于上海

注释：

1. 苏振华（1912—1979），湖南平江人。1928 年参加平江起义，1930 年加入中国共产党。历任红军的团政委，八路军第三四三旅政委，解放军第二野战军第五兵团政委。新中国成立后，任中共贵州省委书记、海军第一政委、中央军委副秘书长、中共上海市委第一书记等职。1955 年被授予上将军衔。是中共第八届候补中央委员、第十届中央政治局候补委员、第十一届中央政治局委员。

## 宋庆龄致爱泼斯坦

（一九七七年四月二十五日）

亲爱的艾培：

有一位新闻记者告诉我，他们正在编一本纪念陈毅将军的集子。因为江青和她那帮人散布了有关他的一些卑鄙的谣言，其中有一条是同我有关的。据说，有几个当过陈毅秘书和身边工作过的人员宣称，陈毅常常一个人到我家里来看我（看来拜访一个朋友也是一桩罪过！），意思是我们之间有过什么爱情关系！

我刚给那些编这本集子的人写了信，告诉他们，我从来没有在家里单独接待过陈毅。只有一次他同柯老[1]一同来我家——因为有一位新四军军官来我家，要求我把房子腾空，他们要用，如下午四时前不腾，他会派士兵来搬走我家的东西——他们是为这事来向我道歉的。当时我听到那个军官的话后，就请一个朋友去向柯老申诉，柯老同陈毅商量后就一起来道歉。陈毅第二次来看望我是同他的夫人一道来饮茶。

为了长话短说，我告诉他们为什么陈毅对我们深怀感激之情。在香港时，你编印了《保卫中国同盟新闻通讯》，发表了许多文章，宣传抗日根据地真相，揭露国民党制造的谣言。由于你这些有力的宣传，我们开始收到各国捐赠给新四军的药品和现款。陈毅因此说，我们给他们的工作以莫大激励。我只是想告诉你，我如实介绍了你为解放区所做的工作。

明年将是四十周年了，如果我们开纪念会，我将邀请你发言，讲讲你是怎样为保卫中国同盟取了这个名字的。当时我在广州见到你，要求你参加我正在香港筹备的一个机构。

原谅我写得潦草，因为一位骨科专家要来检查我的脊椎——我几天前又摔了一跤。看来这成了我每周一次的例行公事了。

向你俩致深切爱意。

SCL

一九七七年四月二十五日

于上海

注释：

柯老，指柯庆施（1902—1965），安徽歙县人。1922年加入中国共产党。新中国成立后，历任南京市市长、中共南京市委书记，江苏省人民政府副主席、中共江苏省委书记，中共中央上海局书记，中共上海市委第一书记、市长，国务院副总理，中共第八届中央政治局委员。1960年7月起担任中国福利会执行委员会委员。

保卫中国同盟中央委员会部分成员在香港合影。左起：爱泼斯坦、邓文钊、廖梦醒、宋庆龄、克拉克、法朗斯、廖承志。

# 爱泼斯坦致宋庆龄

（一九七七年四月二十八日）

亲爱的朋友：

非常非常感谢你 4 月 9 日和 25 日的两封来信。

在 4 月 9 日的来信中，你问我是否收到了早些时候的一封来信，其中提到上海中福会领导人员变换的情况。那封信我没有收到。但在 4 月 9 日的那封来信中，你提到了这件事。听起来新的领导班子不错，想必现在各方面的工作都有所改进。

读到 4 月 15 日的来信，我被你所回忆的许多事情深深地感动。你还提到了我很久前做过的一点儿工作，我对此也很感激。

在谈这件事之前，我先要说说为陈毅写传记的事。这是一件大好事。他是一个勇敢、坦率的热血战士，习惯于有什么想法就直率地说出来。这往往被那些有心机的家伙所利用。如果发现自己在任何问题上犯了错误，他便立即承认。这又会被那些野心家拿来作为攻击他的子弹。尽管那些人不是百分之二百的正确，甚至他们做了 180 度的转弯，也是不会承认的。而且这些人也不曾像陈毅那样经历过枪林弹雨的考验。

但是，在《保盟通讯》向世界宣传新四军事件真相这件事情上，我真的没有什么值得赞誉的。我的确编辑过许多期《通讯》，但在皖南事变[1]发生时，我并没有在香港，而是在重庆。（我 1940 年中期去重庆，直到 1941 年中期才返回香港，而《通讯》揭露这一事变的时间是在 1941 年 2 月。请参考中福会 20 周年纪念册 41-42 页。）如果我没记错的话，在那段时间，是詹姆斯·贝特兰从新西兰过来编辑这个《通讯》的。为了达到揭露的目的，还由廖承志、金仲华等人撰稿，出版了一个中文版本。所以，我能被提到的，顶多也只是我参与建立了《保盟通讯》这个媒体，后来成为及时报道真相的工具。

我准确地记得，事变发生前我还在香港。那是我第一次到香港，也是待的时间较长的一次（1938 年到 1940 年）。我们多次报道过新四军，并把杰克·贝登写的文章编辑成一本小册子。杰克·贝登曾采访过新四军，他在书中深表同情地描述了当时的斗争情况，强调了新四军在医药供应品方面的困难。当然，此前我们也曾用各种形式（包括通讯稿、年报），鼓励人们为抗日军队捐献药品。在事变发生之前，时任新四军卫生部部长的沈其震医生就常通过香港和上海的"国际伤兵之友"购买医药用品。

对于"保卫中国同盟"的名字，如果是我取的我会感到很自豪，但是你能确定是我取的吗？我记不清了。"保盟"宣布成立之前，这个名字就已经出现了。（见中福会 20 周年纪念册第 21 页）那时我还没来到香港工作。我第一次跟保盟接触是在广州，1938 年的早秋。当时你和廖梦醒、希尔达·沙尔文·克拉克也都在广州。你向我打听岭南大学的一些人，包括唐纳德·艾伦，商讨在广州建立分部的事情。不久之后，我确实去香港访问过几天，但当我移居那里并开始工作的时候，"保盟"的名字肯定已经存在了。（保盟宣告成立时，最初负责宣传工作的人是约翰·利宁，他是埃德加·斯诺的朋友。）我接手宣传工作是在 1938 年的 10 月去广州之后，不久《保盟通讯》就以印刷的形式出现了。

所以说，我是早期工作者中的一员，但我并不是创始人。如果真的是我想出的这个名字，我很自豪。但是如果不是我，我不想得到应该属于别人的殊荣。

当然我们都想去参加 40 周年的纪念会。如果能在会上发言或为 40 周年写些文章，也会感到荣幸。更重要的，我很感激你能想到关于我的这些。但是我只是参与推动这个车轮的人之一，你才是主要的推手。而且如果没有伟大的革命，保盟也不会诞生，也不会成为革命的一部分。

我们对你连续摔跤十分担心。你千万要小心。但是使我们欣慰的是，从你充满热情的长信来看，你没有伤及要害。

我们今年回美国和英国探亲安排在 7 月份，大概要历时三个月左右。

你可能在我们走之前北上吗？

祝"五·一"劳动节愉快并致我们的爱意。

一九七七年四月二十八日

于北京（37）外文大楼

注释：

1. 皖南事变，抗战时期发生的国民党顽固派破坏抗战、袭击江南新四军的事件。1940 年 10 月 19 日蒋介石指使何应钦、白崇禧发表"皓电"，强令黄河以南的八路军、新四军于一个月内开赴黄河以北。11 月 9 日朱德、彭德怀、叶挺、项英复电驳斥国民党制造分裂的无理要求后，表示为顾全大局江南新四军可"遵令北移"。1941 年 1 月 6 日，当向北转移的新四军 9000 多人到达皖南泾县茂林地区时，突遭国民党军队袭击。新四军被迫还击，血战 7 昼夜，弹尽粮绝，除 2000 多人突围外，大部牺牲，一部被俘。军长叶挺与国民党谈判时被扣，副军长项英、参谋长周子昆突围时被叛徒杀害，政治部主任袁国平牺牲。17 日蒋宣布新四军为"叛军"，取消其番号，将叶挺交"军法审判"。

往来书信　宋庆龄与爱泼斯坦、邱茉莉

SOONG CHING LING'S CORRESPONDENCE WITH ISRAEL EPSTEIN AND ELSIE CHOLMELEY

1940 年

爱泼斯坦在重庆

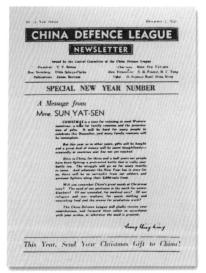

《保卫中国同盟新闻通讯》英文版

《保卫中国同盟新闻通讯》中文版

# 爱泼斯坦、邱茉莉致宋庆龄

（一九七七年五月三十一日）

亲爱的朋友：

谢谢你送给我们和伊迪丝的礼物。伊迪丝收到礼物后也一定会和我们一样，为你过去和现在的友谊感到温暖和感动。你送的台钟很漂亮。看到它我们就会想起你。它将提醒我们什么时候该起床，什么时候该工作。

今天我们在首都医院遇见了曼尼·格兰尼奇。他在桂林不幸患了肺炎，不得不飞回来接受治疗，我猜想你是知道这件事的。不过他现在好多了。我们看到他的时候，他正坐在轮椅上被推到检查室去。他已经不必仰躺在床上了。在他去桂林之前，我们聊了一次，他还像从前那样热情、活跃、精明。

我们还在痛苦地写那本书，写得太长了，还得回过头来作些删节。我们去美国的时间可能不会早于七月下旬。除了要完成这本书以外，办理美国签证等事情也会很慢。

请保重为要。

我们俩向你致爱。

一九七七年五月三十一日
于北京（37）外文大楼

# 爱泼斯坦致宋庆龄

（一九七七年六月十五日）

亲爱的朋友：

我只是要告诉你，我一拿到翰笙的文章就交给杂志社了，现在他们正在讨论此事。在审定这篇稿子的过程中，还需要咨询考古学家、历史学家等。李伯悌要等到她的肝炎好些之后才可以上班，所以暂时由二把手老孟 [1] 来代替她。

希望你的身体很好。我们一切都好，就是我的膝盖突然出了点毛病。那天坐了一天，站起来后就感到膝盖很疼，不能走动了。后来发现是长了骨刺，影响了神经和腱鞘。休息了两天，神奇的中国式按摩把我的腿治好了——也可能是按摩师那种可怕的力气把我的小毛病吓跑了吧。之后的一个星期左右，我就能不用拐杖上下楼梯了，所以一切又恢复了正常。

向你问好。

一九七七年六月十五日
于北京（37）外文大楼

---

注释：

1. 老孟，指孟纪青，时为《中国建设》编辑，后任总编辑。

# 宋庆龄致爱泼斯坦

（一九七七年六月十六日）

亲爱的艾培：

非常感谢你关于如何处理翰笙的文章的短信，因为他已经问起了文章的事。我要再一次麻烦你，该怎样给他回信才好。

这么说你的膝盖也出过毛病！听到你现在已经好了，我就放心了。我终于找到了一个会做老式推拿的女理发师，她使我的腿恢复了一些，现在已经能够走一点路了，不过还得靠人搀扶。如有可能，请了解一下你的按摩师的姓名和地址，把他的电话号码先告诉我，这样我就可以问一下，是否我也能去试着治一治，使我至少不用搀扶就能正常行走。我感到我这位"女理发师"对治好我的病信心不足。

永远爱你们的 SCL

一九七七年六月十六日

# 宋庆龄致爱泼斯坦、邱茉莉

（一九七七年十二月十五日）

亲爱的艾培和埃尔西：

我非常高兴你们回来了。等我的腿有力气以后，希望能请你们到我这里来。感谢伊迪丝的可爱的日历。附上孙君莲[1]寄给廖承志的包裹的收据。

我仍在为背部和腿部的疼痛做理疗和按摩，这是在洗澡间出的可怕事故引起的。我的头撞在了澡盆边上，幸亏没有骨折（X光检查了两个半小时）。

谨致最热烈而深情的问候。

永远属于你们的 SCL

一九七七年十二月十五日

注释：

1. 孙君莲，邓广殷的妻子。邓广殷详见 1979 年 9 月 2 日信注释。

My dear Eppy and Elsie,

I'm so happy that you are back. When my legs get stronger, I shall hope to welcome you to my place. Shall thank Edith for the lovely calendar. Here is the receipt for Lily Tang's parcel To Liao Sheng chi.

I am still undergoing therapy and massage treatments for my painful back and legs. It was a horrible accident in the bathroom. My head hit the wash basin, fortunately no bones

1977 年 12 月 15 日宋庆龄致爱泼斯坦、邱茉莉（黄浣碧 捐）

were broken (Was under x-ray for 2 hours & half)

Meantime with my warmest affectionate greetings.

Ever Yours,

SCL

# 宋庆龄致爱泼斯坦、邱茉莉

（一九七八年三月十日）

亲爱的艾培和埃尔西：

原指望在乱哄哄的会议结束后能立刻见到你们，但是极度的疲劳和强烈的弧光灯引发了我荨麻疹的老毛病。我身上布满了难看的丘疹，奇痒无比，尽管每天治疗，但似乎没有药能够减轻症状。我的脸红肿得像个熟透了的西红柿，左眼皮上还长出了一个大麦粒肿。正像老约伯所说的："我真倒霉啊！"

医生们开了各种各样的药，可是瘙痒依旧。对左眼皮上的麦粒肿，眼科医生不敢灼烧，怕引起更大的麻烦。我们的乡下人仅仅用一根针帮病人把麦粒肿挑破，就治好了，但是我们有学问的专家却害怕得不行！

晚上召开的许多会议和小组讨论会，使我精疲力尽、腿脚发软，尽管我年轻的养女永洁每次都陪伴着我。她聪明而强壮，利落地把我"推"进和"拉"出汽车，用她的年轻的体力来助我一臂之力。每当她看见有摄影记者对准我的时候，就会迅速把她的手臂缩回去，让我"独自"站立。因此那些从电视上看到我的人（甚至国外的朋友）给我写信说，我显得"非常健康有力"，其实真是一只纸老虎！

听说马海德和路易参加了一次会议，但是我没有见到他们。据说医生们正竭尽全力延长马海德的生命，好让他能够去美国访问两个月。但我担心新闻记者会给他带来很大的麻烦。

你知道我是多么感谢你帮我写了那篇四十周年的报告，尽管没有人这么告诉我，但我知道那一定是出自你的手笔。

致以至爱和最热烈的问候。

希望下次能见到你们。

满怀希望的 SCL

一九七八年三月十日

# 爱泼斯坦、邱茉莉致宋庆龄

（一九七八年三月十四日）

亲爱的朋友：

我们很高兴收到你 10 日的短信。在过去一周内，我们多次在电视上见到你。像其他所有人一样，我们也认为你看上去很健康，并为此感到高兴。不过，现在看来，过度的劳累已使你的健康付出了沉重的代价。我们希望你注意休息，使皮肤病和麦粒肿逐渐好转。人代会的报告、提请审议的宪法及其修改报告都非常具有挑战性，着实令人鼓舞。这是我们从旁听人代会的许多政协委员的朋友那里听说的。整个气氛令人振奋，可以说层层乌云已经散去，一个新的征程由此开始。那一周，我（艾培）也加班加点，没能回家，同别人一起忙着把会议报告译成英文。

知道你喜欢关于中福会的那篇文章，我很高兴。我可以从个人经历中回想起早期的一些情况，但是后来的情况就得看书面材料了。张珏给我搞到了一些，其余部分是上海中福会的同志来北京办事时，给我带来的各种资料。这样我才把它拼凑起来的。换句话说就是用一条线，把中福会从 1938 年到现在的各个时期的情况串连起来。问题是缺少具体的内容，因为许多人不知道当时的情况或者已经遗忘。同时又不能写得太具体，这样才能涵盖全貌。更重要的是文章应当表达你想说的意思。

我想马海德已经回到家里了，据我所知他应该在昨天或今天出院。如果他能去旅行，那可真是一件了不起的事情。他参加了政协会议，我从电视上看到了他，满面笑容但很消瘦。我不知道路易是否也参加了会议。我认为，马海德的公开活动不应当超过他的体力允许的程度。他打算通过这次旅行，为增进人民之间的传统友谊做些贡献，这是很好的选择，会产生很大的影响，这已经足够了。

你是否读了报纸上有关总理诞辰八十周年的文章。我们认为，有些文章非常好，以生动且恰如其分的笔触使我们想起了许多往事。那些生动的回忆，使所有认识他的人宛如再次与他晤面，亲耳聆听他的讲话。他的音容笑貌将永远留在我们的心中，永远鞭策着我们。

要好好休息，这样就会很快康复，我们相信你会的。你的来信中有一点我们不能同意，尽管你因工作而心力交瘁，但你决不是"纸老虎"。

也像你的信尾说的那样：向你致以我们全部的爱。

祝早日康复。

艾培、埃尔西

一九七八年三月十四日

# 宋庆龄致爱泼斯坦

（一九七八年五月二十五日）

亲爱的艾培：

　　我无法表达我多么感激你同志式的帮助，为我准备了那篇为纪念中国福利会四十周年的讲话，它写得非常精彩而全面。

　　当我看这篇讲话稿的时候，亲切的回忆如潮水般地涌上心头。我的心回到了我们在广州第一次见面时的情景。那时你是代表合众社，专门报道中国的记者。我为你对中国人民的友好情谊而深深感动。当你同意我的请求，愿意到香港来参加我们的工作时，我真是喜出望外。除了你真诚地、全身心地投入到工作中之外，你的那支能干的笔也为我们的工作和人民的事业赢得了外援和理解。

　　从那以后，许多为我们工作过的外国朋友在不同时期都曾被怀疑过他们的忠诚。但是你，亲爱的艾培，是始终得到充分信任的。我记得你第一次提出要到国外去，周总理来看我，告诉我你要申请去美国。他坚信你对我们事业的忠诚，即使在外面也会一如既往。你的忠诚在任何时候都没有被怀疑过，而有些外国成员的忠诚则在不同时期遭到质疑。

　　现在我想告诉你，我不去上海参加中国福利会四十周年纪念活动了。中国福利会总部的人事会有一些变动。上海市政府将选派一些得力的领导干部来充实我们的力量。全国政协秘书长齐燕铭[1]将以中国福利会执行委员的身份去参加庆祝活动。电视台将摄制一个特别节目，《中国画报》将报道这次活动，尤其华国锋总理为我们题了好几幅字。因为中国福利会是一个居于领导地位的人民团体，中央政府在几周前专门开会讨论了我们的工作。北京和上海的妇联将在我们新的机构中拥有充分的代表权，这样必将大大加强我们的总部。

　　我现在有更多的工作要做。额外的工作是接见海外访问团的成员。上周我还同第二批"迪克西代表团"[2]成员们握了手，他们在二战期间都曾在重庆呆过，当时还是年轻小伙子，现在都成了满头白发或秃顶的父亲和爷爷了。谢伟思同他的夫人来了。他们很快要去西藏！陆懋德于本月二十二日到这里，仍然那么活泼、机敏。她要去新疆。

以上信息你知道就行了。

致深深的爱意。

你永远的 SCL

一九七八年五月二十五日

于北京

注释：

1. 齐燕铭 (1907—1978)，蒙古族。1930 年北京大学国语系毕业后从事教育工作。1938 年加入中国共产党。抗战时期任鲁西北区《抗战日报》主编、延安中央研究院研究员。1945 年后任驻重庆、南京中共代表团秘书长、中共中央城市工作部秘书长、统战部秘书长。新中国成立后任中共中央统战部副部长、中央人民政府办公厅主任、政务院副秘书长、总理办公室主任、文化部副部长、中国社会科学院顾问、全国政协秘书长等职。

2. "迪克西代表团"，美国官方于 1944 年 7 月派驻延安的军事观察组。迪克西（Dixie）一词源出美国南北战争时期一首歌颂南方的流行曲，后成为南部各州的代称，因美军观察组的成员以南方人居多，故将美军观察组戏称为"迪克西代表团"。驻延安期间，宋庆龄曾多次通过他们将外国援华物资运往延安。上世纪 70 年代后，一些成员又得以重访中国，并再次与宋庆龄见面。

宋庆龄在寓所与《中国建设》总编辑爱泼斯坦、副总编李伯悌（左二）、罗淑章（右一）共同庆祝中国福利会成立四十周年。

# 爱泼斯坦致宋庆龄

（一九七八年六月一日）

亲爱的朋友：

非常感谢你温馨的来信。

"保盟"及其以后的那些岁月，的确给我们留下了许多记忆。至于我所做的工作，虽然是尽了自己最大的努力，但这仅仅是更伟大的事业的一部分而已，参与这一事业的还有成千上万的人，比起我来他们的贡献更是无法估量的。中国发生了翻天覆地的变化，其中也经历了曲折。现在的问题是如何把我们的事业继续推进。我想，不管怎样，到 2000 年我们将迎来更加巨大的进步。

从我们第一次见面至今，已经四十年了。这几乎相当于我当时年纪的两倍，回首往事似乎难以置信。时光一闪而过，不知不觉我也老了许多。然而，在那并不算短暂的岁月里，你的信念和友谊一直温暖着我的心。听你说起关于总理对我的看法，我也很感动。

中国福利会的工作正在逐渐加强中，这是好事。正如你今天刊登在《人民日报》上的那篇文章中讲的那样："还有许多工作等待着我们去做，特别是关于少年儿童的工作。"

关于第二批迪克西代表团的成员，我没有见到他们。而且坦率地说，其中我想见的人并不多。但我比较喜欢梅尔·卡斯伯格。他是 1944 年随我们记者团去延安的医生。你还记得关于他在解放区为"保盟"提供医疗服务的报道吗？麦克·费希尔曾和我一起在美国合众社工作过，后来在重庆加入了中福会。他们在这里时确实给我打电话了。但他总是那么唠唠叨叨，麦卡锡时期证明他一点儿骨气都没有。他现在退休了，成了他所在社区教会的台柱子——副主祭还是什么的。

谢伟思和夫人卡罗琳去西藏之前我见到了他们，但愿谢伟思的心脏能够受得了。爱德乐的妻子也去了，从她那里听说，整个小组包括中国人和外国人，除了谢伟思之外，都有通常的高原反应——头痛症状。看来他还是挺过来了。

我还与陆懋德待了一段时间，我们曾经在纽约"美国争取远东民主政策委员会"一起工作过几年（埃尔西是她的第二把手）。我们都很喜欢她。她跟我们提起她曾拜访过你。她现在应该在喀什。除了髋骨患有关节炎和眼睛做了白内障手术外，她依然还是那个陆懋德，甚至每年还要驾车几千英里去旅游，就像一匹久经征战的老马那样具有勇往直前的精神。

我们最近正忙于一项家庭事务——帮助我们的妹妹 [1] 安排她的"喜事"。她刚刚从我们这里搬走，开始婚后的生活。

八月份埃尔西的妹妹罗莎蒙德（这次和丈夫一起）要来看我们。你还记得 1965 年在上海你邀请她和我们喝茶吗？她还一直提起这件事。

诚挚的

一九七八年六月一日

注释：

1. 我们的妹妹，指爱泼斯坦和邱茉莉的养女艾颂雅，"妹妹"是爱泼斯坦夫妇对她的昵称。

# 爱泼斯坦、邱茉莉致宋庆龄

（一九七八年八月二十九日）

亲爱的朋友：

我们在北戴河度过了一个月，期间一边写作一边休息。埃尔西的妹妹罗莎蒙德和她的丈夫克里斯·卡弗里来看我们，先跟我们在海滨逗留了一周，现在和我们一起回来了。

在未来的几周中，如果能在你方便的时候拜访你，我们和他们都将感到非常荣幸。

听路易说，佩格·斯诺[1]很快就要来这里。我们在纽约错过了跟她见面的机会。去年 10 月 1 日她也出席了中国驻联合国使团举行的招待会，可我没有认出她来，据说她发胖了。40 年代后期我见到她时，她纤细得几乎可以穿过锁眼。秋迪[2]告诉我们，她正在意大利慢慢腾腾地做来访的准备。

敬祝安康！

艾培、埃尔西

一九七八年八月二十九日

注释：

1. 佩格·斯诺，即海伦·福斯特·斯诺（Helen Foster Snow，1907—1997）的昵称，埃德加·斯诺的前妻。1931 年来华，曾任上海《密勒氏评论报》通讯员兼评论员，1937 年访问延安。著有《续西行漫记》等多部关于中国的著作。1938 年与埃德加·斯诺、路易·艾黎创建中国工业合作社，任副社长。1972 年后数度来华访问。

2. 秋迪（Trude Rosenberg，？—1997），德国犹太人，宋庆龄的朋友。1932 年随丈夫汉斯·希伯（Hans Shippe）来华。汉斯·希伯是德国共产党员、记者，1941 年在华北抗日根据地对日作战时牺牲。抗战胜利后，得知丈夫的噩耗，在上海"犹太难民联合分配委员会"工作一段时间后，返回德国。上世纪 90 年代曾任《今日中国》杂志德语专家。

August 29, 1978

Dear Friend,

I am now back from my writing-plus-rest month
in Peitaiho, and Elsie's sister Rosamond and her
husband, Chris Caffrey, are here on their visit,
after an initial week with us at the beach.

It would make us -- and them -- most happy
to be able to come and see you at some time con-
venient to you during the coming weeks.

Heard from Rewi that Peg Snow is expected
very soon. We missed her in N.Y. though she was
at the same reception at the Chinese UN Mission
last October 1 -- perhaps didn't recognize her as
am told she's got rather stout. She was thing
enough to come through a keyhole when I saw her
last in the late 1940's.

We've heard from Trudy. She's slowly getting
herself together in Italy to come this way.

With much love,

Eppy + Elsie

1978 年 8 月 29 日爱泼斯坦、邱茉莉致宋庆龄（中国宋庆龄基金会 藏）

# 宋庆龄致爱泼斯坦

（一九七八年八月三十一日）

亲爱的艾培：

　　非常高兴你们已经回来了。希望料理完我的一些杂事之后，能够见到你和埃尔西的亲戚。我的三位亲戚正在从上海来这里的路上，然后回美国去；还有几位美国朋友和其他的老朋友正在这里。你可以想象我成了一个怎样的"社交女人"！再加上路易腿上长的疣在做手术；另一个老朋友正在接受胃溃疡的检查，说不定什么时候也要做手术，这些实在使我心神不定。

　　罗森夫妇九月份要来，还有格兰尼奇夫妇，所以我们这一段时间里都没有空了。至于马海德，他身体出奇的好，尽管几个月前医生说他只能活三个星期了！听说他正在通过电视作演讲！在电视上还看到了他年轻时的好朋友特迪·肯尼迪。

　　一旦琐事处理完，我就马上给你打电话约时间见面。

深深爱你们的 SCL

一九七八年八月三十一日

宋庆龄会见罗森夫妇

# 宋庆龄致邱茉莉

（一九七八年十月二十日）

亲爱的朋友：

谢谢你送了橙子酱给我！听说你已经去了南方，所以还没来得及谢你。你一定是想到我们都喜欢用它来抹面包片吃！

很遗憾没能真正坐下来和你的亲戚好好聊一聊。这几个月来我一直忙于会见国外来的客人，不是一般的忙。

甚至佩格·斯诺也来见我了。她带了三个年轻人来，要把她和埃德加去过的地方拍摄下来。洛伊丝·斯诺也打算这样做，但是现在被佩格"占了先机"。正在探望洛伊丝的王安娜也决定回来看一看，而洛伊丝不知怎么就让路易同意安排王安娜在他家住一个月！（洛伊丝对付路易真有一套。）

赫伯特·梁的文章很难退回去。就答复他说，我们有机会时会考虑登在《中国建设》上。

向你和艾培致爱。

永远属于你的 SCL

一九七八年十月二十日

# 宋庆龄致爱泼斯坦

（一九七八年十一月十三日）

亲爱的艾培：

　　很高兴你将试图说服你的父亲搬到养老院去，在那里他会得到更好的照料。至少，他用不着做饭或为家务烦心。而且只要他愿意，还会有人陪他下跳棋、看书。我有一些朋友，他们选择不和自己的子女住在一起，而是到这样的养老院去生活。他们是那样兴高采烈地写信给我，告诉我养老院管理得多么好。威斯康星州欧克莱尔的赛弗森路德教养老院好像特别不错。

　　不过我想你父亲会喜欢住在纽约，因为他在那里有朋友。

　　最近我发了一个多星期原因不明的高烧。头天半夜我的脸红肿得像个南瓜，所以叫来了医生和护士，打了很多针，吃了很多药。现在烧退了，除了还在咳嗽外，已经好了。我打算 12 月份放松一下，到上海去住。在这里我经常得去开会，穿过长长的走廊，使我患有关节炎的膝盖很痛。人老了真是麻烦得很。

　　请向伊迪丝转达我的爱。当然，你回来的时候我也就又回到北京了。

　　向你和埃尔西致爱。

永远属于你们的 SCL

一九七八年十一月十三日

爱泼斯坦与父母在一起

# 爱泼斯坦致宋庆龄

（一九七九年三月十一日）

亲爱的朋友：

    我一直在等着你回京的消息，现在就迫不及待地给你写信了。这几个月你过得怎么样？我是在二月份的第二个星期从美国回来的，之后就连着得了两次重感冒（幸运的是现在已经好了）。整个旅途都很顺利。但由于我要劝说 93 岁的老父亲高高兴兴地从生活了 25 年的老家搬到一个养老院去，接下来还得把公寓里多年累积起来的家具、书籍等物品清理干净，所以身心疲惫。结果还算是顺利。但是直到快要离开时，我还是生怕父亲没被说服。没有完成任务而又不得不离开，这是我最担心的。因为他的确不适宜继续一个人生活了，尽管他说他可以独自生活。

    很抱歉，在需要我翻译你投给妇女杂志社的稿子时，我却不在。如你所知，埃尔西完成了这项工作。

    在纽约的时候，我同一些你认识的或曾经帮助过保盟和中国福利基金会的人见了面或做了交谈。

    伊迪丝向你致最诚挚的问候，并初步计划在明年十月份做一次友好之旅，如果可能的话，届时她很希望能见到你。她的丈夫爱德华·巴林也会同她一起来。他是 20 世纪 40 年代美国加州大学中少数几个进步分子之一，当加州大学主张干预中国事务时他就离开了。

    在纽约唐人街庆祝中美关系正常化的游行中，我意外地碰到了阿贝·皮沃维茨。他说他收到了你的信（和你赠送给他的一本《中国建设》），还建议他来访。阿贝是个有能力但不算"很成功"的记者，作为自由撰稿人，他过着一种不稳定生活。从麦卡锡时代以来，就没有固定的工作。他梦想来中国访问，但最终要靠他自己的能力来完成，那就不可能了。他正设法找家报纸来替他出路费。

    这些年来他和弗雷德·道格拉斯一直有联系。他把弗雷德在马萨诸塞州洛克波特市的电话号码给了我，有天晚上我给弗雷德打了个电话。他还没有真正从海伦逝世的悲痛中恢复过来，这对他来说是个毁灭性的打击。现在他的视力很不好，但声音仍然充满了热情和活力。他告诉我说，有人请他讲述中国的事情（要他讲讲中美关系正常化前后的新情况）。尽管他在这方面知道不多，但他还是凭经验讲述了旧中国的悲惨命运和解放后的巨大变化。他同样急切地希望再次踏上中国的土地，但也存在一些顾虑，不知道他是否还能起什么作用而不虚此行，并担心自己视力不好而成为别人的累赘，等等。

我还会见了一些人，他们没有见过你，但你可能听说过，或收到过他们的信。

埃塞尔·阿伦曾在旧中国时期的援华委员会中帮助我们在美国做宣传工作。她现在已70岁了，但仍在从事宣传工作（现在做商业零工），仍然充满活力，十分友好。她与一个交响乐团的双簧管演奏家结了婚，那是一个很帅气的好人，他们也在考虑什么时候来中国访问。

还有那个美国工人（技术工人）范·内斯，他曾在广东工作过一段时间，后来成为我们从香港拘留营[1]逃脱出来的主力。因为他有劲、勇敢，掌握行船的基本知识。

现在他的两个儿子已长大成人，名叫卡尔和马克（取于卡尔·马克思的谐音），你从他为儿子的取名中就可以了解他早年的政治观点。现在他同儿子卡尔一起，积极参与他家乡佛罗里达州的美中友协的工作。

我还会见了其他一些同样类型的老熟人。

遇到所有这些有过共同中国经历或在中国一起工作过的朋友之后，我突然想到，如果他们参加一个松散的、或多或少带"旅游"性质的团组，按大多数普通旅游者的行程来安排，那对他们来说并不合适。这会使他们很难旧地重游，也不易重逢故旧。考虑到他们的需要，组成一个更加专门的旅游团也许更好些。他们中大多数人旅费还是可以自理的。（除了阿贝，他现在经济相当困难。）考虑到他们都不是有钱人，如能更多地顾及到他们过去的经历及心愿，来组织他们在华期间的活动，把日程安排得更加经济一些，而不是像安排其他大多数旅游团那样，那将是对他们一个很大的帮助，也有助于丰富他们回国后的活动内容。

我想把这个意见提给对外友协，如果你认为是个好主意，我也可以提一下你是赞同的。我个人认为，组织这样的旅行不仅是合理的而且会收到很好的效益。这些人都是社区的活跃分子，有了这些新鲜的观感，他们就能做更多的工作。

随函寄上的那盒糖果是陈乙明太太送的，我在香港时见到了她。

我们俩向你致以最美好的祝福。

一九七九年三月十一日

注释：

1. 香港拘留营，位于香港岛的赤柱。二战时期日军占领香港后，为关押其敌对国侨民和抗日军人家属、抗战人士所设。最多时关押约 3000 人。

**1942 年**

1 月香港沦陷后，爱泼斯坦被关进香港日本拘留营。图为是年 3 月逃出后。

## 宋庆龄致爱泼斯坦

（一九七九年三月十六日）

亲爱的艾培：

昨晚收到你的信和陈黄露丝送的礼物，真是高兴！我早就想写信给你，但以为你还在纽约。弗兰克·泰勒[1]刚来信告诉我，你去看父亲了！我本想在上海得到休息并换换环境，但结果都没有实现。我不得不接见许多旧相识，后来又发现有个坏邻居把我的宠物波斯猫吃掉了！所以你能想象我在那边一直是一种什么样的心情！

二月二十五日回来，发现许多许多人在等待着我去会见。昨晚我周围尽是些董事长、银行家和要人，尽管我一点儿也没有兴致去款待他们！正常化反而给我带来许多麻烦。而且我几乎要吃撑了！

自然，我完全同意你的意见，对有些老朋友如阿贝·皮沃维茨等，他们的活动可以更多地按照他们的经历和愿望来安排，因为他们自己是没有办法来安排的。你当然可以提到我是完全同意你的建议的。

史迪威姊妹和她们的丈夫——伯纳德·巴克曼和艾林正在来京途中，此外还有其他许多旧交，所以不管我愿意不愿意，我将投身于"社交漩涡"之中。我只希望不致诱发我的风湿性关节炎。接下来格兰尼奇夫妇和罗森夫妇又要在这里住上半个月！其间有几次晚宴，我希望你和埃尔西能来帮我照料一下。

请代我感谢埃尔西为我润色稿件！没有人告诉我这件事，要不然我早就会写信向她道谢的。

我听说李伯悌病了。我不明白为什么林德彬和陈休征[2]要离开我们？是陈翰笙帮助陈休征调到外文局去工作的。我不知道秋迪·罗斯伯里近况如何？她同我们一起工作时一直很愉快，听说后来也离开了外文局。

当我觉得不那么疲乏时，会打电话给你，请你过来好好聊一聊。有两个姑娘要到这里来过周末，一个是吉米·杨（她是杨孟东的女儿，在这里学中文），另一个是罗恩娜·林[3]。这个古老的院子将会变得多热闹！

向你俩致以深切的爱意。

SCL

一九七九年三月十六日

注释：

1. 弗兰克·泰勒（Frank Taylor），美国著名出版社"蓝登书屋"的主编。

2. 陈休征（1925—2003），林德彬的妻子。1947 年毕业于上海震旦大学。毕业后即参加中国福利基金会的工作。1952 年进入《中国建设》杂志社工作。1979 年任《新世界》出版社总编。

3. 罗恩娜·林，即林琰，林国才的女儿。

# 宋庆龄致爱泼斯坦

（一九七九年六月十日）

亲爱的艾培：

我写此信是想请你能否拨冗为我起草一封信给《新中国》杂志（美国），祝贺他们创刊五周年。今年十月将是建国三十周年，美中友好委员会（由罗森夫妇领导）想要一篇短文或一封信，谈谈北京庆祝国庆的盛况及其意义。他们告诉我，他们经常处于财政和政治的困斗之中，不知道如何才能维持下去！你可能记得你曾为我给他们的创刊号写过文章。信不必很长！

这几个月我一直忙得不可开交，现在又要参加一系列重要会议，从本月十七日开始。

对你的帮助预致感谢，向你和埃尔西送去热烈的问候，希望本月下半月能够相见。

你永远的 宋庆龄

一九七九年六月十日

# 爱泼斯坦致宋庆龄

（一九七九年六月十二日）

亲爱的朋友：

我非常高兴收到你的便笺，当然我会拟一个草稿。他们什么时候需要这封信？我正在尝试着找五年前在《新中国》杂志第一期上刊登过的那封信的复印件，好像并不在我的档案里。我会继续找《新中国》的第一期，同时也在我的存档中再找一找。

我并不知道该杂志当前的政治观点和经济状况，我只了解以前的一些情况，但我认为内部的尖锐争吵已经平息了。随着协会掌握的旅游客源的增加，资金方面也不像以前那么困难了。另一方面，左派或者偏左派仍然对中国有许多疑惑不解的地方，这还在影响着杂志的读者群。今天，有更广大的阶层对中国比以前更友好，尽管他们对具体情况的细节和趋势并不感兴趣，但是，我们的老朋友有时反而感到了困惑。

我们知道你一直非常繁忙，尤其是现在。但是每次在电视上看到你，总是那么精神抖擞，我们感到非常高兴。

这里的同志们希望我能够回来，全职的全身心地投入到《中国建设》的编辑工作中去，进一步提高效率，改进杂志的质量（我认为近几个月杂志的质量已经有了很大的改进，很想听听你的意见）。我将在七月开始尽我所能地工作。李伯悌近来身体不太好，根据她的请求，她将成为杂志的顾问和编委会成员。今后我们会在一起工作，不至于使她太累。

王安娜在这里的时候，我们在王炳南为她举行的招待会上见到过她，后来又单独与她见过几次。我们觉得安娜成熟了，更加理性了。

看到过洛伊斯的一些东西。她忙于编辑画册，是关于埃德加和他在中国所见所闻。（图片说明将引自他的著作和文章等资料。）

曼尼·格兰尼奇今年什么时候来访？

从不同的渠道得知，那个伟大的光荣的白修德[1]将在今年八月前后来华，做一次全方位的访问。

现在有一些与我们关系非常好的老朋友，如吉姆和格兰布斯·阿伦森正在这里访问。他是《国民前卫》周刊的创始人。从创刊一直到前几年，他都是该周刊的编辑。现在他是纽约亨特学院新闻学教授。目前他正在北京一所新创办的新闻学院授课，为期6个月（七月份结束）。他的夫人是个艺术家，

我们大约六岁时就相识，曾一起在天津度过童年。她是位热情直爽的人。他们两位在美国长期支持中国。如果你有时间的话，我很想带他们去见见你，我想你会很喜欢他们的，他们也会对此感到十分荣幸，从而激励他们回去后做更多的工作。这只是我个人的主意，并没有告诉他们我已经向你提出了建议，所以请你不要把会见他们作为不便推脱的责任，除非你有时间并同意这么做。

谨致我们衷心的祝福。

一九七九年六月十二日

注释：

1. 白修德，即西奥多·H·怀特（Theodore H. White，1915—1986），美国记者、历史学家、小说家。抗战时期任美国《生活》《时代》周刊驻重庆记者，采写了大量关于中国战场的报道。访问延安后，写下《中国的惊雷》一书。1943年，亲眼目睹了河南省蒋管区的大饥荒，进行了如实报道。该文在《生活》杂志刊出后，受到宋庆龄赞扬。

宋庆龄一直非常关心《中国建设》的发展。

# 宋庆龄致爱泼斯坦

（一九七九年六月十七日）

亲爱的艾培：

代表大会结束后我将很高兴和阿伦森夫妇见面。目前会太多了，还有太多的外国代表团必需在会议之间会见……

我想格兰尼奇夫妇九月份会来，罗森夫妇也是如此。

友协希望尽快得到贺信或者贺词，但不必写明时间，只需和周年纪念联系上就行。罗森夫妇得筹措资金去支撑这个团体，这对他们来说是件很头痛的事。因此我希望你草拟这封信或贺词，以便我尽快写几句寄给他们，以满足罗森夫妇的要求。

现在得去大会堂了，有空再写。

向你们俩致爱。

永远属于你们的 SCL

一九七九年六月十七日

# 宋庆龄致爱泼斯坦

（一九七九年七月四日）

亲爱的艾培：

非常感谢你的短信和所拟的贺词初稿，我没有立刻给你回信，因为身陷闹哄哄的会议之中，回到家我能做的就只是往床上一倒！稿子自然写得非常好，十分感谢！

我丈夫的孙女[1]和她的子女从加利福尼亚来看望我，然后他们要去新疆。在我能邀请他们到这里来之前，他们等了一个星期！我实在是没有时间，希望他们会理解。

陈翰笙的眼病和弗雷德·道格拉斯的一样，但我认为他的眼病没有治好，因为他看上去是那么无奈。有些青光眼患者听说在美国能治好这病，他想去那里治疗！

我的养女永清，也就是约兰达，已经拍完了她的第十八部电影，星期六晚上我们要看这部影片和其它一些片子，以作消遣。所以请你们做好准备到我这儿参加一个时间很长的活动。

永洁（永清的妹妹）得到奖学金，已于 5 月 10 号去纽约市哥伦比亚大学上预科了。她想家想得要命，希望她能很快适应新环境。罗森夫妇对她和她的同班同学格雷斯·金非常好，别的朋友也尽量帮助她们减轻思家之苦。永洁只有 18 岁，所以不像格雷斯那样不贪玩。格雷斯 27 岁了，除了学习之外还有其他"长远打算"。

期盼着见到你和埃尔西以及其它朋友们。

永远属于你们的 SCL

一九七九年七月四日

注释：

1. 我丈夫的孙女，指孙穗英。

# 宋庆龄致爱泼斯坦

（一九七九年八月二十三日）

亲爱的艾培：

想必你们已经从北戴河回来了。但愿你们得到了休息，精神饱满。

也许你会对亨利·费劳尔的这篇回忆录感兴趣。他是朱利安·S·卡尔将军[1]的外孙。正是卡尔将军把我父亲送到了圣三一学院和受到北卡罗莱纳州范氏家族资助的范德比尔特大学学习的。回忆录是从我的养女永洁那里得到的。玛丽·巴雷特和她的丈夫沙利文带永洁去参观《纽约时报》社，她在那里看到了这篇回忆录。那对夫妇九月份要来中国。

阿伦森夫妇走了吗？如果还没有走，我能不能请他们带点儿东西给永洁？她很想家，在"经期"她总会肚子痛，所以曾在教室里晕倒过三次。

最诚挚地感谢你对我的种种帮助。

向你和埃尔西致爱。

SCL<br>一九七九年八月二十三日

注释：

1. 朱利安·S·卡尔将军，美国南方的首富、一位慈善家、宗教事业的扶持者和教育事业的积极支持者。

# 爱泼斯坦致宋庆龄

（一九七九年九月二日）

亲爱的朋友：

　　昨天，邓广殷[1]托阿霞的一位朋友汉斯·博勒从香港给你带来他的一封信和一个相当大的包裹。信附寄于后，包裹是我们 10 号去时给你带去呢，还是你派人来取？

　　非常感谢邀请我们于 10 号去你那儿，我们期待着同你见面。一起去拜访的还有玛丽和萨利。这些日子他们一直与我们相处得很好。上两次我们访问美国时，跟他们相处得也很愉快，我们很喜欢他们。

　　关于你父亲的节录资料很有意思。可以从中看到对你早年的印象，至今我们也还能在你的身上看到这些印记。

　　你是否考虑把你的记忆汇集成册？那将是非常有价值的和无与伦比的。

　　我俩向你问好！

艾培

一九七九年九月二日

注释：

　　1. 邓广殷，邓文钊的长子，香港邓崇光置业有限公司董事长，全国政协第六至九届委员。宋庆龄去世前将北京和上海寓所藏书遗赠给邓广殷。宋逝世后邓将藏书捐赠给国家。其父邓文钊是保卫中国同盟的创始人之一、司库。建国后，曾任广东省副省长、广东省政协主席等职。

1979 年 9 月 2 日爱泼斯坦致宋庆龄
（中国宋庆龄基金会 藏）

# 宋庆龄致爱泼斯坦

（一九七九年九月八日）

亲爱的艾培：

邓广殷要我在请你们吃饭时也邀请汉斯·博勒，本应提醒博勒不要向外说出去！但是他看来不够谨慎，因为他立即告诉了一位瑞士女士（恰好我认识她），说我邀请他在十号一起吃饭！所以请你再次提醒他不要写信或口头告诉别人。

真奇怪，他为什么这么像魏璐诗！不管他。告诉你我也邀请了耿丽淑一起来吃饭，因为她认识玛丽·巴雷特。

顺致爱意。

SCL

一九七九年九月八日

很遗憾我的支气管炎还留着个尾巴，昨天去照了 X 光，发现我的肺倒很好。我想你已经听说了，柯弗兰的肺被切除了一部分，烟抽得太多了！请你注意健康！

## 宋庆龄致爱泼斯坦

（一九七九年九月二十九日）

亲爱的艾培：

　　但愿你没有"扔掉"我从《纽约时报》得到的有关我父亲的材料！现在我请你帮我给那位杜克先生回封信，虽然只是一封简短的信，但我想要给对方留下一个良好的印象。

　　现在各种杂事忙得我不可开交。

　　顺致最良好的祝愿。

SCL<br>一九七九年九月二十九日

# 爱泼斯坦致宋庆龄

（一九七九年十月五日）

亲爱的朋友：

我把回复杜克先生的两封信稿发给你。

一封非常简单，用与他来信相同的热情语调作了回应，告诉他来访时你会很乐意见他的。我想，这是你的意思。

另一封中间留有空白，需要你来补充，因为我没有这方面的材料。如果你想提及他在信中提到的家庭联系（我不知道他指的是你们两家确实有交往呢，还是仅仅你父亲上过杜克大学）；或者是不得不谈到欧内斯特·朱，因为他在信中提到了朱，但我不知他信中是怎么说的。

我考虑了这样一个问题：你究竟是要给杜克回一封私人信件呢，还是要通过他转交一封信给全国委员会。如果是前者，他就会按私人信件处理；如果是后者，他可能用在某个会上宣读这封信或者在什么地方登出来等方式来处理。我大致是按照前一种情况来写的，不过对他代表全国委员会所表达的敬意也表示了感谢。

我希望这两封信稿大致还可以。请你告诉我，还需要我做什么。

十分感谢你昨晚的安排并很高兴有机会见到你。

祝好！

一九七九年十月五日星期五

# 宋庆龄致爱泼斯坦、邱茉莉

（一九七九年十月二十五日）

亲爱的艾培和埃尔西：

　　大名鼎鼎的阳澄湖螃蟹终于到了！我给你们送去一打，因为这次不能邀你们来一起共享了，来访的客人、故旧和代表团真是太多了，好像没完没了，我确实感到筋疲力尽。

　　不用感谢，我们是老朋友了。

　　顺致问候和爱意。

SCL

一九七九年十月二十五日

# 宋庆龄致爱泼斯坦

（一九七九年十一月十四日）

亲爱的艾培：

　　听到兰德尔·萨雷德自杀的消息很难过。我在莫斯科时形单影只，也没有英文书刊可以打发时间，他是惟一给我写信的人。当时朋友们都在自己的办公室里忙于工作！　正如你引用鲍罗廷[1]说的话，"年轻人总是很友好的"。那时他给了我很多的帮助。

　　路易已经回来了，但是我还没有见到他。听说他写了二十万字的关于越南难民的情况。昨天他们去加拿大参加白求恩的周年纪念活动了。据说他身体很好，随着体重的减轻，看上去年轻了好几岁！

　　请原谅我用了这张邮票，我只剩下这一张了，看上去令人不太舒服！

　　等我的一些杂事处理完以后，希望能够见到你。

　　顺致爱意。

SCL

一九七九年十一月十四日

注释：

　　1. 鲍罗廷（Michael Borodin，1884—1951），共产国际派遣来华的代表，曾任中国国民党的首席政治顾问。被孙中山聘任为国民党组织训练员、国民党中央执行委员会顾问，参与国民党改组和国民党组织法、党章、党纲等草案的起草工作。1924年1月，参加国民党第一次全国代表大会的领导工作，为促成国共合作起了重要作用。并协助孙中山建立黄埔军校。四一二政变和七一五政变后，返回苏联。

# 宋庆龄致爱泼斯坦

（一九七九年十一月二十一日）

亲爱的艾培：

美国人要帮我们在这里建一座现代化的医院。医务界的人士认为，如果我能写几句对这件事表示支持，也许会在美国引起关注。他们建议我写这样几句：

"中国首都医学中心是中美两国人民友谊的象征，在加速医疗保健科学的现代化、为中国及全人类造福方面将起到重要的作用。"

这几句话读起来很生硬。你有什么意见？请你代我修改一下，使之更加生动、令人振奋。

请立即回复，因为我得回应他们。

多谢你的帮助。

你的 宋庆龄

一九七九年十一月二十一日

# 宋庆龄致爱泼斯坦

（一九八〇年一月一日）

我的亲爱的艾培：

　　我多么高兴，你终于出院回家了，腿上那可怕的血栓也终于消除了！送给你一些药片，是好朋友送给我保健用的，我吃了一年多，觉得有好处。务请保重你的健康，因为你还要为我们的事业做许多工作。等我把桌子上的那堆公事处理完了以后，我们一定要找一个晚上一块儿放松一下。盼望很快看到你和埃尔西。

你的 SCL

一九八〇年一月一日

　　最新的任务是题字。路易曾经说过："一个书法家只能专心写字，不能再做别的事情！"

　　多谢你在病床上还帮助我！(斟字酌句！) 又及

# 宋庆龄致邱茉莉

（一九八〇年一月一日）

亲爱的埃尔西：

谢谢你想着永洁。她想上巴纳德学院，不想上哥伦比亚大学。我很高兴，她将和来自美国各地的女孩子们在一起。因为她比较害羞，不喜欢和男孩子交往。她总是一个人在房间里开夜车，为的是补上"文化大革命"中没有学到的一些基本知识。我在那里的一个中国朋友对她很关心，给她买了保暖的衣服，每周给她打一次电话，因此她现在不那么寂寞了。她在俄亥俄州托莱多城一个中国家庭里过的圣诞节和新年，这对一个敏感的女孩子来说是非同一般的。

她有痛经的毛病，甚至好几次在教室里和大街上晕倒，我一直在给她寄药。我打算让她放暑假的时候回来检查一下。她会参加一个代表团，给他们当向导和翻译，他们为她出路费。但愿这个计划能够实现！

希望不久能在这里接待你和艾培。

顺致爱意。

SCL

一九八〇年一月一日

# 宋庆龄致爱泼斯坦

（一九八〇年一月七日）

最亲爱的艾培：

　　写这信是为了祝贺你生日快乐——如果我的记性还不错的话！等你回来，我们要庆祝一番。

　　看来我们命运相同，刚有一点儿春天的气息，毛病又犯了。不过我要求老天爷让你很快出院。你躺在病床上还回应了我的紧急求助，真是太谢谢你了。因为吴大夫[1]他们追得很紧，所以我不得不马上给他们题写，以使他们能着手工作，为他们那个值得称道的计划——在首都兴建一座医疗中心——去筹款。好像洛克菲勒和另外几个百万富翁对这个项目有兴趣。

　　路易腿上的皮肤癌做了第九次手术。尽管已经能够起床活动，但永清上个星期在友谊商店碰见了他，说他还非常虚弱。他打算在月底去海南岛，去写几位已故的知名人物。他的那个"小跟班"[2]已经回来，正在家里休息。这两个朋友我还一个都没有见到，虽然我急切地想知道马海德会带来什么有关我的永洁的消息。她一天要学习18个小时，为的是补习数学，因为"文化大革命"中她根本没有学过这门课，这应该感谢女皇江青。永洁是个非常勤奋的女孩，听说为了省下钱来买一副上课时戴的眼镜，她早餐只吃两片干面包加黄油或果酱，一杯不加糖和牛奶的咖啡。她买了一副最便宜的眼镜，花了70美元，别的都要500多美元。生活在这样一个社会里是多么的可怕！可是你知道吗？我们这里的食品也在涨价。现在猪肉6元一斤了，更不要说其它的东西了。有一个自由市场，可是不允许我在那里买食品。

　　对我们国内卫生情况不好，外国客人有许多批评是对的，如在食物里发现苍蝇、浴室里发现蟑螂，等等。我得写信给卫生部门，建议他们把饭店经理召集来开个会，要求他们更加注意这方面的问题。可是有些饭店房子太老旧了，要解决也是很困难的。

　　近来要做的事情多极了，所以就此搁笔。望你身体康复后，尽快出院。

　　向你和埃尔西致以爱意。

SCL

一九八〇年一月七日

于北京

注释：

　　1. 吴大夫，指时任北京医院院长的吴蔚然。

　　2. "小跟班"，对马海德的戏称。

# 宋庆龄致邱茉莉

（一九八〇年二月十三日）

亲爱的埃尔西：

　　寄还陈丕士[1]著的书的书评。不知道他弟弟陈依范写的关于他父亲的书什么时候出版。好多年以前他就开始写了！

　　很遗憾那天晚上我们没有机会聊聊。原谅我没有说一声晚安就离开了，因为我穿得太多了，又被安排坐在不停地吞云吐雾的戴爱莲[2]旁边，只觉得气短发闷。因此请原谅我没有道别。

　　谨向你们俩致爱。

SCL

一九八〇年二月十三日

注释：

　　1. 陈丕士（1901—1989），祖籍广东中山，7 岁赴英国读书，21 岁取得执业大律师资格。1926 年回国，成为其父陈友仁（时任武汉国民政府外交部长）的助手，参与收回汉口和九江的外国租界。1927 年武汉政府解散后，负责护送共产国际顾问鲍罗廷回苏联，从此旅居苏联和德国两地。抗战爆发后，回国参加抗日运动。战后定居香港，执大律师业务。建国后，积极维护港人合法权益和发扬中国文化艺术。1983 年起，历任各届全国政协委员，晚年撰写回忆录《中国召唤我》。

　　2. 戴爱莲（1916—2006），出生于西印度群岛的特立尼达。1930 年赴英国伦敦学习舞蹈。抗战爆发后，在伦敦多次参加为保盟筹集抗日资金举办的义演，自编自演了《警醒》、《前进》等舞蹈，歌颂中国人民的抗战精神。1939 年回国，1940 年春在香港见到宋庆龄，成为好友。建国后，先后担任华北大学三部舞蹈队长、中央戏剧学院舞蹈团团长、中央歌舞团团长和北京舞蹈学校校长等职。是著名舞蹈艺术家、教育家、中国舞蹈家协会名誉主席，中国当代舞蹈艺术先驱者和奠基人之一。

# 宋庆龄致爱泼斯坦

（一九八〇年二月二十四日）

亲爱的艾培：

　　我当然会很高兴接待伊迪丝和她丈夫的来访，只是请提前告诉我他们什么时候来，我好安排日程。

　　埃尔西想必已从三峡旅游回来了。这肯定是一次使人难忘的旅行。

　　你知道吗？这个月的《国家地理》杂志上有一篇弗雷德·沃德写的关于西藏的文章，内容引人入胜，还配有迷人的照片。我还惊讶地得知，竟有十二万汉族平民定居在那里。

　　致以最良好的祝愿。

苏西

一九八〇年二月二十四日

　　如果你没有更好的图片，这张你就留下吧。

# 爱泼斯坦致宋庆龄

（一九八〇年三月十日）

亲爱的朋友：

三八国际妇女节那天在电视上看到了你。见你身体健康、神采奕奕，频繁地出席各类公开活动，我们真为你感到高兴。

感谢你上次的回信，伊迪丝如能见到你定会喜出望外。我在前一封信中曾告诉过你，他们将在 5 月 17 号左右到达北京，而后与他们的旅游团分开三四天，在北京停留四天左右。如果你方便的话，最好将会见安排在 5 月 20 号到 5 月 24 号之间。现在距离那时还有几个月，如果有任何变化，我会提前告诉你的。有时旅游团的日程会因为住宿等原因而改变。

伊迪丝在最近的来信中问起过她应该给你带些什么？

埃尔西已从四川回来，而且埋头于教书了。正如你所预料的，她对战争时期的旧地重游十分有兴趣。

北京出版了一本新的《人物》杂志，本周早些时候出了 1980 年第一期。他们邀请我写一些关于你的情况。你认为我该不该写呢？如果要写，我不会泛泛地写，而会写一些我所知道的事情。如回忆保盟在广州、香港和重庆的情况等等。主要是你认为这样写合适吗？如果同意，我会把写好的稿子先送给你过目。如果你不同意这么做，我会答复他们我不便做。这本杂志由三联书店发行，办公室设在人民出版社内。

你近来还看我们的杂志《中国建设》吗？如果你能提点儿意见，不管是批评的还是表扬的，对我们都有很大帮助。虽然已经有了很大改进，但从内容上来说还是有不尽如人意之处。在印刷方面，尤其是黑白照片，还不达标。

由于一些人的离去和请病假（包括我自己），使得我们英文组的工作人员锐减。我们还面临着一些困难。现在很多其他新闻部门已经有的一些设备，例如记者使用的小型录音机我们也没有。到目前为止，我们还没有这方面的拨款。尤其在我们的记者采访外国人时，这种设备更为需要。因为我们的许多记者不懂英语，他们在采访时需要通过翻译，然后回到办公室，再将采访的内容翻译成英语，其结果是原话的韵味和一些成语都丢了，甚至意思都搞拧了。如果我们有了录音机，能准确记录下被采访者的原话，这样的事就不会发生。

谢谢你提供的非洲图片，好的图片是最有用处的。我自己非常喜欢图片，

《国家地理》杂志在制图方面是最专业的。我亲眼看见过他们报道西藏的图片，从图片角度看非常成功。就拿布达拉宫的那张照片来说吧，首先是照得很好，其次是印成这么大的折页也是很了不起的。照片放大时，不仅是能放大多少倍，更重要的是质量。当图片放大到一定程度时，看上去就不是一张图片，好像是一个真的物体出现在面前，你会有一种身历其境的感觉。如果我们的杂志获准写这个主题，使用这张图片倒是一个不错的主意。

你提到你对文章作者所提供的在西藏的汉民人数感到吃惊。我认为数据基本是正确的。除了干部之外还有工人和技术人员。我和埃尔西去西藏时，他们告诉我们，汉族人口占西藏总人口的百分之六到百分之七。这个比例很小。现在西藏总人口有一百七十万，百分之六就是十万两千人，百分之七就是十一万九千人。

向你问好。

一九八〇年三月十日

3月8日，宋庆龄出席全国妇联为纪念三八国际劳动妇女节七十周年举行的联欢会。

# 宋庆龄致爱泼斯坦

（一九八〇年三月十五日）

亲爱的艾培：

我十分愿意会见伊迪丝一家，并初步定在五月二十日那天。请告诉他们，我什么都不需要，只要能带一二叠航空信笺（葱皮纸[1]）来，就很感谢了。

如果你有时间满足《人物》杂志的请求，那倒是省了我一些头痛的事。也许他们认为我快死了，不断地叫我题词等等，还有拍电影、塑雕像之类的事。

写咱们保卫中国同盟的活动情况时，请写上我从香港去广州迎接由爱德华率领的印度医疗队[2]一事。当时你在那儿当记者。我见到了你，请你来帮助保盟开展活动，揭露背信弃义的行为并帮助新四军和八路军。还有我在广州帮助举办妇女火炬游行，激励人们奋力抵抗正在入侵的日本军国主义者。

我们应当感谢亚特兰大的那位飞行员。（虽然他曾几次到过我的住处，但我忘了他的名字。）他冒着风险携带我们保盟的信件给美国援华会和美国朋友。我从当时其他飞行员那里听说，他被指控为共产党的联络员，曾被捕入狱，后又被降级。我想也许我们应当提到史迪威将军允许我们将医疗物资（甚至一部 X 光机和战地急救车）空运到八路军那里。我们应该表彰他的勇气。因为他诚实，蒋介石一直想要把他赶走。

但是，假如你有某些理由不同意上述建议，那就请你不必有所顾虑，不提它好了。我完全相信你的判断。

爱你们两口子！

SCL

一九八〇年三月十五日

注释：

1. 葱皮纸，一种薄型纸。透明度较高。强度很高。表面经处理起皱有干葱皮的效果。大多用作打字、复印或航空用信纸。

2. 印度医疗队，1938 年应八路军总司令朱德请求，印度国大党领袖尼赫鲁决定派一支小型医疗队到中国，表示对抗日的支持。9 月 17 日，五位医生组成的印度援华医疗队抵达广州，宋庆龄、何香凝、爱泼斯坦等到码头迎接。在重庆，五位队员都有了中国名字：爱德华、柯棣华、卓克华、木克华、巴苏华。医疗队于 1939 年 2 月抵达延安。一年后，卓克华和木克华按预定计划返印。不久爱德华因病回国。柯棣华被任命为白求恩国际和平医院院长，最终因积劳成疾于 1942 年 12 月 9 日不幸殉职，年仅 32 岁。巴苏华在延安医院工作至 1943 年返印。

宋庆龄在重庆会见盟军中印缅战区美军司令史迪威将军。

# 宋庆龄致爱泼斯坦

（一九八〇年三月二十二日）

亲爱的艾培：

　　我刚读完我们的《中国建设》四月号，觉得它可读性很强，也很有教育意义。取得这样的成绩，是由于你和全社干部殚精竭虑去实现我们已故总理生前亲自表达的对我们的希望和指示。

　　杂志在各方面都编得很好。我想它可以成为国外学校里外国文学课程的教材。历史细节真实，文字流畅，而且艺术性又这样高！

　　向你和同志们祝贺！

SCL

一九八〇年三月二十二日

# 宋庆龄致爱泼斯坦

（一九八〇年四月十九日）

亲爱的艾培：

你的记忆力确实是非凡的！

感谢你送给我这么多的花束，我受之有愧。你对我的许多癖好太宽容了。

顺致深情的问候。

SCL

一九八〇年四月十九日

另：因为有人提出愿意在美国出版我的传记，请你给我打出一份，其中的缘由以后我会当面告诉你的。

匆此。

SCL

# 宋庆龄致爱泼斯坦

（一九八〇年四月二十七日）

亲爱的艾培：

一、很抱歉我现在没法找到这个飞行员的名字，但他是佐治亚州亚特兰大人。当我在佐治亚州的梅肯上大学时，我们相处得非常之好。所以一九四五年他来到重庆我的住处喝茶的时候，我曾请他向美国援华会转交我们的信件和呼吁书。此事肯定发生在你从桂林来到重庆之后。他为我们做了那么多事，我现在竟想不起他的名字了，真是非常非常抱歉。

二、你写的有关我的文章能在第一期上发表是很好的。

三、近日来我为李妈（我五十多年的伴侣和管家）病重而感到六神无主。她不仅是我的助手，更胜过我的亲人。六个月前，她在这里切除了癌变的子宫。几个星期前，上海的医生们又在她的右侧发现了一个大血块！所以我要她来我这里，并请吴蔚然大夫作了检查。几天前他为她作了手术，发现这个血块是不能切除的（可能有粘连），而只切下一小片来作为诊断之用。他说，他只能努力延长她的生命……

原谅我写得匆忙。并致谢忱！

SCL

一九八〇年四月二十七日

1980 年夏，宋庆龄与陪伴她多年的李燕娥在北京寓所合影。

# 宋庆龄致邱茉莉

亲爱的埃尔西：

　　我觉得让陈休征知道不好，因为她现在已经不在《中国建设》工作了。但是艾培可以直率地告诉林德彬，与谭宁邦的任何联系都是不可取的。因为他可能利用他听到的事情，歪曲事实来反对我们。现寄上廖梦醒几年前写给我的一封短信。请艾培看过后给我寄回来，好放在这个杂种的文档里。如果他走进我们的办公室，让大家都不要说话，给以冷遇！

　　很抱歉，我还在发烧、肚子痛，因此这封信写得这么短。

　　向你们俩致爱。

S

一九八〇年五月九日

# 宋庆龄致爱泼斯坦

（一九八〇年五月二十九日）

亲爱的艾培：

　　谢谢你的短信和转来的伊迪丝及巴林先生的来信。对他们两位的来信我真的很感谢。

　　福克斯·巴特菲尔德来访的那个晚上，我正生着病，发高烧，已经躺了一个多星期了，医生和护士来给我打针吃药。因而想必我说了些奇怪的话，导致那狡猾的记者怀疑我的成长经历。现在当他知道永洁是我的养女，打算进康涅狄格州哈特福德城的三一学院，他该"明白"了。三一学院是个基督教学院，但比巴纳德小，永洁更喜欢前者，甚至在告诉我之前她就报了名。佩格·斯诺和另一个朋友认为这个学校更好些，永洁在学习上将会得到更多人的关注。

　　听说柯弗兰病得很重，可是政府拒绝为他支付住院和医疗费用。他毕竟为中国忠实地工作了这么多年！我感到十分震惊！不知道出了什么问题。如果对情况有更多的了解，我很想提出抗议。如果你听到了什么，请告诉我。我从来不会向别人提及消息的来源，除非有必要。

　　向你和埃尔西致爱。

你的 SCL

一九八〇年五月二十九日

# 爱泼斯坦致宋庆龄

（一九八〇年六月四日）

亲爱的朋友：

如你所知，柯弗兰昨天去世了。这是一个非常重大的损失。他是一位很讲原则，知识极其渊博，思想深邃的同志。他的才华尚未充分发挥。

昨天下午见到柯如思时，我们问她，她是否曾经打算把柯弗兰送到美国去治疗。她说，他们有过这样的考虑，但是最后决定不那么做，因为当时癌细胞已经扩散了。像吴蔚然大夫这样一些了解病情的朋友认为，能做的都已经在做了，其结果不会有什么两样。当时她没有提到，或者说好像她也没有想到你谈及的那些困难，看来也许我们并没有了解她的全部想法。

至于说到那只"狐狸"[1]，我们都不认为你那天晚上说的话会启动他的"基督末日审判"。他显然是一个不断地看风使舵的人，一旦发现有隙可乘，他就会放出一些试探气球。这是新闻记者惯用的手法。有些气球可能爆裂，有些可能达到目的。他作出了相当露骨的努力，试图建立跟永洁沟通的桥梁，以便日后通过这种交往，从你和她的身上挖掘他想知道的情况。我想，只要知道这只狐狸在做什么，我们就不必过分担忧了。我认为，他多少有点儿辨别能力，问题是他的选择能力，他要从所挖掘的东西中确定，哪些赶快使用，哪些稍后使用，哪些留到最后使用。

听说你还没有完全康复，我们很难过。那天晚上够你受的了，但是你没有表现出来。请你多多休息，直到完全康复。

祝好！

一九八〇年六月四日

注释：

1."狐狸"，似指 1980 年 5 月 23 日在宋寓所宴请的《纽约时报》驻京记者福克斯·巴特菲尔德。

# 邱茉莉致宋庆龄

（一九八〇年六月六日）

亲爱的朋友：

由于当时送信人等着要走，艾培今天上午给你的短信写得比较匆忙，下面是他想补充的意思。

目前住在汉斯•米勒[1]家的舒子章[2]，昨晚告诉我们说，6月10日他离开后，谭宁邦夫妇将从上海来北京，住在那里（他没有说准确的时间）。

我们想征求一下你的意见：当谭宁邦夫妇来《中国建设》杂志社时，我们应当如何接待或者不接待他们。正如艾培所说，我们不了解什么促使他来这里，或者说他想做什么。如果能对实现他目的有帮助的话，他很可能直接到我们办公室来。

我很抱歉，在你身体不好需要休息的时候，提出这些问题来麻烦你。

随函附上永洁可能喜欢读的两篇文章。当学期结束的时候，我希望能有机会同她谈谈，听听她对美国的印象。

祝好！

一九八〇年六月六日

注释：

1. 汉斯•米勒（Hans Mueller，1915—1994），德国人，巴塞尔大学医学博士。1939 年来华，受宋庆龄委托，与詹姆斯•贝特兰一起将国外援助中国抗战的六百箱医药用品和一辆大型救护车送往延安。到延安后，受到毛泽东接见。曾长期在华北解放区做医疗工作。新中国成立后，继续留在中国从事医疗事业。1957 年加入中国共产党。与其妻子中村京子都是宋庆龄好友。

2. 舒子章，即朱利安•舒曼（Julian Schuman，1920—1995），美国新闻记者。1947 年到中国，在上海《大陆报》任记者。1950—1953 年，任《密勒氏评论报》编辑。1953 年，回到美国。由于所写文章中反映出的亲华态度，和他的朋友鲍威尔夫妇，受到联邦调查局的迫害。1963 年，作为《北京周报》的外国专家再次来北京。1980 年 10 月参加创办英文报纸《中国日报》，并为其工作至 1992 年。

# 宋庆龄致爱泼斯坦

（一九八〇年六月六日）

亲爱的艾培：

对于柯弗兰受到的不公正的对待，柯如思当然是什么都不会说的。但是他们的女儿凯蒂和我的两个养女是知心朋友，她愤怒地抱怨说，政府的代表告诉柯弗兰不能支付他的医药费。这使得柯弗兰病情加重，又一次住进医院，不久就在那里去世了。凯蒂说她做梦都没有想到，会这样对待一个如此忠实地为中国政府服务的人，现在她也放弃了终生为中国政府工作的想法。我的两个养女听到这些非常难过，问我是不是知道这件事，希望我能为柯家做点儿什么。于是我请我的医生把这件事告诉我的一位好朋友，看看他是否能够帮助柯家些什么。

听说谭宁邦和他的妻子陈元珠已经回到上海了。周总理在世的时候禁止他们再来中国。后来谭宁邦给我写过一封很恶劣的信，要我为他们说情！

廖梦醒和我都知道，谭宁邦把我们的许多医疗物资卖给了一个叫乔治·布洛克的商人。他从来没有告诉过我卖了多少钱，只说因为我们无法把医疗物资送到解放区去，"仓库"都放不下了。那个商人把许多医疗物资卖给了上海的药店。后来我们发现，布洛克给他做了好几套西服，他俩还几次一起到有名的饭店去吃饭！

至于他的妻子陈元珠（是个演员），因为帮助香港走私者贩卖他们的货物，被上海当局拘禁过一段时期。

廖梦醒除证实上述事实外，还能告诉你更多的情况，因为谭宁邦从她那里拿走了一个很好的银锭。

我不能多写了，但是廖梦醒会证实这些事。

我一直发烧，已经两个星期了，胆固醇也高，所以原谅我信写得很潦草。

因此，当谭宁邦到《中国建设》杂志社去的时候，防备着他一点儿。他有自己的小算盘，否则不会再来中国的。

向你和埃尔西致爱。

你的 SCL

一九八〇年六月六日

## 宋庆龄致邱茉莉

（一九八〇年六月七日）

亲爱的埃尔西：

　　你的意思是，谭宁邦夫妇会住在不在家的米勒夫妇的家里？又一个"打游击"的做法！

　　请不要让《中国建设》杂志社请他吃饭，但可以听听他说些什么，为什么没有早点儿回来？你只要到廖梦醒家去串串门儿，你就会听到这对夫妇在上海和北京所干的一切坏事！不要在这对无耻之尤身上浪费一分钱！他所希望的是访问成都和重庆，乘船过三峡到汉口。最后 10 天他们将呆在北京，"捞取"一些能在美国利用的东西。这是我从上海方面得知的情况。

　　舒子章怎么敢在米勒夫妇不在家的时候如此利用他们的房子！舒（夫妇）如此富有，是不是要省下钱去喂这些猪？

　　原谅我骂人的话。我还从来没有结识过一对这么不道德的夫妻！

　　匆匆搁笔！

　　向你和艾培致爱。

SCL

一九八〇年六月七日

# 邱茉莉致宋庆龄

（一九八〇年六月八日）

亲爱的朋友：

关于谭宁邦来访，我们将尽量按照你的意见来安排。但是因为艾培不分管日常行政事务和非编辑方面的事，因此，有些事情可能不会事先和他打招呼。如遇这种情况，他本人可以不参加任何"宴请"活动，但却无法阻止。编委会的大部分人都是新来的，并不认识谭宁邦。唯一例外的是陈休征的丈夫，他分管行政方面的事务。艾培担心他是否会向谭宁邦说点什么，因为林德彬和谭宁邦过去是朋友嘛。艾培也许可以给陈休征捎个口信，不过在这样做之前，他想征求你的意见。

据我们所知，谭宁邦夫妇住到米勒家这件事，与舒子章无关。正如向舒子章提供他家住宿一样，米勒自己在美国时就许诺谭宁邦夫妇可以住在他家。长期以来舒子章一直不喜欢谭，特别不喜欢他那花枝招展的夫人。舒子章对我们说，他很高兴当他们住进去的时候，他已离开那里了。舒子章是个心直口快的人，而谭则不是这样。

谭在 20 世纪 60 年代与米勒同住在友谊宾馆的时候，他就巴结米勒。看来，他们这种关系没有淡化。

祝好！

一九八〇年六月八日

# 爱泼斯坦致宋庆龄

（一九八〇年六月十日）

亲爱的朋友：

今天我跟德彬沟通了。他同意我们不款待这些人。他还说，在我提出之前，他已经意识到这个问题了。

他说，谭宁邦夫妇此行是自费旅游。不过中福会从上海打来电话，要求《中国建设》为谭夫妇找一个自己付费的住处。他们（《中国建设》）已经同友谊宾馆联系了。

由此可以看出，他们不会住在米勒家。

他们这次干什么来，想达到什么目的都不大清楚。不过，我跟你一样，也认为他们此行的目的是想要向这里的人们炫耀他们在美国自我培植的"名声"，同样，又把他们在这次旅行中获得的真实的或者幻想的资本拿到美国去利用，都是为了达到个人目的。

我从一位纽约来访者那里听到，谭宁邦自己手里有一部电影《白求恩》的拷贝，一直在那里租出去赚钱。他向美国友协提出，放映一场要 500 美元。对他们的要价友协不禁咋舌："唬！唬！"他们虽然是一个有声望的团体，但并不富有，不能对他们如此敲竹杠。

我还是要把这件事在办公室里抖搂抖搂。

埃尔西不幸又住院了，因为心电图显示她的心脏跳动不规则，尽管她自己没有什么不适的感觉。希望只住两三天就能出院。

请把此信退回，以便存入你的卷宗。我在美国的时候还听说，我们那里的使团宣布他为不受欢迎的人。这就更加说明了问题。

我将试着找廖梦醒谈谈。

我本人将于 15 日前往唐山，就地震后的重建工作参加一次集体采访报道活动（有《中国建设》的文字记者和摄影记者参加）。我们将在那里采访到 21 日或者 22 日。

祝好！

艾培

一九八〇年六月十日

# 宋庆龄致爱泼斯坦

（一九八〇年六月十五日）

亲爱的艾培：

　　埃尔西的病还没有好，我很难过。如果需要我给她搞什么药，请务必告诉我。

　　昨天我参加了柯弗兰的追悼会。我觉得杰克·佩里的讲话很好，是发自内心的。你觉得在我们的杂志上发表是否会有作用？

　　前一封信中我提到柯弗兰受到的"令人不快"的对待是确实的，因为凯蒂从来都说实话。这件事使我非常生气，但是我现在不能采取任何行动，我得等待时机，见到能够纠正这个错误的人。柯弗兰已经去世了，他的妻子和子女也就不会对这件事感到太痛心了。你是我唯一可以吐露此事的人。

　　我的养女、电影演员永清，也叫约兰达，今年夏天要和同一个电影制片厂的一位男演员结婚了。他比她大 14 岁，党员，需要赡养有病的母亲，因此大部分的家具用品得由我提供。届时就在家里举行一个简朴的茶会，不请任何政府官员。永洁给我帮了大忙，跑来跑去替我买东西。由于我不是个有钱的养母，我卖掉了我母亲的一些旧皮衣和字画以支付婚礼的费用。这将是个简朴的活动，当然不会张扬。不过你和埃尔西自然要来参加婚礼，因为你们是我的"家人"，路易和其它一些老朋友也要参加。不要告诉廖梦醒，因为她会送礼，而我们则要避免有人送礼。

　　永清正在杭州拍电影，所以我们还不能确定婚礼安排在哪一天，有可能在八月一号，确定后再通知你。到时将会找幼马来为永清的婚礼拍点儿照片。

　　向你和埃尔西致爱。

你的 SCL

一九八〇年六月十五日

# 宋庆龄致爱泼斯坦

（一九八〇年七月八日）

亲爱的艾培：

感谢你的来信。你访问唐山的报道很有教育意义。最近我看了一部叫《旧金山》[1]的老电影，看到地震和所造成的巨大破坏。我们都很震惊！（那场地震发生在 1906 年。）

你和埃尔西要在北戴河好好休息！不要急匆匆地赶回来，这只不过是一个女孩子的婚礼而已。以后我会把茶会的照片拿给你们看的。

上星期有一天，我在医院里从早晨七点半一直呆到下午三点半，身体各部位照了好几张 X 光片，因此觉得很累。我过敏的皮肤开始变红，脱皮！据说可以吃巧克力来补救，可是对我不起作用。现在我只好涂油膏，天气这么热，我的感觉可想而知了。

很庆幸我既没有癌肿也没有溃疡，可常常肚子痛，没有一个医生能说出为什么。独自行走还是不稳，但是到目前为止没有再出什么事。过去二十年里我摔倒过四次，导致右腕骨折，我还默默地祈祷我的基因能正常运作。

务必要好好休息，不要为任何事情匆匆赶回来，不值得。等你回来后我会给你和埃尔西看婚礼照片的。不过婚礼是在八月一号。

永清的一套新分的房子要到十一月才能入住，但是我们已经给国外寄出了邀请，所以婚礼不能推迟。总是出问题！这就是生活！

向你和埃尔西致爱。

你的 SCL

一九八〇年七月八日

注释：

1.《旧金山》，美国电影，1936 年首映。

# 宋庆龄致爱泼斯坦

（一九八〇年九月八日）

亲爱的艾培：

　　你能帮助润色我写给何东[1]的信吗？我想他可能要公开这封信，因此请你帮我一下好吗？

　　十分感谢！

SCL

一九八〇年九月八日

注释：

　　1. 何东（Eric Edward Hotung，1926— ），何东家族为香港四大家族之首。这里指的是该家族的后人埃里克·何东，中文名何鸿章，香港富商、慈善家。早年随父旅居上海。抗战爆发时，回港。不久为日军强行遣返上海，遭软禁。1951 年毕业于美国乔治敦大学。1957 年，返港管理家族产业。1965 年，创建何鸿章信托基金会，致力于公益事业。

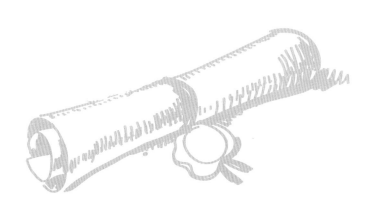

# 宋庆龄致爱泼斯坦

（一九八〇年九月十五日）*

亲爱的艾培：

感谢你为我修改和润色了上一封信。我又有一事相求，还得麻烦你。我听说最近在美国出版了三本新书，一本是《孙中山：一个壮志难酬的革命者》，一本是《受挫的孙中山》，第三本的书名我想不起来了。但是我得到了希夫林的那本书，他在书中引用了敌人关于我在婚前与孙中山同居的谎言。那是彻头彻尾的谎言，是传教士和我们的政敌散布的，目的在于诋毁孙中山的名誉。

这样的不实之词继续被出版，使我非常吃惊，不知道给希夫林的这封信是否对我有好处，还是只能起到为他作宣传的作用！请你给我提出建议，并修改我的信。我不想为希夫林做宣传，不想帮助他推销他的书，但是我要阻止我们的敌人和反对离婚的传教士所散布的这一谎言。

怀着感激之情向你致谢。

永远的朋友　SCL
九月二十五日 [1]

如果你有别的建议，也请告诉我。


附件：宋庆龄致哈罗德·希夫林
（一九八〇年九月十六日）

哈罗德·希夫林先生：

我十分震惊的是：你写作的关于孙逸仙的《孙中山：一个壮志难酬的革命者》一书中第184页，说我们在结婚之前就同居了。这是彻头彻尾的谎言！当年3月，他在同他第一个妻子办理离婚时，我正在上海照顾我生病的父亲。直到1915年10月25日，我们在朋友的见证下结了婚。在此之前，我没有去过日本。由东京市政厅签署的离婚协议和我们的结婚证书都保存在我们在上海的保险柜中。日本侵略者占领上海时，他们用步枪砸开我们的保险柜，把重要文件全都拿走了。但是北京的中国历史博物馆最终还是得到了结婚证书，并在那里展出。如果你愿意的话，可以去看一下。

一个严肃的作家绝不能抄袭反革命分子和心怀叵测的人制造的谎言。在出版著作之前，他必须要弄清事情的真实情况。

我要求你纠正这一谎言。

宋庆龄

一九八〇年九月十六日

于中华人民共和国 北京

注释：

1. 原信所署日期如此。疑有误，应为九月十五日。

# 爱泼斯坦致宋庆龄

（一九八〇年九月十六日）

亲爱的朋友：

昨日接读来信，我反复考虑了这个问题。我翻阅了希夫林的书，以便对这个人有所了解。我还跟埃尔西讨论了这个问题，她一直在帮助思考这件事。

这个问题有两个"关节点"。

1. 希夫林制造了谎言（或者重复了他人的谎言）。你自己对此发表一个有你本人对日期和细节回忆的声明，是比其它任何言词都更有力的驳斥，除非能找到离婚证书的原件。

2. 但是，你直接写信——尤其是亲笔信给希夫林不大好。希夫林的整个思想决不是进步的，他的笔触冷酷无情、毫无同情心，他对人的生活经历的分析是形而上学和完全扭曲的。至于他的个人品格（同政治品质区别开来）正派与否，不得而知。因此，正如你所说的，他可能利用你的信件自我标榜。往最坏处想，他可能要无赖；往最好处想，即使在这个问题上让了步，他也可能利用与你直接联系的机会进一步缠住你，获取更多的细节和观点，来树立他在"专业上的权威性。"（他已经写了两部关于孙中山的书，在封底的作者简介中还说他 20 年来一直研究孙中山，等等。）

在这种情况下，如果要给他写信，最好由第三者来做，阐述你的那些观点，再看看他的反应，不管是什么样的反应。

在西方，这样的事情大都是由律师代表受害一方来处理的，譬如说向出版商发出一份文书，要求撤回或更正。如果谎言是刊登在报纸或杂志上，那么更正也需登在同一家报刊上。至于出现在图书里，那就比较复杂了。因为谁也无法找到一本书的所有读者。最好的办法是找一家专业的出版物，如《编者和发行人》杂志，它可以通告所有出版商在他们以后处理的图书中不要重复这样的错误。作者则可以在他自己的作品再版时纠正原版中的错误。就我们这方面来说，可以选择一位年纪比较大的，熟悉当时情况，虽然不是亲眼目睹，但却能够可靠地回忆当时情况的人，由他给希夫林以及出版商写一封信。例如，像廖梦醒这样的人，她虽然当时还年轻，但却每天都生活在那些目睹实际情况的上了年纪的人中间。

最后，还有一个可能的办法，即让另外一个认识你的人写封信，引用你的话，强迫他作更正。例如，弗兰克·泰勒或者当地出版界和学术界中具有类似知名度的某个人。我也可以做这件事，不过我对那些人的影响力比较小。

你在信的措辞中有一点也许可以改动一下。希夫林在书中的 184 页并没有谈到你们婚前的情况，他可能否认已造成了这种影响。确实，他说的是再婚发生在离婚之前。我们应当在这一点上驳斥他。

在你就此事作出决定以后，请告诉我，我还可以做些什么事情。

现在我把刚在香港出版的我的《从鸦片战争到解放》一书的新版本寄给你。它基本保持了原样，只在内容上做了一些补充。序言和跋是新写的，插图也是新增加的（见第 20、78、110、234 页），老版本没有插图。

遗憾的是，除了我写作上的缺点以外，还有校对工作中的一些失误，就我现在所发现的，我都在书上一一作了更正。

我们俩向你问好！

艾培

一九八〇年九月十六日

# 宋庆龄致爱泼斯坦

（一九八〇年九月十七日）

亲爱的艾培：

首先要感谢你送给我最新出版的书，它不但十分有趣，而且极富教育意义。

你谈到我反驳哈罗德·E·希夫林散布的关于我同孙博士关系的谎言，还谈到怎样对付这类顽固的不实之词，我觉得你的见解是很明智的。但我不能请廖梦醒来写，因为她不为人知，人们不会注意她！我也没有结交什么律师。因此，我希望你作为一次又一次帮助过我的长期的亲密朋友，而且在文学界很有知名度，能慨允为我写这封重要的信件。

传教士的思想往往是倒退的、保守的。在那个年代里，在中国的传教士们强烈地反对我同一个离过婚的男人结婚。他们去找我的父母（我的父母是虔诚的卫理公会教徒），向我父母表明了他们的态度，极力劝说他们把我从日本追回来。在离开上海去东京时，我留了一封信，告诉父母，我决心已定，要帮助孙逸仙并同他结婚，因为他已经在三月份和他原来的妻子离婚了。为了办理离婚手续，她还专程从她独自生活的澳门前往日本。事实上她非常害怕革命，曾请求孙不要再继续从事他的革命事业，因为满人会杀死他们所有的亲属！因此，在孙最后一次流亡日本时，她没有跟随他去。一九一五年三月，她随朱卓文一同到东京去。朱是孙的亲密的同乡，一位受信任的革命者，经常在海外伴随着孙。她在东京见到了孙，毫不犹豫地同意离婚。她甚至不会写自己的名字！所以在离婚协议上用拇指按了个红指印代替签名。这份离婚协议印了几百份，分发给他们的亲朋好友。那时，他的儿子孙科正在加利福尼亚州伯克利大学念书，他也收到了一份，还有他父亲关于这件事的一封信。后来孙科又收到他父亲在一九一五年十月给他写的一封信，告诉他关于我们结婚的事。我听说孙科一直保留着这些信，他的孩子们也都知道并承认这一事实。

但我们的政敌却站在那些传教士们的一边，指责我们在孙逸仙还有妻室的情况下结了婚！

我的父母还有其他的理由，不赞成我嫁给一个比我大二十六岁的男人。因此，在看到我留下的告别信之后，他们立即搭乘下一班轮船赶到日本，试图说服我离开我的丈夫，跟他们回家。我母亲哭了，患肝病的父亲求我回家。

他甚至代表他们俩向日本政府请求，说我还不到结婚的年龄，是被迫成亲的！当然，尽管日本政府对我父母充满了同情，也为他们难过，但是他们不能干预此事。我也伤心地哭了，但是拒绝离开我的丈夫。

唉，艾培，尽管这已是半个世纪前发生的事情了，我仍然觉得仿佛就是几个月前的事！

你读了上面所说的事实后，能否用你的名义写信给希夫林，要他公正地对待我，纠正那无休止地流传着的，说我同孙在一九一五年（十月二十五日）结婚之前就同居的令人厌恶的谎言。

无论如何，我请求你在我死后为我写传记。因为我对别人不像对你这样信任。

永远感谢埃尔西对我的帮助以及她的正义感。

永远属于你们的 SCL

一九八○年九月十七日

请你一定要写这封信，不但让希夫林能看到，也让其它报纸，如《纽约时报》等读者也能看到。

大约 10 或 20 年前，一个陌生人找到周恩来总理，提出要有偿出让我们的结婚证书，上面有当时的东京市政厅、律师和我们的签名。在购买之前，周总理派人送来请我核实。那是日本军国主义分子从我们保险箱里拿走的许多证书之一。现在这份证书由中国历史博物馆保存着。

SCL

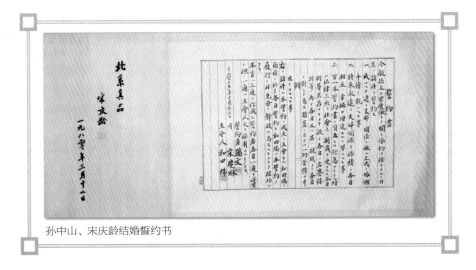

孙中山、宋庆龄结婚誓约书

# 爱泼斯坦致宋庆龄

（一九八〇年九月二十日）

亲爱的朋友：

　　请原谅我没有在本周末把这次附在信后的草稿发给你，因为总有些其他的事情不断地压到我身上。这是给希夫林的信的第二稿，第一稿完成后我征求了埃尔西的意见，根据她的意见又对稿子作了修改。现在我将修改后的信稿发给你，但没有重新打字。希望你就信稿的内容和语气提出意见。听取你的意见后，我会将最终的文本寄给希夫林。我们要努力使我们的反驳和事实强有力，让他无路可退，但同时也不对他进行人身攻击。要让他琢磨不透，好像我们是顺便提及此事的。这样效果可能会更好些，如果他的反应恶劣，那么我们再视情况而定，好好地教训他。

　　讲到事实，你才是知情人。我在信中对这一点说得很清楚，因为这样才能使他们感受到压力。但我并没有特别提到你已经读过他的那本书，也没有刻意指出他的那些看法只是不负责任地引自一些人的回忆。我强调的是，事实终究是事实，而这些事实既不是第一次，也不是第二次被披露过。可是有人却仍然就这件事来编造谎言或者不加查证地去重复那些谎言，如果这不是因为偏见，那就是作为一个学者所不应有的疏忽。让他自己去挑选，他究竟属于上述的哪种人，这样就迫使他不得不自觉地去改正错误。

　　我收到你的信，立即写了一封简短的回信托人带回，当时我还没有看完全信，因此没有看到你要我写传记的那一页。后来当我读到这一部分时，我深深地被你的友情和对我的信任感动了，真是思绪千万，百感交集。尤其是我知道曾有多少人要替你作传。

　　首先，我非常乐意做这件事，我会把我的能力和精力都无保留地投入其中。

　　其次，我想我的任务是不管以何种方式，一定要帮你写完自传。如果以第一人称写，那将是最有影响、最权威和最全面的，不管是你亲自动笔写或是口述（即以"口授"方式），我都将会帮你做好必要的书稿整理，以备出版。当然也可以用第三人称形式来写，我来担任作者，这也是可以的。但这实质上仍然是你的自传，因为书的内容主要来自于你，可以说你是书中绝大多数情况的唯一的知情人。你的一生与本世纪在中国和世界上所发生的那么多的事件及其进程都有联系，只有你才能提供这些情况并加以说明。你的个人经历和思想更能帮助人们通过现实来印证历史，并通过正确地认识历史来指导今天的现实。当你为功成名就的人们写自传时，手头上能用的辅助资源总是不那么现成或充足的。这其中可能有各种原因。要靠第三者的记忆吗？由于时间跨度较大，很多人都不在人世了。其他的人，可能因为他们的地位或其他的原因，不可能长时间与你交谈。凭你自己或别人以前的著作和文稿来写吗？作为参考或引用这些是有价值的，但只能是附属的，更主要的还是要靠你自己的生动的记忆和评价。如果没有这些主体资料，那就只剩下用剪刀和浆糊做些剪剪贴贴的工作了。

你的信件虽然很多，但分布在全球，所以很难收集。只能由你判断哪些要收回，怎样去收回，以及从哪里收回。如果需要帮助的话，我可以提供一些一般性的历史资料和事情的来龙去脉。但还有一个问题是，必须由你来说明那些有广泛记载的历史事件与你的真实关系。你当时怎样看待这些事件，现在又有什么看法、相关的人物是否要写进去。自传总的架构是"生活与时代"。生活方面，你是资料的来源；时代方面涉及面很广，而你的回忆应该是其中的重点。

为此，我们之间需要用大量的时间来交谈。在一个相当长的时期中，至少一星期左右要交谈一次。先将内容初步组织起来，拟出草稿。

如果能按这种方式进行那就再好不过了。这是写作的最坚实的基础，也是对未来离奇谎言的捏造者，或其他希夫林式的"学术"研究者最有效的先发制人。这类的捏造以后肯定还会有，而且可能有许多次，还会持续得相当久远，有的捏造者可能现在还没有出生。其实，如果不考虑插图，在参考了十几种低劣的或肤浅的个人传记文本之后，也可以拼凑出一本马马虎虎的传记。如果有了你的参与，不管是一本自传或是"自传式的传记"（这只是一个写作的形式问题），就都不会让那些心怀恶意和知识浅薄的东西有生长的余地，也为未来诚实的作家打下一个坚实的基础。人们不能阻止未来的作家怎么写，不管是优秀的作家还是低劣的作家。但可以设定这样一个标准的版本，使之成为低劣作家粗制滥造的障碍，也是对好作家的一个正确引导。

我认为，现在已经有了坚实的基础，这道阳光将照耀在你的身上，照耀在你直接参与的那些事件上，也会照耀在我们这个时代的中国和世界其他各地更加广阔的全景上，这将是最大的最具有深远意义的价值。它将会激励年轻一代，这才是最重要的。

当然，我的意思是，要实现上面提出的比较宽广的设想，并不需要付出那么巨大的努力。这不是一部需要一大群人来编辑的百科全书，而是一本有选择的不太厚的书，只是把重要的事实写在里面，给人一个完整的印象。收入的重点是选择你一生中经历的重要事件和当时的外部环境，以及其他一些相关的主要人物，这个选择需要你来做。开始时，也许可以先列出你个人与外部相关事件的一个年表，把主要的题目和人物列个单子，作为骨架，而后再给它穿上生活的外衣。

请你考虑一下，目前你还希望我就这件事做些什么准备工作。也许为了给这件事让路，我会推掉其他的一些事情，以便在明年年初就动手。无论你做出怎样的决定，我都得再次感谢你对我的友谊和信任。

向你致爱。

九月二十日

# 宋庆龄致爱泼斯坦

（一九八〇年九月二十五日）

亲爱的艾培：

　　你能给我两份你写给希夫林的信吗？因为我想要保留一份，另一份寄给送我这本书的人。

　　原谅我在你这么忙的时候不断地给你添麻烦。

　　感谢你的。

SCL

九月二十五日

# 宋庆龄致爱泼斯坦

（一九八〇年九月二十五日）

我亲爱的艾培：

这些天来我被王炳南推给我的那些来访客人所包围。我挂了那主席的头衔[1]后才发现我被困住了，而且也快把我累死了。几乎没有时间坐下来写我自己的信。

我终于可以写信告诉你，我是多么骄傲和高兴，因为我最信任的朋友和同志同意为我写传记了。所有的自传都是本人口述，别人写的。所以我让我所信任的朋友来写我的传记。我现在太疲劳，不能定时坐下来回答问题，但我随时都准备解答你想要问的任何问题。当然，在同志们中间关于谁来写我的传记有争执，但我根本不想讨论这件事。

你能再给我打印两份你给希夫林的信吗？因为我想寄一份给那位送我书的朋友，另一份自己保留。什么时间都行，等你有空。我知道你有多忙！还要万分感谢埃尔西充当你的顾问！我希望她正在好好休息，而且身体也恢复得好多了。

已故的美国南方诗人西德尼·拉尼尔曾同我母校威斯里安学院[2]一个校友结婚。与他同名的儿子已经七十七岁了，昨天同他的妻子来看我。他们带来了母校的信件和纪念册，好像还想跟我聊上几个小时！他蹦蹦跳跳仍然像个孩子！

伊罗生[3]和他的夫人在日本早稻田大学讲完课后下个月也要来华，茅盾、丁玲等人要接见他们。他曾是《中国论坛》杂志的主编，有很高的知名度。但一度被史沫特莱[4]等人斥为托洛茨基分子，他不得不终止在《论坛》的工作，没有再回到那个出版社，因为史沫特莱说是他把出版社交给了托派。

不管怎样，许多老相识都来重访中国，其中有格兰尼奇一家。我被要求接见所有这些客人，所以日程排得满满的。等我一有功夫就给你打电话，约一个时间见见面。

向你和埃尔西致深深的爱意。

你永远的 SCL

一九八〇年九月二十五日

注释：

1. 主席的头衔，指当时宋庆龄担任的中国人民对外友好协会主席。

2. 威斯里安学院，创立于 1836 年，原名为佐治亚女子学院，1843 年改名为威斯里安女子学院。位于美国佐治亚州梅肯市。是卫理公会主办的女子学院。宋氏三姐妹均曾在此就读。宋庆龄于 1909 年 9 月 5 日正式考入该学院文学系。1913 年毕业，获文学士学位。

3. 伊罗生，本名哈罗德·罗伯特·伊塞克（Harold R. Isaacs, 1910—1986），美国新闻记者、作家。生于纽约的一个美籍犹太人家庭。1928 年任《纽约时报》记者。1930 年到上海，在两家英文报纸当记者和编辑。"九一八"事变发生后，与史沫特莱等一起创办《中国论坛》杂志，宋庆龄曾在该刊发表文章。在宋庆龄创建的中国民权保障同盟担任执行委员。80 年代重访中国。著有《中国革命的悲剧》、《重访中国》等。

4. 史沫特莱，即阿格尼丝·史沫特莱（Agnes Smedley, 1890—1950），美国女作家，新闻记者。1929 年以《法兰克福日报》驻远东特派记者身份到中国，曾任宋庆龄的英文秘书，协助宋庆龄等组织中国民权保障同盟。大量采访并向世界报道中国共产党领导的革命斗争以及江西苏区的情况。抗战期间赴延安采访中共领导人，写成《伟大的道路》（朱德传记）《中国人民的命运》《中国红军在前进》、《中国在反攻》、《中国战歌》等，介绍和歌颂中国人民的革命斗争。1941 年因病返回美国。1949 年受"麦卡锡主义"迫害而流亡英国。

1980 年

10 月 27 日，宋庆龄在北京寓所会见美国友人伯莎·陶布（中）和马克思·格兰尼奇。

# 爱泼斯坦致宋庆龄

（一九八〇年九月二十九日）

亲爱的朋友：

遵嘱送上致希夫林信件的副本两份。因事务缠身，迟奉为歉。据我所知，近来你也非常忙碌，想必现在仍然如此。

另外，送上《人物》杂志，其中有我的文章，这是该刊要求我寄给你的。他们提出了另一个要求：因为我的文章提到，只有许多在不同时期认识你的人们，才能勾画出你在不同时期的形象。那么谁是他们可以约稿的合适人选呢？如果你认为这件事可行的话，你有什么建议人选？这也许同样有益于我们的其他计划，可以提供一些辅助材料，以备将来之用。

还有一位进步的老报人名叫鲁艺，从前在上海《新晚报》，后来到重庆的《新华日报》工作。他曾是全国政协委员，现在负责上海的一家历史刊物，该刊正在为辛亥革命70周年纪念特刊的出版作准备。他问你能否为该刊写点儿什么，长短不拘，由你自己决定。这件事不急，因为特刊是明年的事儿，但他们现在已经开始征集稿件了。鲁艺说，他以前在中国民权保障同盟工作期间曾经认识你。我有这本杂志和一份介绍，但不在手头，找出来会很快寄给你的。只是先告诉你一声。

他的看法是，辛亥革命的意义主要在两个方面：首先，它推翻了世代相传的君主制度；其次，它是促进民主和现代化，使中国变得强大和平等的第一个关键性事件。这是我们仍然在做的事情。尽管社会环境有了很大进步，我们依然面对着这样的问题。由于后来辛亥革命遭受了挫折，在一段时间内，它的先驱性的重要作用被低估了。

祝好！

艾培
九月二十九日

附件：爱泼斯坦致希夫林
（一九八〇年九月二十八日）

亲爱的希夫林教授：

　　我是一个长期以来对中国现代史感兴趣，并在这方面写过一些书的人。而且自 30 年代后期，我就是宋庆龄的朋友，有一段时间我们还一起共过事。我想提请你注意，在你最近出版的关于孙中山的著作中，有一个歪曲事实的说法，即书中第 184 页　　，你把孙中山与宋庆龄结婚说成是"孙中山在没有（与第一个妻子）离婚的情况下的第二次结婚"。

　　实际情况是，再婚半年以前孙中山就已经离婚了。所有与此相反的说法都是不真实的。

　　从历史上来看，你未经查证就信以为真的这类错误说法源于几十年前一些想要诋毁孙中山、宋庆龄以及他们从事的革命事业的人和帮派，参与其中的既有中国人，也有外国人。这些人的动机各不相同，有些是通常不赞成离婚的传教士和其他一些死硬的宗教狂热分子，有些人则纯粹出于政治上的恶意。他们捏造的这些谎言，一直流传至今。虽然传播的人有时并不是故意的，但却在孙中山和宋庆龄的记忆中无端地留下了遭诽谤的阴影。而宋庆龄由于其所处的特殊地位，当这种谎言重新出现在出版物中的时候，她很难作出公开的反应。

　　下面是多年来我从宋庆龄那里不只一次地听到的一些事实。

　　1915 年 3 月，孙中山和他的第一个妻子离了婚，他的妻子为此专程来到东京。当时宋庆龄正在上海照顾她患病的父亲。到了 1915 年 10 月，她才去东京和孙中山结婚。

　　关于离婚的背景是这样：离婚前孙中山已经跟他的第一个妻子分居了一段时期。她不赞成孙参与革命活动，长期以来，她一直害怕这种活动不仅会导致孙的被捕杀头，而且他的全家也会被中国当时的统治者满门抄斩。她没有跟孙中山一起流亡日本，而是居住在澳门。为了离婚，她在孙中山的同乡和革命伙伴朱卓文的陪同下，去东京作了短暂的停留。像中国当时的许多妇女一样，她是文盲。她用拇指在离婚证书上她的名字处摁了红色手印，以使离婚证书有效。孙中山所持的那份离婚证书多年来一直保存在上海法租界莫里哀路寓所的保险柜里，后来他和他的妻子宋庆龄就住在那里。孙中山逝世后，宋庆龄继续住在那里。太平洋战争期间日本人占领了整个上海，在对这个寓所进行搜查时，这个证书同其他文件和财物一起丢失了。

往来书信　宋庆龄与爱泼斯坦、邱茉莉　SOONG CHING LING'S CORRESPONDENCE WITH ISRAEL EPSTEIN AND ELSIE CHOLMELEY

　　离婚和再婚的时间和情况以及随后发生的事情，同时代人都是很清楚的。孙中山给他在加利福尼亚州伯克利留学的儿子孙科写的信件，都被他儿子保存下来。这些信件可能仍然在孙科后人的手里。离婚证书的复本曾经分送给家人、朋友和孙中山的革命同仁。

　　不错，宋庆龄的父母曾经激烈地反对这桩亲事。因此，作出这个决定并且坚持到底，是一件让她极度痛苦的事情。直到今天，她谈及往事，仍然是痛苦的。她的心情很复杂，因为她既有强烈的不达目的绝不罢休的决心，但又深深地热爱着自己的父母。这涉及到这对夫妻的年龄差距和两代人对问题的不同看法，但与离婚和再婚日期的先后毫无关系。

　　纠正长期以来流传的这种歪曲事实的流言，将是对历史的负责，对公正原则的忠诚。我期待着你作为一个学者和专家，能立即在学术性刊物或者其他刊物上公布事实真相，引起人们应有的注意，以正视听。同时，请你在以后涉及此事的文章中和再版你的著作时纠正上述的错误说法。

　　如蒙早日回复，则不胜感激，我将翘首以待。关于这件事，我没有写信与其他人谈过。

你真诚的　伊斯雷尔·爱泼斯坦

一九八〇年九月二十八日

寄自中国北京（100037）外文楼东配楼 14 号

# 宋庆龄致爱泼斯坦

（一九八〇年十一月）*

亲爱的艾培：

　　这些天我的时间排得满满的，甚至都没有感谢你给予我的宝贵的帮助，但是我知道你会原谅我的。

　　有太多的老关系来到这里，我必需见他们，因为他们在我们需要的时候给了我们帮助。《论坛》的伊罗生夫妇，伊文思夫妇，凯瑟克夫妇等等。顺便问问，你记得援华委员会的埃塞尔·艾伦吗？连她也期望要来。我已经完全忘记了她。我听说米尔德里德·普赖斯还活着！现在住在墨西哥。

　　更多的以后再写，向你和埃尔西致以爱。

SCL

　　听说韩素音现在正在这里。她又出版了一本书，但《纽约时报》对其"评论不佳"，她很生气。她在纽约买了房子，现在她在世界各地拥有四所房子了。

SCL

# 爱泼斯坦致宋庆龄

（一九八〇年十一月二十三日）

亲爱的朋友：

谢谢转来埃塞尔·艾伦的来信。关于上海刊物的事情，我当然可以立即告诉他们，说你无法答应他们的请求。请原谅我未能及早写信。首先，因为那天餐后我就得了重感冒病倒了。接着，我们办公室新来的一位专家也因患肝炎而住院。他是来自芝加哥的一位能干的、效率很高的，而且愿意承担繁重工作的年轻人。这样一来使得办公室其余的人紧赶慢赶，总算把最近一期刊物的稿件赶出来，现在差不多可以付印了。上苍似乎对我们很不仁慈，不过，希望还是有的，慢慢地总会发点儿慈悲吧。

今天，我写信是为了另一件事。你能否在我尽可能的帮助下，给我们的刊物写一篇纪念金仲华的文章。金仲华任我们主编的时候，陈麟瑞[1] 是副主编。在控诉林彪、江青等人的罪行时，他们两人都列在被迫害致死的名单中。无论如何我们应该表达悼念之情，而写纪念文章无疑是一个非常好的办法。除此之外，我们还可使我们的读者深切了解"四人帮"造成了多么大的灾难，通过这个缩影起到以小见大的作用。当然，我们还要在更加广泛的范围内另选题材写些文章。但是，以新闻形式报道审判的情况，则不是我们所能胜任的。因为刊物有出版印刷周期，当读者看到时，事情往往已经过去两三个月。有关审判的新闻报道早就在其他的媒体上出现了，等我们的报道出来时就成旧闻了。

纪念金的文章主要是回忆他为保卫中国同盟和中国福利基金会、为我们的刊物以及在全国救亡运动和担任上海市副市长期间所做的好事。你本人对他的回忆和印象是最重要的，其他的材料我们可以补充。如果你同意把这些写下来的话，我可以拟一个初稿供你审阅。不知有没有可能争取在本周内（11月的最后一周）付印？有点儿难为你了，但是我们非常希望你做这件事。要不然，我们还得依靠别人来写。可是这文章出自你的手比出自其他人更好，能给人留下更深刻的印象。

也许你希望我们在审判这个主题上做些更加广泛的报道？那当然很好。但要赶上下一期有点儿困难，因为审判还没有结束。等到我们把所有稿件都准备好去付印时，应该是二月份的那一期了。

希望在 12 月份或者 1 月份，我们能够开始谈谈别的计划。

致以最美好的祝愿！

艾培

一九八〇年十一月二十三日

---

注释：

　　1.陈麟瑞(1905—1969)，号瑞成，柳亚子之女柳无非的丈夫。毕业于清华学校，先后留学美国、英国、法国、德国。1922 年回国后任上海暨南大学、复旦大学、光华大学、震旦女子文理学院教授、外文系主任、联合国国际劳工局中国分局主任秘书。长期从事翻译和戏剧创作。建国后，任新华社上海英文部主任，《中国建设》杂志社副总编。第四届全国政协委员。

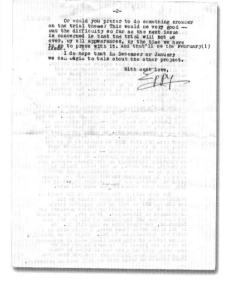

1980 年 11 月 23 日爱泼斯坦致宋庆龄
（中国宋庆龄基金会 藏）

# 宋庆龄致爱泼斯坦

（一九八〇年十一月二十五日）

亲爱的艾培：

我又得了气管炎，羁留病床，与氧气袋为伴。不过现在大夫吃饭去了，所以我偷偷起床来告诉你，我要尽力为金仲华写几句话。他是我深深敬重的人。他乐于帮助我和任何同志工作，从不令人失望。

他作为全国各界救国联合会[1]的成员，写了大量宣传文章。他一贯忠于我们的事业。他是香港保卫中国同盟中央委员会的成员。后来他担任我们《中国建设》杂志的社长。在帮我把文章译成中文的过程中，他总要告诉我中文用词应该如何如何表达，这有助于在很大程度上更好地表现文章的主旨。

"文化大革命"在上海进行期间，似乎样样事情都死寂了。我们的儿童刊物不再出版。我们的各个福利事业单位不再汇报工作。虽然我给那里的中国福利会领导人一再写信，却没有任何报告送来给我。于是我给当时任副市长的金仲华写信，打听造成沉默现象的原因。金忠实地去各个单位奔走，并且鼓励他们继续工作。

后来我回到上海，使我大吃一惊的是，人家告诉我金本人已被"四人帮"分子逮捕，并关押在一间装着铁栏杆的小房间里。我试图同他取得联系，但没有成功。他犯了什么罪？我问。可是没人能够回答。后来我得知，"因为他是个知识分子，有些人嫉妒他的英语知识！"

后来，我突然得知，金用剃须刀切腕自尽[2]了。他受不了那日复一日的拷问与虐待。

于是我想到了他那可怜的老母亲——他对她极为敬爱。有几次他带她去看一场京剧或是听一场音乐会。她穿得像个乡下老太太，头上别着一个长长的发夹，还系着一条红头绳。观众往往瞪眼看着他们。金总是温文尔雅地把她带到台前第一排的位置就座，自己则坐在她后边一排的座位上，给她讲解剧情。我曾见到陈毅元帅从后排起身，上前同她握手寒暄。演出结束，金又轻轻地搀扶着陪她回家。

对我说来，这是了不起的一堂课。

金是无畏的！

艾培，请原谅，我只能写这么多了。[3]

一九八〇年十一月二十五日

注释：

    1. 全国各界救国联合会，简称全救会或救国会。1936 在上海成立。宋庆龄、何香凝、马相伯、邹韬奋等四十余人为执行委员。沈钧儒、章乃器、李公朴、史良等十四人为常务委员。是我国 30 年代中期具有广泛群众基础的全国性抗日救亡团体。

    2. 切腕自尽，金仲华 1968 年 4 月 3 日因遭受迫害在上海寓所自缢身亡，信中说"切腕自尽"疑为是听到的不实说法。

    3. 此信末尾未具名，因她是利用医生吃饭去的空隙，从病床上起来匆匆写的。

1 月 27 日，宋庆龄在金仲华（左一）陪同下到中国福利会少年宫。

# 爱泼斯坦致宋庆龄

（一九八〇年十二月五日）

亲爱的朋友：

希夫林对我的信作了回复。你从附去的信中可以看出，他的态度还算好。

他主张由我投稿给《中国季刊》或别处，他将确认这是个错误。我认为，他的这个想法可能有一定的好处。或者我仍然让他直接去做，在我看来这样不会被看作是自我宣传，但是我无法确定学术界的习惯做法是什么。

不过，我的那封信已经起了作用。

请将附信寄回，我好给他回信。等我用过之后，如果你想保存原件，我再寄回给你。

希夫林的信是在我上午把初稿寄给你以后收到的。

致以爱。

艾培

一九八〇年十二月五日

刚从张钰处听说你又生病了。那天晚上见到你的时候，我们曾希望你已经痊愈了。在完全康复以前，请不要为上述事情，或任何别的事情操心。

致以爱。

艾培又及

# 宋庆龄致爱泼斯坦

（一九八○年十二月五日）

亲爱的艾培：

感谢你关注我的事情。等我病好一点儿以后，我有许多照片要交给你保存。我把此信寄还给你，以帮助你记起希夫林那封信的内容。

致以爱。

SCL

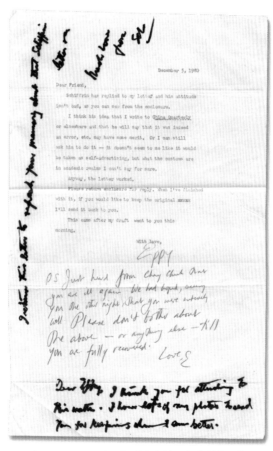

1980 年 12 月 5 日爱泼斯坦致宋庆龄及宋庆龄的回信
（黄浣碧 捐）

## 宋庆龄致爱泼斯坦

（一九八〇年十二月六日）

亲爱的艾培：

　　刚刚收到这份文稿，感到非常满意，为此请接受我的感谢。

　　向你和埃尔西致爱。

SCL

一九八〇年十二月六日

# 宋庆龄致爱泼斯坦

（一九八〇年十二月二十三日）

亲爱的艾培：

皮肤不断发炎，使我没有写信告诉你我收到了永洁的来信。信中说，几周前，她在伊迪丝位于纽约市郊的家里度过了一个十分愉快的假日。我不知道她是怎么去的，也许是乘火车，因为在三一学院所在地的康涅狄格州的哈特福德城，她不认识有私家车的人。她说，那些友好的人们带她去看了一场百老汇的演出（她第一次听说这样的地方），还去了别的有意思的地方，也许是博物馆，但她没有具体说，只是我的猜想。她说这对友好的夫妇甚至带她到一家中餐馆去吃饭！反正，她说在那里就像在家里一样，说她在美国还从来没有遇到过这样诚恳可爱的人。

我本想写信感谢伊迪丝和巴林先生，但是皮肤不断发炎妨碍了我写信。不过我要尽量在本周给他们写信。

向你和埃尔西问好，希望不久能够见面。

顺致深情的问候。

SCL

一九八〇年十二月二十三日

罗森夫妇给我写信，说有人试图利用永洁以及她和我的关系，如佩格·斯诺的朋友克里斯和克雷恩夫妇，他们想要她参加一个来中国访问的代表团。但是永洁自己不想参加这个团，而想参加一个明年夏天来中国的旅游团，给他们做导游和口译，这样她可以不用花钱回国一趟。希望她的计划能够成功，我很想见到她。她视力不好，因为四年以来每天都要学习18个小时，来补她在国内没有学过的东西。这都得感谢"四人帮"！

皮肤又痒了！又及

Please destroy this after reading + destroy again!!

Dec. 23, 1980

Dear Eppy:

Constant skin irritations, has kept me from writing you about my letter from Jeanette. She wrote, some weeks ago, that she was having a grand time at Edith's home outside New York. I don't know how she went perhaps by train, as she knows no one who owns a car at her Hartford, Conn city where Trinity is situated. She wrote these kind people took her to a Broadway show (1st time she ever heard of such a place) then to visit

other places of interest — perhaps the museums, she did not say so, only I imagined it. She said these kind people even took her to a Chinese restaurant! anyway she said she felt so much at home there and she never met such sincere and lovable people in N.Y.

I meant to write and thank Edith or the Baldwin but constant invitations of skin prevented. However I shall try to write this week.

I send you + Elsie my love and hope we shall see each other before long,

Affectionate greetings.
Sis

P.S. The Rosens wrote me that some people tried to make use of her and her relations to me, such as the Chers and Crains, friends of Rey Sord. who wanted her to join them as a delegation to China. But Jeanette herself is trying to avoid it + join another group of tourists coming here next summer, so she can come home without payment. She will act as their guide and interpreter. Hope she'll succeed for I am anxious to see her. Her eyesight is bad, from staying up 18 hours a day to learn that she could not for 4 years — thanks to the gang of four!

1980 年 12 月 23 日宋庆龄致爱泼斯坦（黄浣碧 捐）

# 爱泼斯坦致宋庆龄

（一九八○年十二月二十六日）*

亲爱的朋友：

　　我们衷心希望你的皮肤病已有好转。这一定是北京的气候引起的，特别是冬天空气非常干燥。忽高忽低的气温也影响了我的健康，不断咳嗽，后背酸疼，但现在已经好些了。

　　很高兴得知永洁在巴林夫妇家过得很自在。他们的确是非常热心的人。伊迪丝的心胸十分宽广，对年轻人尤其热情。巴林在这方面也不比伊迪丝逊色。而且，他们都不会以任何方式利用别人。相反，他们会使她在远离家乡的地方心里更感到踏实。

　　最近，《中国画报》杂志看到我在《人物》杂志上写的文章后，请我也给该刊写篇文章，配合该刊准备在 3 月份出版的那一期上关于你的图片报道。当时，我没有向你提到这件事，因为我知道你病了，而且还刚麻烦你为《中国建设》写一篇文章。所以就自己搜集材料写了一篇，将和他们要刊出的图片一起送你过目。那些图片来自他们自己和新华社的图库以及其他历史和现实档案。下周之内我将把这些东西送你定夺。

　　希望新年过后，你能抽一点儿时间，我们尽快叙一叙。

　　我俩向你问好！

艾培

十二月二十六日

# 爱泼斯坦致宋庆龄

（一九八一年一月十日）*

亲爱的朋友：

　　送上为《中国画报》写的文稿。它与我应邀为《人物》杂志写的文章有
所不同，因为这不是一篇回忆性的文章，我试图更加广泛地勾画出一个概要。
这本刊物主要刊登图片，可能会要求我把文章写得更短些。我对我写的文章
非常不满意，好像还有一些重要的事情没有告诉读者，使他们铭记在心。例
如你经常关心的第三世界国家的解放和进步，而这也正是当年孙中山先生所
关心的。我很想听听你的意见，特别是请你告诉我哪些事实有出入，因为我
手头没有足够的参考资料。此外，请你提出哪些需要补充进去，哪些需要删除。

　　很不幸，近来我的健康状况不大好，连续感冒的后遗症不想离开我。遵
医嘱，我得在家休息一周。大夫们的意见，多少还得听一点儿！

　　关于希夫林的事情，附上一封我写给他的关于如何反驳的信件。你在必
要时，也许需要参考他的来信，我把他的回信的复印件（你以前看过）和另
一封他写给出版社而误寄给我的信的复印件一并送上，从这封信中多少透露
了一些情况。

　　我真希望你自己也一天天好起来。

　　祝好！

艾培

一九八〇年一月十日<sup>1</sup>

注释：

　　1. 原信所署日期如此。疑有误，应为一九八一年。

# 宋庆龄致爱泼斯坦

（一九八一年一月十二日）

亲爱的艾培：

你写的纪念金仲华的文章[1]很好、很及时。多谢你！因为一直被皮肤瘙痒症所困扰，我已有好几个星期什么事也不能做。至少有十几位中医和西医都来给我做了检查，他们都认为是神经性的，加上干燥的气候的影响造成了这种症候——从头痒到脚，双手肿胀。每次治疗得花整整半天时间，但我一点儿也不觉得有所缓解，也无法安睡，因为他们不敢给我太多的安眠药。

加拿大多伦多大学（或者是一所在多伦多的大学）想到上海来授予我一个学位！我真希望能找个人来代我接受这个荣誉。因为这件事只能给我带来麻烦。

现在说一下你写的关于我的那篇文章，我想你已经写的很全面了，除了一个事实，那就是，当我意识到斯大林不愿意继续帮助我们，而是听任蒋介石为所欲为的时候，我就不再在莫斯科多待了。

于是我请母亲给我寄一点儿钱来，然后就去了欧洲。邓演达[2]当时已在柏林，所以不久叶挺[3]、章克[4]和黄琪翔[5]也去了，希望能够在那里建立一个革命小组。关于叶，只能以后有机会当面讲给你听了。

昨天我们得到了孙博士和我的一些新照片，是人民画报社以前拿走的。

如果你想要希夫林对你那封抗议信的答复，我以后给你找出来，可现在不行，我病得太厉害了，现在没法找。

等皮肤瘙痒不再严重的时候我会多给你写一些信。

我以前总是与在布鲁塞尔的反帝国主义同盟[6]联系，不过他们在欧洲并不活跃。

向你和埃尔西致以最诚挚的问候。

SCL

一月十二日晚十点

我曾和印度及朝鲜的革命者有过联系，当时我们必需十分小心谨慎。

注释：

1. 纪念金仲华的文章，指《纪念金仲华 —— ＜中国建设＞的创始人之一》一文，见《宋庆龄选集》下卷，第 610 页，人民出版社 1992 年版。

2. 邓演达（1895—1931），字择生，广东惠州人，早年加入中国同盟会。1911 年随广东革命军北伐。1925 年任黄埔军校教育长。1926 年 1 月当选为国民党"二大"候补中央执行委员。同年 7 月任国民革命军总政治部主任、随军北伐，指挥攻克武昌。国民党二届三中全会被选为中央执行委员、中央政治委员会委员、中央军委主席团成员和中央农民部部长。"四·一二"政变后，力主东征讨蒋。大革命失败后，流亡欧洲。1930 年 5 月回国，在上海成立中国国民党临时行动委员会，任中央总干事。策动反蒋。1931 年因叛徒出卖被捕，11 月 29 日被秘密杀害于南京麒麟门外沙子岗。12 月 19 日宋庆龄为抗议杀害邓演达在《申报》上发表《宋庆龄之宣言》。

3. 叶挺 (1896—1946)，原名叶为询，字希夷，广东惠阳人。1918 年参加粤军，加入中国国民党。历任粤军第一师参谋、工兵营副营长等职。1922 年 6 月，陈炯明叛变时奉命守卫总统府，掩护宋庆龄脱险；1924 年赴苏联，同年加入中国共产党，1925 年回国。1927 年蒋介石叛变后，参加领导南昌起义和广州起义。后流亡欧洲，继而到澳门隐居。抗战爆发后，出任新四军军长。皖南事变中，遭国民党扣押。1946 年 3 月 4 日，经中共中央多方努力，重获自由，4 月 8 日，自重庆飞返延安，途中飞机失事，不幸遇难。

4. 章克（1911—?），浙江余杭人。曾任国民政府外交部秘书、广东省建设厅顾问。宋庆龄旅居德国期间，曾协助宋工作。

5. 黄琪翔（1898—1970），字御行，广东梅县人。1926 年参加北伐。国民革命军陆军上将。1931 年起为中国国民党临时行动委员会（即第三党）的领导。抗战时先后任集团军司令、赴缅甸远征军副总司令，获国民政府嘉奖。1947 年第三党改名为"中国农工民主党"，任秘书长、副主席。1949 年后任全国人大、全国政协常委等职。

6. 反帝国主义同盟，"反对帝国主义及殖民压迫斗争大同盟"的简称。1927 年 12 月成立于比利时首都布鲁塞尔，是宋庆龄和世界著名人士爱因斯坦、高尔基、罗曼·罗兰、巴比塞等共同发起组织的。1929 年反帝大同盟第二次大会在德国法兰克福举行，宋被推举为名誉主席。1932 年淞沪抗战时期，宋以反帝大同盟名誉主席的名义向世界发出援助中国抗战的呼吁。

# 宋庆龄致爱泼斯坦

（一九八一年一月二十九日）

亲爱的艾培：

在处理佩格·斯诺提出的要求上，我又得求助于你。你看这样说行吗？

"海伦·斯诺夫人确实写过许多关于中国的有益的书籍。她应当获得诺贝尔奖。

宋庆龄"

我还在医治流感和似乎无法治愈的荨麻疹，同时在服用中药，一天两次，服两个星期，但还是不能治好我的病。现在还进一步影响到了我的眼睛，痒得要命。

非常感谢，向你和埃尔西致爱。

苏西<br>一九八一年一月二十九日

# 宋庆龄致爱泼斯坦

（一九八一年二月五日）*

亲爱的朋友：

谈谈另一个问题。

再提供一些希夫林方面的情况。此件你不必退回，因为我用我们的新复印机给你复印了几份。

你可以看出来，他是采取合作态度的，而且也的确主动采取了一些补救的措施。他亲自给被许多人视为标准参考书的《中华民国人名大辞典》发去更正；他同意我的建议，撤回原来的提法；他表示还要在另一本杂志上作出更正。我将在假日和随后的一段时间里注意事态的发展。由此看来，上次通信的效果是好的。我将向他表示谢意。

他还想利用这个契机跟中国学者进行接触。这比较难办，因为他跟以色列那所大学似乎有相当永久性的联系（不过，我相信他是美国籍）。他显然想利用这个机会促进以色列大学与中国学者的联系，而不仅仅为了他本人。

我可以就他的著作提出一些意见（如果你有他的书，我可以再读一遍），看看他的第一部著作是否已经在我们这里翻译出版，如果可以就送他一本。但是仅此而已。

关于这个问题，就谈这些，供你参考。你有什么意见，请告知。如果不是顾及到与以色列的关系，他倒是值得你给他写封短信。正是考虑到这一点，所以最好还是不要由你签名或以你的名义给他写信（当然还有我们以前谈到的那些理由）。

艾培

一九八一年二月五日

# 宋庆龄致爱泼斯坦

（一九八一年二月五日）

亲爱的艾培：

我五十多年的忠实朋友和管家，我的"李妈"，今天早晨5点因癌症去世了，我感到非常难过和忧伤。由于严重的支气管炎和讨厌的皮肤病，我不能去看她。她在我们这个家里经受了六个月的巨大痛苦。两个星期前，医院不得不让她住院。她将被安葬在上海我家人的墓地上，我以后去上海时将把她的骨灰带回去。

在加拿大多伦多的一所大学想在五月份授予我一个学位。他们原本希望在上海授予，但是现在改到北京了。

现在居住在美国的埃里克·何东捐赠了一百万美元，拟在华盛顿的乔治城大学建立一座孙中山纪念碑。他想把模型赠送给我。你看看，我已经心乱如麻，还要徒增这些麻烦事。

亲爱的艾培，我真的很感谢你帮助我正确观察事物！我应该烧掉佩格·斯诺和苏珊·安东尼向我求助的信，而不是去麻烦你。因此我不会答应她的请求的。

今天我收到了永洁的一封信，提醒我说，一个叫梁世俊或叫梁士纯的人自称是我的"老朋友"，他力图想让沙伦·克兰或是西尔维亚·克兰（佩格的朋友）"参与到中国福利会和《中国建设》的工作中来"。他是个"怪人，总说大话"。永洁要我们对他提高警惕，同时寄来了他的照片，好识别他。你认识他吗？他的照片是在克兰家里照的。你能识别这个人吗？

亲爱的艾培，万分感谢你所做的一切。深深爱你和埃尔西。

SCL

一九八一年二月五日

# 爱泼斯坦致宋庆龄

（一九八一年二月七日）

亲爱的朋友：

听到关于李妈的事情，我感到非常遗憾！

至于永洁信中提到的那个人，我想可能是梁士纯。（虽然照片不太清楚，但的确像他。）他自己写的名字是梁士纯，而不是梁世俊。可能是永洁根据字音写错的。30 年代他在燕京大学任新闻学教授。在那里，他认识了斯诺。他最近在中国，前几个月又到了美国，就斯诺的著作和新闻写作风格频频作报告。我想他是被邀请去密苏里大学讲学的，那所大学有一个著名的新闻学院，他也许毕业于该校。战前，梁士纯是斯诺等人在北京出版的《民主》[1]杂志的编辑人员之一。（我同这本刊物也有联系，还有詹姆斯·贝特兰和约翰·利宁等人，司徒雷登也在其中，这是当时的统一战线所需。）大战期间，梁士纯曾是"工合"的官员。解放以后，他一直在南京大学工作，我估计他现在可能是外语系主任。来北京时，他有时也来看我们。他是一个相当美国化了的中国基督教自由派，具有美国新闻界那种强烈的自我标榜的"竞争"意识。但是，据我所知，他的确不是坏人。

永洁提到的沙伦·克兰是不是西尔维亚·克兰？如果是的话，她是一个相当有钱，到处钻营，爱出风头的左倾女人。她的丈夫约翰·克兰是查尔斯·R·克兰的儿子。查尔斯在二十世纪头 25 年的一段时期内曾经出任过美国驻中国公使。西尔维亚曾经是左派职业女性，但是结婚以后，蜕变成了贵夫人。从照片来看，那间陈设着牙雕和中国工艺品的房子可能就是克兰夫妇在美国马萨诸塞州伍兹霍尔市的住所。（埃尔西和我在二十世纪四十年代曾经到他家去过一两次，当时他们夫妇俩跟我们的"争取远东民主政策委员会"有某些联系。男的是该委员会的发起人之一，女的也做过一些工作。）约翰·克兰现在已经很老了，大部分时间住在意大利。西尔维亚不在马萨诸塞州的时候，居住在纽约。他们夫妇俩都是佩格夫妇和苏珊·A 夫妇的朋友。

目前，西尔维亚为"美国人争取民主行动组织"（ADA）做事。（ADA是一个社会民主类型的组织，在一定程度上接近于民主党的麦戈文——特迪·肯尼迪派。）她在维护民权和揭露联邦调查局、中央情报局等机构的罪行方面作了一些工作。我认为，她相当靠近一些亲俄的组织，还到中国来访问过一次。总的来说，她是一个善于鼓吹的人，喜欢纠集一批名人，不管干什么，都要让它轰动一时。如果你听她讲她正在做什么或者她打算做什么，那就需要打百分之七十五的折扣，这就是她的真实性的概率。应该说，如果她能从中捞到一点儿有助于提高她的声誉之类的东西，通常她的想法并不坏。她不需要钱，只是图个名而已。她是一个巴结社会名流的人，同她在一起需要谨慎些，但也没有必要讨厌她。不过永洁如果过多地参加她的家庭聚会等活动，被她拿去炫耀于人或被利用，那也不好，很可能陷入到复杂的社会环境中去。

顺便说说，大约一周前，我们的一位朋友在上海给耿丽淑打电话。耿丽淑过了很长时间才接电话，说她在医院住了两周，刚出院，身体不好，可能因为各种药混在一起吃引起不良反应所致。我们已经写信给她，希望她现在好些了。

我们俩向你问候！

艾培<br>一九八一年二月七日

梁和西尔维亚·克兰想对中福会和《中国建设》做什么？ 又及

注释：

　　1.《民主》，指《民主》周刊，生活书店出版，1945 年创刊，1946 年休刊，共出版 54 期。主要撰稿人有郑振铎、马叙伦、周建人、郭沫若、吴晗、沈钧儒等。该刊发表了大量揭露国民党政府压制民主的文章。

# 宋庆龄致爱泼斯坦

（一九八一年二月二十三日）

亲爱的艾培：

　　不知道你有没有时间帮我另外一个忙。多伦多（加拿大）的维多利亚大学要在四月份授予我博士学位，甚至到了索要我的尺寸做博士袍的地步。我试图逃避此事，但朋友们说，出于各种原因，这样做不好。

　　我记得 50 年代（？）在巴基斯坦的时候，他们授予我博士学位[1]。我不得不穿上红色的斗篷，戴上一顶黑帽子，上台去读发言稿，稿子是陈翰笙写的。我没有稿子的副本可供现在参考，他也什么都不记得了！

　　不过，请首先强调中加友谊，以及世界和平的重要性。你更知道此时应该强调什么。我有病的手指写不清楚字，但是我知道你神奇的大脑能够看清我潦草的笔迹。我的健康仍然很差，他们叫我不要写字。

　　艾培你是个好同志，请你像好同志那样为我准备讲稿好吗？我相信埃尔西也会帮忙的。

　　怀着感激的心情向你们俩致爱。

SCL

一九八一年二月二十三日

注释：

　　1. 博士学位，1956 年 2 月 1 日，宋庆龄访问巴基斯坦期间，接受东巴基斯坦（现孟加拉国）达卡大学授予名誉的法学博士学位。在受赠仪式上，宋庆龄致了答词。

# 爱泼斯坦致宋庆龄

（一九八一年二月二十五日）

亲爱的朋友：

这是授予学位仪式上的答词草稿。如果觉得太长，可做删节；如果需要加入其他内容，请告知，我再修改。

我们多么希望你的健康状况有所好转。

奉还你《为新中国奋斗》[1]一书。（当然，我们也已经有了一本。）

你手头上还有希夫林所著的关于孙中山先生的书吗？如有的话我想借用一下。希夫林想让我对这本书做个评论，我也许会评说一两句——但是没有必要说得太多，因为在我记忆里，也许这本书中有太多的地方需要批评。

收到我上周寄给你的关于梁士纯和西尔维亚·克兰的信了吗？

谨此问候。

一九八一年二月二十五日

附件：答词草稿

我为接受加拿大维多利亚大学博士学位感到荣幸。

我接受这一学位，不是为了我个人，而是把它看作是你们对中国人民的尊敬和友谊的象征，看成是你们对中国人民在长期的革命斗争中和在建设我们人民共和国的事业中所取得的成就的敬慕和友好的象征。同时，我也把它看作是把中、加两国人民连结在一起的悠久而牢固的友谊的象征。

我们两国在太平洋两岸隔海相望。很久以前就有许多中国人去加拿大工作。他们在许多方面为建设加拿大作出了贡献，受到当地其他血统的加拿大人的尊敬。他们一贯是加拿大的好公民。与此同时，他们也没有忘记自己祖先的故土，也从未停止过对故土进步事业的支援。孙中山在世时，他们曾是孙中山事业的坚决支持者，孙中山本人也在他们中间生活了很长时间。他们不只在财力上帮助孙中山的事业，而且还加入到革命的行列。其中还有不少人返回中国，帮助实现这一目标。后来，在驱逐日本军国主义者的侵略，及至在以后的建立和建设中华人民共和国的斗争中，他们继续给予了坚定的支持。

在加拿大人当中，站在我们一边的不只是这些人。无论是在孙中山领导的反对帝制的革命中，还是在中国共产党领导的新民主主义革命和社会主义革命中，中国人民都得到了酷爱正义的欧裔加拿大人的帮助。他们最杰出的代表和最崇高的象征就是诺尔曼·白求恩大夫。白求恩大夫于 1939 年在中国最艰苦的前线——解放区游击战的前线——为抢救伤员献出了自己的生命。由于毛泽东主席在著名的《纪念白求恩》一文中颂扬了白求恩大夫，全中国人民无不知道他的名字。把他看作是在争取进步和正义事业中同中国人民风雨同舟的最光辉的典范。全中国的男女老少，甚至我们辽阔国土的最偏僻地区的儿童，只要听到加拿大一词，他们就会想到白求恩；而当听到白求恩的名字，又会想到他的祖国加拿大。白求恩大夫的遗骨安葬在中国的土地上，他的事迹深深地铭刻在中国人民的心中。并将中加两国千秋万代连结在一起。

从广义上讲，一个加拿大人能够在中国成为世界各国人民为反对一切企图奴役别人的人而团结战斗的国际性榜样，这是我们两国的光荣。

再扩大来说，无数加拿大人，包括政府官员、教育界人士和其他各界人士，对中国争取平等和独立的斗争始终采取友好态度。这在第二次世界大战期间尤为突出，那时我们两国是反抗法西斯轴心国的同盟军。今天仍然是如此。在我们的老朋友中我特别要提一下切斯特·朗宁[2]博士和文幼章[3]博士，像他们这样的老朋友还有很多很多。尽管 1949 年之后，在恢复外交关系的问题上，由于种种原因而不适当地推迟了，但是中加两国人民的友谊之桥却从未断裂过。今天这座友谊之桥稳固、宽广而坚实。它包括我们两国良好的国家关系，互利的贸易往来以及学术和其他友好交流。

我们现在如同过去一样，不仅在继续发展我们的友谊方面，而且在共同维护世界和平的努力中有着实际而显然的共同利益。中国人和加拿大人都从历史的经验中懂得了，保卫和平必须采取明确立场，反对一国对另一国的一切侵略行为，反对超级大国扩张主义者把他们的意志强加给世界其他国家和民族的任何企图。

孙中山在他的遗嘱中号召我们，我们的目的，"在求中国之自由平等"并跻于民族之林。他又写道"深知欲达到此目的，必须唤起民众，及联合世界上以平等待我之民族，共同奋斗"。今天，中国的国际地位空前提高，中国人民空前觉醒，在此基础上，中国坚信，她能够完成不断进步的任务。这一任务集中体现在当前的社会主义现代化的目标上。为达此目的，占世界人口四分之一的中国同样必须和世界上以平等待我之民族共同奋斗。而其中，加拿大和加拿大人民正是平等待我之民族和人民。

让我们一起来赞颂、培育和发展中加两国源远流长的友谊。正是本着这种精神，我愉快地接受你们的授赠。

注释：

1.《为新中国奋斗》，宋庆龄早期自选文集，1952 年 9 月由人民出版社出版。文集收录了宋庆龄 1927 年 7 月至 1952 年 7 月间发表的讲演、文章、声明等共计 64 篇。周恩来题写书名。

2. 切斯特·朗宁（Chester Alvin Ronning 1894—1984），加拿大人。出生于中国湖北省。1916 年艾伯塔大学毕业。1922—1927 年回中国做传教士，后重返加拿大。1945 年进入外交界，直至 1965 年退休。多次发表文章和讲演，不遗余力地推动中加建交，呼吁联合国恢复中国的合法席位，促进西方国家对中国的了解。被称作中加友谊的奠基人。著有《回忆革命中的中国》。

3. 文幼章（James G. Endicott,1898—1993），加拿大人。出生于中国四川省。1925 年毕业于加拿大维多利亚神学院，到中国重庆传教。抗战期间，率领医疗队，奔赴重庆各地从事救护工作。1941—1944 年，回到加拿大各地作了 500 多场演说，呼吁加拿大人民支持中国人民的抗战。1944 年 10 月，被史迪威将军任命为援华美军与华北中共游击队的联络官。1947 年回国。1948 年创办《加拿大远东时事通讯》，介绍中国人民的解放斗争和建设成就。1952 年，调查并揭露美国在侵朝战争中使用细菌武器的罪行，曾 7 次访问中国，多次受到毛泽东、周恩来的接见。曾任世界和平理事会副主席，加拿大全国和大会主席。

# 宋庆龄致爱泼斯坦、邱茉莉

（一九八一年三月四日）

亲爱的艾培和埃尔西：

我深深感激你们给我寄来的讲稿。只是，在讲话一开始，我该说"同志们，朋友们"，还是把次序颠倒过来？还是干脆什么也不说？

原谅我又麻烦你们了。希望你们都好，如果埃尔西需要国外的药就告诉我，因为我在旧金山有个好朋友能给我寄来。

顺致爱意。

SCL

一九八一年三月四日

# 宋庆龄致爱泼斯坦

（一九八一年三月五日）

亲爱的艾培：

　　翰笙听说你在帮我写接受加拿大博士学位时的讲话，他好意地建议加进他的一些话，我想你一定会同意的。因此我寄给你，以便把他的好想法加进去，我将十分感激。

　　向你和埃尔西致爱。

　　请将信封好，因为有人打开看我的信。

　　以后再告诉你。

SCL

三月五日

1981 年 3 月 5 日宋庆龄致爱泼斯坦（黄浣碧 捐）

# 爱泼斯坦致宋庆龄

（一九八一年三月二十三日）

亲爱的朋友：

我们衷心希望你的健康情况有所好转。最重要的是，你要照顾好自己。

请原谅我迟迟才把重新起草的你在授予学位仪式上的讲话稿交给你。我力求把你写给我的来自陈翰笙的几点意见补充到以前起草的讲稿中。之所以拖延，除了我以前信中所说的要赶着把这期刊物交付印刷外，我还设法找到翰笙的意见所涉及的那些参考材料并加以研究，然而这些材料中并没有多少数据可以放到讲稿中。（翰笙只听说《金融时报》中有这些材料，但由于视力不好，他并未亲自阅读过。）不过，我还是把他讲的意见糅合到讲稿中去，并使之在文字上与讲稿的其它部分风格一致。由于涉及到政策性的问题，最好与我们相关的外事部门通通气。虽然我相信，总的调子是不会出格的，但措辞需要谨慎。

当你的健康情况真正好转的时候，我们要与你谈谈同我们的杂志有关的一些事情。今年年底将是创刊30周年，我们要使纪念活动成为一个真正的里程碑，把我们的工作向前推进一大步，所以我们现在已经开始准备了。

祝好！

艾培

一九八一年三月二十三日

附言：

1. 上面一份打印件的最后两页作了修改。请取代你手头上的打印件的最后两页（其余两页没有改动）。

2. 打印件的复写本已经修改。

3. 附上翰笙原来的信，供你参考。

# 宋庆龄致爱泼斯坦

（一九八一年三月）*

亲爱的艾培：

　　你写的这些正是我在那一天要表达的确切的思想感情。你能给我一份打在质量好些的纸上的打字稿吗？这会让我抖动的手拿起来容易一些。如果我附上的纸够好，就用这纸，否则为了这一历史性的文章，请设法找一张更好一点儿的纸。

　　为了止住持续不断的瘙痒，我每天打两针。瘙痒导致我失眠，全面影响我的神经系统。我希望下一场雪，这对瘙痒的皮肤有好处！但不要刮风。

　　担心气候的变化可能会加重我的支气管炎和这可恶的荨麻疹，所以还不许我下楼。

　　感谢你对我的所有帮助，希望你和埃尔西感觉好一点儿了。

爱你们的 SCL

## 爱泼斯坦致宋庆龄

（一九八一年五月十一日）

亲爱的朋友：

得知你不仅出席了维多利亚大学授予学位的仪式，而且还亲自致词，这真令人高兴和鼓舞。我们希望这惊人之举没有把你累着。

在宴会上没能看到你，我们很遗憾。但最重要的是你应当好好休息。王炳南代表你很好地主持了宴会。

因为知道你在病中，阅读有困难，所以我们没有写信。但是我们通过张珏，对你的情况一直有所了解。

我们发现，与我们交谈的那些加拿大人多少有点土里土气，但在某些方面也讨人喜欢。他们在外表上表现得不那么锋芒毕露，或者说不愿意表现出那种人情世故，待人倒是非常热情和热心。

我和埃尔西向你问好！

艾培

一九八一年五月十一日

宋庆龄在学位授予仪式上

May 11, 1981    000335

Dear Friend,

It was gladdening and inspiring to know that you could not only

attend the Victoria University conferral but give your speech

in person.  A lion-hearted deed, and we hope it did not

overstrain you.

Though we were sorry not to see you at the dinner,

the most important thing was that you should rest.  Wang

Bingnan hosted well on your behalf.

We did not write while you were ill — knowing that

you had difficulty reading — but kept in touch with

your condition through Zhang Zhue.

We found those of the Canadians we talked to rather

provincial, but in a way refreshingly so — no outward

show or desire to exhibit sophistication, but a good deal

of warmth and enthusiasm.

Love from both of us,

Eppy

1981 年 5 月 11 日爱泼斯坦致宋庆龄（中国宋庆龄基金会 藏）

# 后 记

经过近三年的努力，《挚友情深》一书终于与读者见面了。本书收录的往来通信是 1941 年至 1981 年的四十年间急剧变化的社会历史的见证。本书的出版将为宋庆龄研究、近现代史研究提供重要依据，这也是对宋庆龄、爱泼斯坦和邱茉莉的告慰。

下面，就有关收入本书信函的四个问题略作说明：

1. 来源。本书所收信件共 265 封。其中爱泼斯坦夫人黄浣碧女士捐赠给中国宋庆龄基金会的书信原稿及底稿 217 件（重复信件及附件资料未计入），中华人民共和国名誉主席宋庆龄同志故居馆藏书信 15 件。此外，校正并收录了已出版的《宋庆龄往来书信集》、《宋庆龄书信集》、《孙中山、宋庆龄文献与研究》（第二辑）中的有关书信。

2. 署名。书中所收宋庆龄致爱泼斯坦、邱茉莉信件均为爱泼斯坦精心保存的原件。因长期从事秘密工作养成的习惯，宋庆龄已将回信大部销毁，书中收录的多为爱泼斯坦留存的底稿。因此宋庆龄所写信件均有署名，而爱泼斯坦和邱茉莉所写信件仅少数有署名，某些信件的原文甚至也有部分缺失。

3. 日期。书信按时间先后编辑。其中，年份、日期不明确的信件，根据上下文考证后确认时间。对于考证后仍存疑的信件，则按推测时间编入书稿，并加以标注。

4. 其他信息。除正文外，我们将信件上所有文字信息，诸如收信人地址、寄信人地址、写信人的附注以及书信附件等均以题注、附件等形式如实照录，希望将原信的信息尽可能完整地呈献给读者。

本书所收信件除一件外均由英文写成。贾宗谊、宋耀南、王家湘、刘鸿基、傅伍仪、张志明、常健、肖心文等同志参与了书信的初译工作；柯马凯先生为本书翻译了英文书名，校正了英文相关史料；简明、张初晴、王蕊、高山流水、韩燕妮、董娜、董茜琛等同学作为志愿者协助完成了部分书稿整理、录入工作。在此一并致以衷心的感谢。

编辑过程中，本书顾问黄浣碧女士及编委们几次开会探讨英文译法、注释等问题，对信中涉及的人名、地名、事件、组织机构等均作了认真查证。尽管如此，由于水平所限，错误仍在所难免，希望读者和研究工作者不吝指正。

本书编委会

2012 年 5 月